ヨベル新書
045

藤盛勇紀牧師の礼拝説教

説教聴聞録

ルカによる福音書

門叶国泰［著］

YOBEL,Inc.

装丁　ロゴスデザイン：長尾　優

聴聞録によせて

藤盛勇紀

このたび、門叶国泰氏が『説教聴聞録』の第二弾を送り出されたことは、聴聞者の属する教会の牧師（説教者）としても、大きな喜びであり光栄でもあります。わたしが富士見町教会に赴任した翌年に『説教聴聞録　ローマの信徒への手紙』が出版されましたが、率直に言って、やはり凄い長老がいるものだと思いました。とくに、説教とは何かということを良く理解した上で「聴聞録」とし、「聴聞学」「聴聞力」への展開を期しておられることに唸らされました。

今回は、著者から「説教者の名を表に出したい」との意向を伺い、内心は一瞬怯みました。これまでわたしは、自分自身のいわゆる「説教集」は出さないと言ってきましたので、その類いになるのではと思ったのです。しかし、本書はわたしの説教集ではないことは明らかでしたので、すぐに了承いたしました。本文中（わたしが説教で語ったのか）、「連続講解説教」と出てきますが、わたしの説教は厳密な意味での講解説教というものではありません。主題説教の場合もあれば、神学的解釈に基づく説教もあります。

いずれにしましても、一人の信徒聴聞者における反応がこうして記され、さらにこれに触れる（読む）人々の中で御言葉との新たな出会いが引き起こされるであろうことを思うと、御言葉の真の主なる神の働きに心躍るような感慨を禁じ得ません。テサロニケの信徒への手紙一の2・13に、こうあります。「わたしたちは絶えず神に感謝しています。なぜなら、わたしたちから神の言葉を聞いたとき、あなたがたは、それを人の言葉としてではなく、神の言葉として受け入れたからです。事実、それは神の言葉であり、また、信じているあなたがたの中に現に働いているものです」。

説教者とそれを聞く者は、役割や位置が異なっても、同じこの働きの中に置かれています。本書が、この働きの中で、さらに豊かな展開を生むものとなるであろうことを期待しています。

２０１７年９月

藤盛勇紀牧師の礼拝説教

説教聴聞録

ルカによる福音書

目次

藤盛勇紀牧師の礼拝説教

説教聴聞録

ルカによる福音書

実現した物語

1-2わたしたちの間で実現した事柄について、最初から目撃して御言葉のために働いた人々がわたしたちに伝
えたとおりに、物語を書き連ねようと、多くの人々が既に手を着けています。3そこで、敬愛するテオフィロ
さま、わたしもすべての事を初めから詳しく調べていますので、順序正しく書いてあなたに献呈するのがよい
と思いました。4お受けになった教えが確実なものであることを、よく分かっていただきたいのであります。

（ルカ1章1節〜4節）

「ルカ」の連続講解説教を始めます。福音書（&使徒言行録）記者ルカは、使徒でもなく、また、聖書中の中心人物でもありません。しかし、医者でもあったルカは使徒パウロの直ぐ「傍」にいた極めて大切な同労者の一人であったようです（IIテモテ4・11、コロサイ4・14参照）。

使徒言行録16章には、シリア州やキリキア州での伝道旅行を続けていたパウロの一行が、何か

容易ならざる事情によって伝道に「行き詰って」しまった経緯が記されています。「聖霊とイエスの霊によって」(使徒16・6、7)アジア州に立ち入ることを禁じられたパウロは、止むを得ずトロアスの港町に下ってきました。その時パウロは、「マケドニア州に渡って来て欲しい」(同16・9)との「幻」を見ました。「パウロがこの幻を見た時、わたしたちはすぐにマケドニアへ向けて出発することにした」(同16・10)、とルカは報告しています。パウロのこの時の決断は、キリスト教がヨーロッパに渡り、世界宗教への第一歩を踏み出した大切な出来事です。ここで聖書記者ルカは、それまで「彼らは」(同16・6)と主語を三人称・複数で書いてきた報告を、「わたしたちは」と一人称・複数に書き改めていることは注目に値します。ルカは「自己紹介的」なことは一切記していません。福音書記者たちは「イエスのなさったことを全部書いたら、世界もその書物を収めきれないであろう」(ヨハネ21・25)との思いで一杯だったのでしょう。しかし、「我ら資料」と呼ばれるこれらの記録から、私たちは「幻に出たマケドニア人とはルカ自身のことだろうか」、「ルカこそが世界伝道の立役者だったのではないか」と言う思いを抱かされるのです。

「聖霊行伝とも呼ばれる使徒言行録」の著者ルカは、主イエスの働きを目の当たりにして、「傍に立ち続けた」人物でした。したがってルカは、「わたしたちの間で実現したこと」(ルカ1・1)と言い切り、「自分自身がその出来事の真只中にいた」と確信しています。「実現した」とは「(神のご計画が）成就した」（口語訳）ことを意味しています。さらにルカは、「あなた（テオフィロ）が聞いた教えは、確実なもの・正しいものです」（ルカ1・4）と断言しているのです。「テオフィロ」がどのような人物であったかは定かではありませんが、ここに個人名が用いられていることは、「（この聖書を読んでいる）あなたもこの出来事の中にいるのだ」との宣言です。

伝道の基本は、あくまで「個人から個人へ」です。礼拝における説教の本質も、「説教を聞く一人ひとり」に生起する出来事であり、その「ひとり」から「ひとり」へと伝えられていきます。主イエスの出来事の「傍らに立ち続けていたルカの体験」は、聖書に聞く私たち一人ひとりの中に成就し続けているのです。

（２０１４年4月27日）

実現する神の言葉

「[5]ユダヤの王ヘロデの時代、アビヤ組の祭司にザカリアという人がいた。その妻はアロン家の娘の一人で、名をエリサベトといった。[6]二人とも神の前に正しい人で、主の掟と定めをすべて守り、非のうちどころがなかっ

た。7しかし、エリサベトは不妊の女だったので、彼らには、子供がなく、二人とも既に年をとっていた。8さて、
ザカリアは自分の組が当番で、神の御前で祭司の務めをしていたとき、9祭司職のしきたりによってくじを引
いたところ、主の聖所に入って香をたくことになった。10香をたいている間、大勢の民衆が皆外で祈っていた。
11すると、主の天使が現れ、香壇の右に立った。12ザカリアはそれを見て不安になり、恐怖の念に襲われた。
13天使は言った。「恐れることはない。ザカリア、あなたの願いは聞き入れられた。あなたの妻エリサベトは
男の子を産む。その子をヨハネと名付けなさい。14その子はあなたにとって喜びとなり、楽しみとなる。多く
の人もその誕生を喜ぶ。15彼は主の御前に偉大な人になり、ぶどう酒や強い酒を飲まず、既に母の胎にいると
きから聖霊に満たされていて、16イスラエルの多くの子らをその神である主のもとに立ち帰らせる。17彼はエ
リヤの霊と力で主に先立って行き、父の心を子に向けさせ、逆らう者に正しい人の分別を持たせて、準備ので
きた民を主のために用意する。」18そこで、ザカリアは天使に言った。「何によって、わたしはそれを知ること
ができるのでしょうか。わたしは老人ですし、妻も年をとっています。」19天使は答えた。「わたしはガブリエ
ル、神の前に立つ者。あなたに話しかけて、この喜ばしい知らせを伝えるために遣わされたのである。20あな
たは口が利けなくなり、この事の起こる日まで話すことができなくなる。時が来れば実現するわたしの言葉を
信じなかったからである。」21民衆はザカリアを待っていた。そして、彼が聖所で手間取るのを、不思議に思っ
ていた。22ザカリアはやっと出て来たけれども、話すことができなかった。そこで、人々は彼が聖所で幻を見
たのだと悟った。ザカリアは身振りで示すだけで、口が利けないままだった。23やがて、務めの期間が終わっ

て自分の家に帰った。24 その後、妻エリサベトは身ごもって、五か月の間身を隠していた。そして、こう言っ
た。25「主は今こそ、こうして、わたしに目を留め、人々の間からわたしの恥を取り去ってくださいました。」

（ルカ1章5節〜25節）

福音書記者ルカは、「洗礼者ヨハネの誕生秘話」とでも題した方が適当ではないかと思われるような「序章」（ルカ1・5〜80）を長々と語り始めます。不用意に読むと「福音」とは無関係の余計な記事ではないかと取られがちですが、実はここに「喜ばしい知らせを伝える」（ルカ1・19）という言葉がはっきりと記されています。ギリシャ語では「*εὐαγγελίσασθαι*」という「一語」ですが、この言葉こそが「福音（喜ばしい知らせを告げ知らせる＝伝道）」に他なりません。残虐の代名詞とも言えるヘロデ大王の時代に誕生したヨハネは、大王の子ヘロデ・アンティパスの悪行を徹底的に糾弾して処刑されました。しかしルカは、「このヨハネこそが、主に先立って行き、父の心を子に向けさせ、逆らう者に正しい人の分別を持たせて、準備の出来た民を主のために用意するために遣わされた預言者であり」（ルカ1・17）、そのことこそが「良き知らせ（福音）である」と言うのです。

天使からヨハネ誕生の予告を聞かされた老齢の祭司ザカリアは、「神の前に正しく、非のうちど

ころがない人」（ルカ1・6）でしたが、このような常識を遥かに超えた話を俄かには信じることが出来ず、「何によって、わたしはそれを知ることが出来るでしょう」との疑いの言葉を口にしてしまいました。しかし、このように「しるし」を求めたザカリアに対する天使の答えは、「あなたは口が利けなくなり、この事が起こる日まで話すことが出来なくなる」との宣告でした。旧約時代には、イサク誕生を予告されたアブラハムもサラも、主のみ言葉をそのままには信じることが出来ずに笑ってしまったことがありましたから、ザカリアは不信仰を咎められて罰を受けたのではありません。若し、「信じなかったから罰を受ける」ことがあるとしたら、逆に、「罰が怖いから信じる」という御利益宗教に堕してしまうでしょう。ザカリアに与えられた「沈黙と静寂」は、彼が「この出来事を信じるまで」ではなく、「この事の起こる日まで」です。すなわち、この「喜ばしい知らせ」は、「洗礼者ヨハネの誕生」という単一のことではなく、「これらのこと（ταῦτα = these things)」という複数の約束の出来事でした。神は、全世界の歴史に関わってくださり、すべての民を神のもとに立ち帰らせる「時」が来るまで忍耐して待ってくださったのです。私たちには、神の言葉を味わうための「沈黙」が必要なのです。「雄弁」は得てして自己主張につながり、自己実現のせめぎ合いの手段となりがちです。しかし、「人の心には多くの計らいがあるが、主のみ旨のみが実現します」（箴言19・21）。「神の言葉はとこしえに立つ」（イザヤ書40・8）のです。

ザカリアは、10か月の間、沈黙してひたすら神のみ言葉の一つひとつを反芻しました。「自分が用いられていることを知る」ため、すなわち、「自分を生かす言葉（福音）を聞く」ための必要な「沈黙」でした。ここに、本当の「慰め」がありました。だから、ザカリアは口が利けるようになると、直ちに「神を賛美」することが出来たのです。

私たちには夫々に人生設計があり、教会にも教会の計画があります。そのこと自体は極めて大切なことですが、同時に私たちは、この世に介入してくださる「神のみ声」を何時も聞く用意をしていなければなりません。神は、全く思いもかけない時に語りかけてくださり、そして、その「神の言葉」は「時（カイロス）が来れば必ず実現します」（ルカ1・20）。教会も、その構成員である私たち一人ひとりも、この神のみ旨の中に招かれて生かされているのです。（２０１４年5月４日）

神のご計画がこの身に

[26] 六か月目に、天使ガブリエルは、ナザレというガリラヤの町に神から遣わされた。[27] ダビデ家のヨセフという

人のいいなずけであるおとめのところに遣わされたのである。そのおとめの名はマリアといった。28 天使は、彼
女のところに来て言った。「おめでとう、恵まれた方。主があなたと共におられる。」29 マリアはこの言葉に戸惑い、
いったいこの挨拶は何のことかと考え込んだ。30 すると、天使は言った。「マリア、恐れることはない。あなた
は神から恵みをいただいた。31 あなたは身ごもって男の子を産むが、その子をイエスと名付けなさい。32 その子
は偉大な人になり、いと高き方の子と言われる。神である主は、彼に父ダビデの王座をくださる。33 彼は永遠に
ヤコブの家を治め、その支配は終わることがない。」34 マリアは天使に言った。「どうして、そのようなことがあ
りえましょうか。わたしは男の人を知りませんのに。」35 天使は答えた。「聖霊があなたに降り、いと高き方の力
があなたを包む。だから、生まれる子は聖なる者、神の子と呼ばれる。36 あなたの親類のエリサベトも、年をとっ
ているが、男の子を身ごもっている。不妊の女と言われていたのに、もう六か月になっている。37 神にできな
いことは何一つない。」38 マリアは言った。「わたしは主のはしためです。お言葉どおり、この身に成りますよ
うに。」そこで、天使は去って行った。（**ルカ1章26節～38節**）

天使ガブリエルは、ヨセフの許嫁であるおとめマリアに「主イエスの誕生を知らせ（受胎告知）」、かつ、「イエスはどういう方であるか」を語り始めました。その中でも、「神のみ言葉のメッセンジャー」であるガブリエルが伝えた最も大切な御言葉は、「神にできないことは何一つない」（ルカ1・37）でした。（「受胎告知」を描く泰西名画の多くは、天使に翼を付けている。「翼」には、「天使は何としても、

どんなことがあっても神の御言葉を取り次ぐ」という意味が含まれているのであろう。）

この御言葉は、必ずしも「神は全能である」ことだけを伝えようとしているのではありません。たとえ未信者でも、「神がおられるとしたら」、「当然のことながらその神は全能である」と思うでしょうし、また、マリアの「お言葉通り、この身になりますように」との答えも当たり前のことに聞こえることでしょう。しかし、聖書記者ルカがここで伝えようとしていることは、神話でもなければ単なる美しい物語でもなく、「生きた神の御言葉」です。後に主イエスは、会堂での説教に先立ちイザヤ書の一節をお読みになり、「この聖書の言葉は、今日、あなたがたが耳にしたとき、実現した」（ルカ4・21）と宣言なさったことがありますが、ルカは、今、まさに、「神の御言葉が、主イエスの誕生によって成就した」ことを語っているのです。（礼拝における「聖書朗読」でも全く同じことが生起します。聖書こそが神の言葉、そのもの自体であり、信仰と祈りをもって全存在をかけて読まなければ御言葉を聞くことはできません。）

「神にできないことは何一つない」と訳されている箇所の直訳は「神、すべての言葉は、不可能にはならない」であり、「言葉（レーマ）」がキーワードになっています。「言葉（レーマ）」とは、「具体的なこと」「神が実際に語ったこと」「実際の、具体的な約束（「ロゴス」〈ヨハネ1・1〉とは用語が異なる）」を意味しており、天使は「その具体的な神の御計画が、今、マリアを用いて実現する」

と告げています。言い換えれば、この御言葉は「招きの御言葉」です。マリアは、今、神の御計画に参加するようにと招かれているのです。

天使から招きの御言葉を告げられたマリアは、「わたしは主のはしためです。お言葉通り、この身になりますように」と答えました。「はしため」とはパウロが使う「僕《しもべ》」（ローマ1・1）と同じことばであり、自己謙遜以上のはっきりとした「信仰告白」に他なりません。神の愛の御言葉、すなわち、神の救いの御計画は、神の者となった「人」を通して実現します。私たちは、「主の僕《はしため》となって生きるか、否か」を問われています。そこにこそ、私たちの生きる「幸い」がかかっているのです。

天使ガブリエルがマリアに対して最初に発した言葉は、「おめでとう、恵まれた方」でした。天使は、「神の御計画があなたを通して実現する。喜びなさい」というのです。しかし、マリアとヨセフにとって事態は単純に喜ぶどころか生死に関わる重大な知らせでした。彼らなりに考えていた彼らの人生設計に、神が介入して来たのです。ごく普通の人生を歩んでいた二人は、今、神の御計画に従うか、自分たちの人生は自分たちで決めるか、の選択を迫られました。当然のことながら、自分で決める歩みは思う通りに行く筈がなく、必ずや行き詰まります。そこに、まことの喜びはありません。しかし、愛の神は、私たち一人ひとりを愛していてくださり、一人ひとりを救いに招く御計画を持っておられます。神は、私たちの決断を待っておられます。神に従う決断は何時でも出来るのです。

主イエス・キリストの誕生とは、そのこと自体は何とも小さな、かつ、惨めな出来事でした。しかし、その出来事は神の御計画であり、神はその出来事に私たちを何時も招いていてくださいます。神の御計画を信じて、その招きに応える決断をして歩んで参りたいと願います。私たちは、その神の御計画が必ず成就することを既に知らされているのです。

（２０１４年５月18日）

神を讃え歌う

39 そのころ、マリアは出かけて、急いで山里に向かい、ユダの町に行った。40 そして、ザカリアの家に入っ
てエリサベトに挨拶した。41 マリアの挨拶をエリサベトが聞いたとき、その胎内の子がおどった。エリサベト
は聖霊に満たされて、42 声高らかに言った。「あなたは女の中で祝福された方です。胎内のお子さまも祝福さ
れています。43 わたしの主のお母さまがわたしのところに来てくださるとは、どういうわけでしょう。44 あな
たの挨拶のお声をわたしが耳にしたとき、胎内の子は喜んでおどりました。45 主がおっしゃったことは必ず実
現すると信じた方は、なんと幸いでしょう。」46 そこで、マリアは言った。「わたしの魂は主をあがめ、47 わた

しの霊は救い主である神を喜びたたえます。48 身分の低い、この主のはしためにも／目を留めてくださったからです。今から後、いつの世の人も／わたしを幸いな者と言うでしょう、49 力ある方が、／わたしに偉大なことをなさいましたから。その御名は尊く、50 その憐れみは代々に限りなく、／主を畏れる者に及びます 51 主はその腕で力を振るい、／思い上がる者を打ち散らし、52 権力ある者をその座から引き降ろし、／身分の低い者を高く上げ、53 飢えた人を良い物で満たし、／富める者を空腹のまま追い返されます。54 その僕イスラエルを受け入れて、／憐れみをお忘れになりません、55 わたしたちの先祖におっしゃったとおり、／アブラハムとその子孫に対してとこしえに。」56 マリアは、三か月ほどエリサベトのところに滞在してから、自分の家に帰った。**（ルカ1章39節〜56節）**

「処女懐妊」という思いもかけない知らせを信仰によってありのままに受け入れたマリアは、「そのころ、出かけて、急いで……ザカリアの家に入り、エリサベトに挨拶をしました」（ルカ1・39、40）。「そのころ」と訳されている箇所の直訳は「その日々（in these days）」です。聖書記者マタイの報告（マタイ1・18〜）にもあるように、この受胎告知という事態はマリアだけではなく許嫁ヨセフにとっても生死をかけた重大な出来事でした。若い二人はさぞかし、おろおろしたり、苛々したりして悩んでいたことでしょう。「そのころ」とは、都合の悪いことが次々と起こるこのような「日々の生活」が暫く続いていたことを示唆しています。しかし、何かのきっかけで二人は落ち着きを取り戻しました。「出掛けて」と訳されている箇所の前には原文では「立ち上がって」という言葉が記されています。すなわち、マリアは「日々の様々な問題・悩みを乗り越え」、天使のみ言葉を確かめようとして「立ち上がり」、そして「急いで」エリサベトの所へ向かったのです。マリアは、エリサベトと会って神の恵みを確認すると、かの有名な「マリア賛歌」（ルカ1・46～）によって「神を喜びたたえました」（ルカ1・47）。「主をあがめ」と訳されている箇所の直訳は「マグニファイ（大きくする）」です。すなわち、マリアは「神を賛美し（大きくし）、神に用いられた自分を喜び」、神のみ前でまことの「信仰告白」をしたのです。このことは、今私たちが献げている「礼拝」に直結しています。私たちもまた、週日の日々にはこの世で夫々に与えられた厳しい試練と戦っていますが、主の日には「立ち上がって」、急いで教会へと向かって参ります。そして、今、私たちは共に「喜んで」主を賛美しているのです。

この厳しい日々の生活の中で、私たちは何故、「喜ぶ」ことが出来るのでしょうか。エリサベトはマリアに「何と幸いなことでしょうか、主を信じた者は！」（ルカ1・45直訳）との祝福の言葉をかけました〈この祝福の言葉（と語順）は山上の説教（マタイ5・3～）と同じ〉。すなわち、「幸い・喜び」とは、どこかにあるものではなく、主を信じる者の真只中にあるものであり、エリサベトの祝福は「私たち信仰者すべて」に与えられたものなのです。

マリアの挨拶を聞いた時、エリサベトの「胎内の子がおどった」と記されています。主の約束の言葉によって、今、「マリアとエリサベトとまだ誕生していない洗礼者ヨハネの三人」が「喜び」の内に集められ、「人の出会い」が実現しました。「胎動」とは当然の事ながら母親のみが知る「秘かな喜び」です。しかし、「胎動」ほど「確かな喜び」は他にはないでしょう。今、礼拝に集められている私たち信仰者にも、聖霊が直接働いてくださり夫々にこの「秘かな喜び」が与えられています。教会の外の人たちは全く分らないこと（秘かな）ですが、私たちには「説明を必要としない確かな・realな・現実の喜び」なのです。

教会は、この世の現実の中では、まことに小さな共同体です。しかし、その中にあって「わたし」は、胎動に似た確かなものを感じとっています。それ故に「私たち」は、大胆に「主イエスは主である」とこの世に向かって告白することが出来るのです。主イエスは、何時も私たちと「共に」いてくださいます。何故ならば、主なる神のご計画は「私たち」を通じて実現するからです。私たちは、単にこの世に「散らされていく」のではなく、「派遣されていく」のです。日々の労苦・悩みの中にあっても、秘かな喜びを抱き、主の日には急いで礼拝に赴き、一つの信仰を確認するために心を合わせて賛美の歌を歌いたいと祈ります。私たちは、何と幸いなことでしょうか！（２０１４年5月25日）

目を留めてくださる神（ルカ1章46節〜56節）

エリサベトと会ったマリアは、天使ガブリエルを通して与えられた神のみ言葉を「本当に、確かなもの」と確信しました。そしてマリアは、「主をあがめて（μεγαλύνει）」、賛美の歌を高らかに歌い始めました。（「あがめる」のラテン語が「magnificat（原意・大きくする）」であることから、一般に「マリア賛歌」は「マグニフィカート」と呼ばれる。「マグニチュート」の語源にもなっている。）

マリアは、「わたしの魂は主をあがめ、わたしの霊は神を喜ぶ」と歌います。「魂」とは「生ける存在そのもの」であり、「霊」とは「全身全霊」です。マリアは、「自分のような身分の低い者（口語訳・卑しい）に目を留めて用いてくださった神の恵み」に感謝して、大きな喜びをもって神を「マグニフィカート（偉大なものを偉大とする）」し、賛美の声をあげたのです。

「マリアの賛歌」は「驚き」から始まりました。「驚きこそが、神学の始まり」であるとも言えるのです。「哲学」も、古来より「何かが存在しているという驚き」を求め続けてきています。しかし「神学の驚き」は「哲学の驚き」とは本質的に異なり、「ないものがある、ことに気がついた時の驚き」です。「救われる理由がないのに救われた時の驚き、」「神の恵みに価しないものが用いられた時の驚き」、「探していたら反対に探されていることを知った時の驚き」、この「驚きのreality」こそが信仰の原点であり、その時の喜びの叫びこそが信仰の底流にあるメロディなのです。この意味では、「私たち信仰者は、皆、神学者である」と言えるのでしょう。しかも、マリアに与えられた「驚き」は「神のみ子の誕生」です。イスラエルを通して世界をその憐れみに包まれるみ子の誕生のために、「マリアは用いられた」のです。マリアの驚きは、最高潮に達しました。その賛美は神の全能を讃え、「主は、思い上がる者を打ち散らし、権力ある者をその座から引き降ろし、身分の低い者を高く上げ、飢えた人を良い物で満たし、富める者を空腹のまま追い返されます」(ルカ1・51〜53)と歌います。「飢えた者」とは単に経済的なことではなく、「他に頼るもののない者・頼るとしたら神のみ」の者のことです。宗教改革者ルターは、孤立無援の窮地に立たされた時、「我ここに立つ。神よ、憐れみたまえ」と祈りつつ、「マリアの賛歌」の注解を書き続けた、と伝えられています。

聖書は、「その飢えたる者は、あなただ」と問いかけているのです。私たちは、この世で何を為そうが、そのすべては忘れ去られ、そのすべてを捨てて無になる日を近い将来必ず迎えます。その時、私たちに与えられる究極の力は、「神がわたしに目を留めていてくださる」という「驚き」以外のなにものでもありません。それは、胎動のような秘かな驚きでもあり、また、確信でもあるのです。「絶望」は人の精神を破壊します。しかし、かの「夜と霧」の著者は、あの悲惨の極致にあったアウシュビッツで「人を生き生きと生かした」のは、「神が見ていてくださることの確信であった」ことをはっきりと証ししています。乙女マリアは、「処女懐妊」という生死をかけた極限の窮地において、「神が目を留めてくださった」ことを知り、その出来事を「恵み」と捉えることを許されました。そして、「この出来事はわたしのためであった」と、聖書は語り告げているのです。

（２０１４年６月１日）

新しい喜び

57 さて、月が満ちて、エリサベトは男の子を産んだ。58 近所の人々や親類は、主がエリサベトを大いに慈しま
れたと聞いて喜び合った。59 八日目に、その子に割礼を施すために来た人々は、父の名を取ってザカリアと名付

けようとした。60ところが、母は、「いいえ、名はヨハネとしなければなりません」と言った。61しかし人々は、
「あなたの親類には、そういう名の付いた人はだれもいない」と言い、62父親に、「この子に何と名を付けたいか」
と手振りで尋ねた。63父親は字を書く板を出させて、「この子の名はヨハネ」と書いたので、人々は皆驚いた。
64するとたちまちザカリアは口が開き、舌がほどけ、神を賛美し始めた。65近所の人々は皆恐れを感じた。そ
して、このことすべてが、ユダヤの山里中で話題になった。66聞いた人々は皆これを心に留め、「いったい、こ
の子はどんな人になるのだろうか」と言った。この子には主の力が及んでいたのである。67父ザカリアは聖霊に
満たされ、こう預言した。68「ほめたたえよ、イスラエルの神である主を。主はその民を訪れて解放し、69我ら
のために救いの角を、／僕ダビデの家から起こされた。70昔から聖なる預言者たちの口を通して／語られたとお
りに。71それは、我らの敵、／すべて我らを憎む者の手からの救い。72主は我らの先祖を憐れみ、／その聖なる
契約を覚えていてくださる。73これは我らの父アブラハムに立てられた誓い。こうして我らは、74敵の手から救
われ、／恐れなく主に仕える、75生涯、主の御前に清く正しく。76幼子よ、お前はいと高き方の預言者と呼ばれ
る。主に先立って行き、その道を整え、77主の民に罪の赦しによる救いを／知らせるからである。78これは我ら
の神の憐れみの心による。この憐れみによって、／高い所からあけぼのの光が我らを訪れ、79暗闇と死の陰に座
している者たちを照らし、／我らの歩みを平和の道に導く。」80幼子は身も心も健やかに育ち、イスラエルの人々
の前に現れるまで荒れ野にいた。**（ルカ1章57節〜80節）**

花の日・こどもの日合同礼拝を献げます。洗礼者ヨハネは、「神は私たちを憐れんでくださり、救い主をこの世にお遣わしくださった。その救い主とは、ナザレのイエスである」ことを知らせる役目を担ってこの世に誕生しました。「高齢のエリサベトが出産をした」ということの信じられないような知らせを聞いた近所の人々や親類の人たちは、大いに驚き喜びました。そして割礼を施すために集まって来た長老たちは、祭司一家の慣例に従い、父親の名を取って「ザカリア」と名付けようとしました。ヘブル語の「ザカリア」とは、「主（ヤー）は思い起こされた（ザーカル）」という意味が含まれているのです。

勿論、一番喜んだのは両親のザカリアとエリサベトでした。しかし、二人の喜びは人々との喜びとは少し異なっていました。エリサベトは、命名の慣例を断じて拒否し、「この子の名前はヨハネとしなければならない」と言い切ったのです。確認を求められたザカリアも、その時はまだ口が聞けなかったので、「この子の名前はヨハネ」と板に書き記しました。「神の前に正しい人で、主の掟と定めをすべて守り、非のうちどころがなかった二人」（ルカ1・6）にとっては、慣習を否定するということは大変なことでしたが、彼らは「天使の命令」（同1・13）の方を重視したのです。

その時、ザカリアの長い「沈黙」が突然終わりました。驚くべきことは、ザカリアが発した第一声は、口が聞けなくなったことへの不満ではなく、喜びに満ち溢れた「神への賛美」であったことです。このザカリアの賛美の声は、人々を驚かせ、あやしませ、そして「恐れを感じさせました」。二人の「喜び」は、単に「思いもかけずに男子が誕生した」という程度のことではなく、「新しい出来事が突入してきた」と言う喜びでした。言い換えれば、まだその時は本当のことは知らされていませんが、「福音の喜び」と言っても良い喜びでした。洗礼者ヨハネは胎内にいるときからイエスとしっかりと結ばれていたのです。

信仰者の「喜び」の声が世の人々を驚かせ、恐れを抱かせることは良くあることです。たとえば今、この時、日本中はサッカーで湧きかえっていることでしょう。そのような時に礼拝の喜びにひたっている私たちの姿は、彼らにとってはさぞかし「驚き」でしょう。「パスカル・メモリアル」によると、31歳の時に回心したパスカル（Blaise Pascal, 1623~1662）は、その回心の出来事（1654-11-23, 22・30~24・30）の詳細を羊皮紙に書いて身につけ、終生誰にも話さず、一人喜んでいました。愛する妹ジャクリーヌ（修道女）までもが、「お兄様は何故何時もそのように喜んでいるのですか。本当に悔い改めたのならば、もっと真剣に罪のことを考えなければ」と、窘めたほどでした。パウロは、「何時も喜んでいなさい」（Ⅰテサロニケ5・16）と勧めていますが、言い換えれば、福音が「喜ぶことができるように」変えてくださるのです。

聖書を熟知していた筈のザカリアは、今、このことを初めて知らされました。祭司ザカリアは、「聖霊に満たされ、預言した」（ルカ1・67）のです。旧約の「祭司」が、聖霊によって「預言者」に変えられました。「聖霊によらなければ、誰も『イエスは主である』とは言えないのです」（Ⅰコリント12・3）。パスカルは、前述の「メモリアル」の冒頭で、「アブラハムの神、イサクの神、ヤコブの神。哲学者、学者の神にあらず。イエス・キリストの神。我が神にして汝らの神」とその信仰を告白しています。神は、今、幼児のように幼い私たち一人ひとりに、親しく臨んでいてくださいます。「子供のように神の国を受け入れる人でなければ、決してそこに入ることはできません」（マルコ10・15）。神は、この私を用いて、救いの御業をもたらしてくださっています。今まで誰も知らなかったこの新しい喜びに満ち溢れて、新しい一周りの歩みを始めて参りたいと祈ります。

（2014年6月15日）

あなたを訪れる王

1 そのころ、皇帝アウグストゥスから全領土の住民に、登録をせよとの勅令が出た。2 これは、キリニウスが

シリア州の総督であったときに行われた最初の住民登録である。3人々は皆、登録するためにおのおの自分の
町へ旅立った。4ヨセフもダビデの家に属し、その血筋であったので、ガリラヤの町ナザレから、ユダヤのベ
ツレヘムというダビデの町へ上って行った。5身ごもっていた、いいなずけのマリアと一緒に登録するためで
ある。6ところが、彼らがベツレヘムにいるうちに、マリアは月が満ちて、7初めての子を産み、布にくるんで
飼い葉桶に寝かせた。宿屋には彼らの泊まる場所がなかったからである。**（ルカ2章1節〜7節）**

主イエスは、ローマ皇帝アウグストゥスの時代に、ユダヤのベツレヘムでお生まれになりました。「アウグストゥス」とは「尊厳者」と言う意味であり、皇帝オクタヴィアーヌスに元老院が与えた尊称です。彼は、人々から「神に等しい者」と思われていたのです。また、彼が命じた「住民登録（人口調査）」なるものは、一説によると40数年かかったと言われるほどの大規模な調査でした。聖書記者ルカは、このようなローマ帝国の圧倒的な規模と勢力の中で、主イエスは対照的に「ひっそりと」誕生された、と書き記しているのです。聖書のこの箇所は良くアドベントで読まれますが、実はお生まれになった時は誰もこの偉大な出来事に気がついていませんでした。この「ひそかな出来事」の意味を知るためには、季節外れの今、このみ言葉を読むことも大切なことでしょう。

私たちは今、この「美しくも、切ない主イエスの誕生物語」を如何に受け止めるか、を問われています。絶大なるこの世の権力の中で起こされたこの小さな出来事、すなわち、神のご計画は、

「あなたは誰に支配されているのか」、「あなたは何のために生きているのか」、「あなたは一体誰のものなのか」と、私たちに問いかけているのです。

ローマ帝国内では名君で知られた皇帝アウグストゥスも、被支配国ユダヤにとっては唾棄すべき人物でした。しかも、彼らにとっては生殺与奪の権限を握られるような人口調査は、世俗の支配権を思い知らされる屈辱的な出来事でした。後には熱心党のシモンのような過激派も出現していた時代です。私たちのこの世の歩みでは、時の権力に従順に従わざるを得ないことも起きえます。圧倒的な力に飲み込まれてしまうこともあります。また、不条理な人間関係に挟まれて木の葉のように翻弄されることもしばしば経験させられます。思うようにことが運ばないことは致し方がないのでしょうか、否、聖書は「あなたがたは未だ本当の支配者に出会っていないのだ」と語るのです。

若いヨセフとマリアは、すべてが「神に備えられている」ことを知っていました。幼子の誕生は、「神の約束が成就した」「本当に約束通り主がお見えになった」ことの知らせでした。二人は、「こんなところにまで主が来てくださった」との喜びに支えられていたのです。住民登録のためだけであるのなら、ヨセフ一人でも十分だったとも思われます。しかしヨセフは、身重のマリアと厳しい旅路を共にしてきました。人々の誹謗・中傷の中にマリアを残しておくことはできなかったのかとも思います。しかし、二人だけは事の重大さを良く知っていました。幼子の出産場所がないことも承知しており、「産着」も用意していました。全ては神のご計画であると知って、「準備」をしていたのです。何故ならば、彼らには「神からのメッセージ」があらかじめ届けられていたのです。

神のメッセージは、外から来ます。それは、「思いがけない方法」で届けられます。そのためには当然のことながら「メッセンジャー」が必要です。父なる神は、ご自分の御意志を「ねじ込むような手段」は決してお用いになりません。天使をお遣わしになり、聖霊の働きにより、そして、「働く人」を用いて御自身のメッセージを届けてくださいます。神は、この世を決して諦めてはおられません。私たちのような「あきれ果てた存在」にも、限りない関心を持ち続けていてくださいます。それ故に、私たちは決して失望することがありません。全ての時、全ての場所が主の求めに応えるチャンスです。貧しく、ひそかな飼い葉桶が歴史を変えました。この出来事は神の支配である、と受け止める「新しい時」が始まったのです。

（２０１４年６月22日）

天使のメッセージ

8その地方で羊飼いたちが野宿をしながら、夜通し羊の群れの番をしていた。9すると、主の天使が近づき、
主の栄光が周りを照らしたので、彼らは非常に恐れた。10天使は言った。「恐れるな。わたしは、民全体に与え
られる大きな喜びを告げる。11今日ダビデの町で、あなたがたのために救い主がお生まれになった。この方こ
そ主メシアである。12あなたがたは、布にくるまって飼い葉桶の中に寝ている乳飲み子を見つけるであろう。
これがあなたがたへのしるしである。」13すると、突然、この天使に天の大軍が加わり、神を賛美して言った。
14「いと高きところには栄光、神にあれ、／地には平和、御心に適う人にあれ。」15天使たちが離れて天に去っ
たとき、羊飼いたちは、「さあ、ベツレヘムへ行こう。主が知らせてくださったその出来事を見ようではないか」
と話し合った。16そして急いで行って、マリアとヨセフ、また飼い葉桶に寝かせてある乳飲み子を探し当てた。
17その光景を見て、羊飼いたちは、この幼子について天使が話してくれたことを人々に知らせた。18聞いた者
は皆、羊飼いたちの話を不思議に思った。19しかし、マリアはこれらの出来事をすべて心に納めて、思い巡ら
していた。20羊飼いたちは、見聞きしたことがすべて天使の話したとおりだったので、神をあがめ、賛美し

ながら帰って行った。21 八日たって割礼の日を迎えたとき、幼子はイエスと名付けられた。これは、胎内に宿る前に天使から示された名である。（ルカ2章8節〜21節）

クリスマスのページェントでは、小さな翼を付けて天使に扮した幼児たちが可愛らしい声で救い主イエス・キリストご誕生を羊飼いたちに知らせてくれます。「み子の誕生」は、子供にも大人にも実に清らかで美しい物語です。しかし、天使がもたらす神のみ言葉は必ずしも何時も喜ばしいことばかりではありません。天使の翼のイメージは宗教的想像力の産物ではありますが、ある意味では神の御意志が時間的・空間的なあらゆる障害・限界を超越して必ず私たちの所に届けられる、と言うことを示唆しています。旧約の詩人も、「どこに逃れれば、御顔を避けることができようか」と、主なる神の御意志の強さに驚嘆の叫びをあげています（詩編139・7〜）。神の御意志を携えたみ使いは、ある時は強引に、ある時は唐突に私たちに近づき、決定的なメッセージを私たちに突きつけてきます。自分の姿や足もとが、ある時突然、思いもよらない光に照らされたら、私たちはさぞかし粛然・愕然・唖然・呆然とすることでしょう。まさに、今、羊飼いに神のみ使いが接近してきたのです。

天使が羊飼いたちに伝えたことは、「今日、救い主がお生まれになった」というとてつもない知らせでした。しかも天使は、「その出来事は神の決断であり、あなたがたのためである」と言うのです。この知らせを聞いた羊飼いたちは、救い主を待ち望むと言う宗教的敬虔さを必ずしも備えていた者たちではありません。聞く方の者には全く用意も資格もないのにも関わらず、藪から棒のように突然かつ強引に、彼らを神の御前に呼び出したのです。そして天使は、「恐れるな。民全体に与える大きな喜びを告げる。布にくるまって飼い葉桶の中に寝ている乳飲み子、これがそのしるしである」と、言うべきことだけを言い残すと直ちに天に去って行ってしまいました。そもそも受ける側には備えがありませんから、み使いのメッセージを拒否することも無視することも出来たでしょう。そのような姿で主イエスは「アドベント（到来）」されました。アドベントは英語のアドベンチャーの語源になったことからも分るように、神の子イエスは激しい「冒険」を為され、神と人間の間の永遠の隔たりを乗り超えて、敢えてこの世に降って来られました。そして、人々から嘲られ傷つけられて十字架にかかられたのです。

天使が「しるし」であると伝えた「布・乳飲み子・飼い葉桶」は、どれ一つをとってもそれは「貧しさ・弱さ・暗さ」のしるしであり、そこにはロマンも宗教性もありません。マリアとヨハネは既に天使から神のご計画を知らされていましたが、羊飼いたちは何も知りませんでした。しかし何故か彼らは、「さあ、ベツレヘムへ行こう。その出来事を見ようではないか」と言って立ち上がったのです。荒れ野を居住地としていた羊飼いにとっては、都会のベツレヘムは、物理的な距離はさほど離れてはいませんでしたが、心理的には遠く隔たった所でした。社会的な差別を受け続けていた羊飼いたちは、自己嫌悪と言う暗闇に閉じこもっていたのです。しかしこの時、彼らは変わりました。「(光が) 暗闇と死の陰に座している者たちを照らし、(彼らを) 平和の道に導いて」(ルカ1・79) くださったのです。

神の方に向かう時は、誰でもためらいを覚えます。初めて教会に来た時も、初めて聖書を開いた時も、なにかよそよそしい思いに捕われて躊躇したことを想い出す方も多いでしょう。しかし羊飼いたちは、話し合って、急いでベツレヘムに行きました。天使のメッセージを聞いて行動を起こし、「来て、見た」のです。その時、神の恵みはまさに与えられました。彼らは、「神をあがめ、賛美しながら帰って行った」のです。聞くだけではなく行う人は幸いです。私たちも神のみ言葉に応えて、今日から始まる一回りの歩みを始めて参りたいと祈ります。

(2014年7月6日)

今こそ、安らかに

22さて、モーセの律法に定められた彼らの清めの期間が過ぎたとき、両親はその子を主に献げるため、エル
サレムに連れて行った。23それは主の律法に、「初めて生まれる男子は皆、主のために聖別される」と書いて
あるからである。24また、主の律法に言われているとおりに、山鳩一つがいか、家鳩の雛二羽をいけにえとし
て献げるためであった。25そのとき、エルサレムにシメオンという人がいた。この人は正しい人で信仰があつ
く、イスラエルの慰められるのを待ち望み、聖霊が彼にとどまっていた。26そして、主が遣わすメシアに会う
までは決して死なない、とのお告げを聖霊から受けていた。27シメオンが〝霊〟に導かれて神殿の境内に入っ
て来たとき、両親は、幼子のために律法の規定どおりにいけにえを献げようとして、イエスを連れて来た。28
シメオンは幼子を腕に抱き、神をたたえて言った。29「主よ、今こそあなたは、お言葉どおり／この僕を安ら
かに去らせてくださいます。30わたしはこの目であなたの救いを見たからです。31これは万民のために整えて
くださった救いで、32異邦人を照らす啓示の光、／あなたの民イスラエルの誉れです。」33父と母は、幼子につ
いてこのように言われたことに驚いていた。34シメオンは彼らを祝福し、母親のマリアに言った。「御覧なさい。

この子は、イスラエルの多くの人を倒したり立ち上がらせたりするためにと定められ、また、反対を受けるし
るしとして定められています。35――あなた自身も剣で心を刺し貫かれます――多くの人の心にある思いがあ
らわにされるためです。」36また、アシェル族のファヌエルの娘で、アンナという女預言者がいた。非常に年
をとっていて、若いとき嫁いでから七年間夫と共に暮らしたが、37夫に死に別れ、八十四歳になっていた。彼
女は神殿を離れず、断食したり祈ったりして、夜も昼も神に仕えていたが、38そのとき、近づいて来て神を賛
美し、エルサレムの救いを待ち望んでいる人々皆に幼子のことを話した。**（ルカ2章22節～38節）**

シメオンは「正しい人で信仰があつく」、まことの救いを求めて礼拝を守り続けていました。「正しい」とは、形式的にも律法に忠実であったことを意味しており、この意味でシメオンは彼より先に救い主に出会うことを許された「羊飼いや東方からの学者たち（異邦人）」とは根本的に異なっていました。

真正面から救い主を待ち続けて来たシメオンは、「主よ、今こそあなたは、お言葉通り　この僕を安らかに去らせてくださいます」と、後世に「シメオン賛歌」と呼ばれるようになった信仰告白をすることを許されました。彼は、その人生の最後の時に、「今こそ、救い主に出会った、わたしの人生は悔いのない一生であった」と言い切ったのです。「シメオン賛歌」は、必ずしも「人生

の最後の」と限ることではないでしょう。教会ではクリスマスの次の主日、すなわち、暦の上での一年の最後の日に良くこの箇所を読みます。それは、「この一年は、主の恵みに守られた悔いのない日々であった」との感謝の祈りとして献げられるからでしょう。この思いはまた、夫々のクリスチャンにとっては日々の祈りにも込められています。私たちに与えられているこの世の歩みは、決して安易なものではありません。「どうしてこのような……」との思いに苦しめられることもしばしば起こります。しかし私たちは、その一日がどのような日であったとしても、「今こそ（主がここにおられる）」との祈りをもって眠りにつきたいと願っているのです。

「(救い主) 幼子を腕に抱いた」シメオンは、「わたしはこの目で神の救いを見た」と言い切ります。そして彼は、「その救いは、万民のために神が整えてくださった救いであり、異邦人をも照らす啓示の光である」と告白しています。そして彼は続けてマリアに対して、「この子は、イスラエルの多くの人を倒したり立ち上がらせたりするためにと定められ、また、反対を受けるしるしとして定められています」と伝えました。シメオンには聖霊がとどまっていました（ルカ2・25）。聖霊の導きによって、シメオンは「主イエス・キリストの十字架の出来事、すなわち、罪人とされた贖いの死」を見てとりました。父なる神は、愛する人間を救うためには、そこまで為さる方なのです。

「インマヌエル（神は我々と共におられる）」とは、ただ主が「傍近くにおられる」と言うだけにとどまらず、主イエスが「私たちの身代わりとなって死んでくださる・私たちと入れ替わってくださる・私たちと一体となってくださる・私たちを御自分のものとしてくださる」という意味を含んでいます。このことをパウロは、「生きているのは、もはやわたしではありません。キリストがわたしの内に生きておられるのです」（ガラテヤ2・20）と告白しています。

シメオンは、「この方に抱かれている。自分はこの方のものとなった」ことを聖霊によって知りました。彼は、「主に迎え入れられている」ことを知らされたのです。主は、救いの成就のためにはかの粗末な飼い葉桶をも用いられます。取るに足らない私たちも、一人ひとりが主のご用のために日々用いられ、「主を抱いて、否、主に抱かれて」この世の歩みを続けています。一日一日の完成が一年の完成となり、終わりの時へと導かれていきます。私たちは、生きて働いていてくださる主に迎え入れられ用いられて、慰めと希望の内に主の日を数えているのです。Ａ・Ｄ（主の日）２０１４年の歩みも半ばを過ぎました。この歴史は主に在って必ず終わります。その終わりの日には全ての涙は拭われます。私たち信仰者は、その終わりの日を楽しみに待ち望んでいるのです。この与えられた今日一日を、「今こそ、安らかに」と感謝の祈りを献げつつ歩んで参りたいと願います。

（２０１４年７月20日）

私のいるべき場所

39親子は主の律法で定められたことをみな終えたので、自分たちの町であるガリラヤのナザレに帰った。40幼
子はたくましく育ち、知恵に満ち、神の恵みに包まれていた。41さて、両親は過越祭には毎年エルサレムへ
旅をした。42イエスが十二歳になったときも、両親は祭りの慣習に従って都に上った。43祭りの期間が終わっ
て帰路についたとき、少年イエスはエルサレムに残っておられたが、両親はそれに気づかなかった。44イエ
スが道連れの中にいるものと思い、一日分の道のりを行ってしまい、それから、親類や知人の間を捜し回った
が、45見つからなかったので、捜しながらエルサレムに引き返した。46三日の後、イエスが神殿の境内で学者
たちの真ん中に座り、話を聞いたり質問したりしておられるのを見つけた。47聞いている人は皆、イエスの
賢い受け答えに驚いていた。48両親はイエスを見て驚き、母が言った。「なぜこんなことをしてくれたのです。
御覧なさい。お父さんもわたしも心配して捜していたのです。」49すると、イエスは言われた。「どうしてわた
しを捜したのですか。わたしが自分の父の家にいるのは当たり前だということを、しらなかったのですか。」
50しかし、両親にはイエスのことばの意味が分からなかった。51それから、イエスは一緒に下って行き、ナ

ザレに帰り、両親に仕えてお暮らしになった。母はこれらのことをすべて心に納めていた。[52]イエスは知恵が増し、背丈も伸び、神と人とに愛された。**（ルカ2章39節〜52節）**

主イエスは、「わたしたちの弱さに同情できない方ではなく、罪を犯されなかったが、あらゆる点において、わたしたちと同様に試練に遭われた方」（ヘブライ4・15）です。しかし聖書は、主イエスが公生活に入られるまでの幼年時代・少年時代に関しては殆ど関心を示していません。この意味では、今日与えられた「神殿での少年イエス」は大変珍しく、信仰的に大切な出来事です。この出来事は、主イエスが12歳になられた時のことでした。「12歳」とは、霊的にも大人への第一歩を示唆しています。主イエスは、この「迷子事件」を通して、両親の保護を離れて御自身の意志で主に従う道をお示しになりました。

過越祭の巡礼を終えてナザレへの帰路についたヨセフとマリアは、わが子が行方不明であることに驚き、三日もかけて捜し回りながらエルサレムに戻ってきました。そこで彼らは、「神殿の境内で学者たちの真ん中に座り、話を聞いたり、質問したりしているイエス」を見つけたのです。「座る」とは「教えてもらっている立場」を示していますから、イエスは決して大人たちと対等に議論をしていたのではなく、神の教えに真剣に耳を傾けていたのです。しかし、気が動転していたマリアはいきなり、「このような所で何をしているのですか、［あなたの父］もわたしも、心配して捜していたのです」と思わず声を荒立てました。ところが、この叱責に対して主イエスは、「どうしてわたしを捜したのですか。わたしが自分の父の家にいるのは当たり前だということを、知らなかったのですか」とお答えになりました。これは、「神の独り子・み子イエスの最初のみ言葉」です。ここで最も大切ことは、主イエスはマリアが発した「あなたの父＝ヨセフ」に対して「わたしの父＝父なる神」とお答えになったことです。また、「（父の）家」と言う言葉はギリシャ語原文にはありません。KJ（欽定訳）は「my Father's business」と訳していますが、直訳すると「わたしは自分の父のことに集中している」となります。すなわち主イエスは、「自分は何者であるか」をはっきりと宣言し、かつ、「父なる神のみ言葉を学び、父なる神の仕事に集中することはわたしにとっては当たり前のことではないか」との「神的必然性」をお示しになられたのです。

マリアもヨセフも、主イエスがお生まれになった時には、天使ガブリエルよりその神的事実をはっきりと知らされていましたが、日々の生活に紛れている内に、その感性が失われてきていました。私たちの生活の中でも、「礼拝が当たり前のことでなくなる」可能性は常に秘められています。神は、今尚、生き生きと語り続けておられますから、そのみ言葉に何時も聞き従ってこの世の歩みを続けていくことは「当たり前」のことなのですが、そのことを主イエスは「知らなかったのですか。忘れたのですか。あなたはいるべき場所を何処だと思っているのですか」と問いかけてくださったのです。このことをパウロは「あなたがたは、自分が神の神殿であり、神の霊が自分たちの内に住んでいることを知らないのですか」（Ｉコリント3・16）と教えています。

「それから、イエスは（両親と）一緒にナザレに帰り、両親に仕えてお暮しになりました（直訳・従って）。」主イエスが公生活に入られたのは30歳頃のことでしたから、時が満ちるまでの約18年間、イエスは両親・家族・社会の中で労苦してこの世の生活を続けられたのです。「そこ」が、神の御業を為すところだったのです。私たちも礼拝を終えて、この世に遣わされて行きます。日常の生活には、「何でそのようなことが」と思わざるを得ない出来事がしばしば起こります。しかし、「そこ」に神の御業は示されており、主と共に歩む「そこ」が私たちのいるべき場所なのです。

（２０１４年7月27日）

主の道を整えよ

[1]皇帝ティベリウスの治世の第十五年、ポンティオ・ピラトがユダヤの総督、ヘロデがガリラヤの領主、その
兄弟フィリポがイトラヤとトラコン地方の領主、リサニアがアビレネの領主、[2]アンナスとカイアファとが大
祭司であったとき、神の言葉が荒れ野でザカリアの子ヨハネに降った。[3]そこで、ヨハネはヨルダン川沿いの
地方一帯に行って、罪の赦しを得させるために悔い改めの洗礼を宣べ伝えた。[4]これは、預言者イザヤの書に
書いてあるとおりである。「荒れ野で叫ぶ者の声がする。『主の道を整え、／その道筋をまっすぐにせよ。[5]谷
はすべて埋められ、／山と丘はみな低くされる。曲がった道はまっすぐに、／でこぼこの道は平らになり、[6]人
は皆、神の救いを仰ぎ見る。』」[7]そこでヨハネは、洗礼を授けてもらおうとして出て来た群衆に言った。「蝮
の子らよ、差し迫った神の怒りを免れると、だれが教えたのか。[8]悔い改めにふさわしい実を結べ。『我々の
父はアブラハムだ』などという考えを起こすな。言っておくが、神はこんな石ころからでも、アブラハムの子
たちを造り出すことがおできになる。[9]斧は既に木の根元に置かれている。良い実を結ばない木はみな、切り
倒されて火に投げ込まれる。」[10]そこで群衆は、「では、わたしたちはどうすればよいのですか」と尋ねた。[11]

ヨハネは、「下着を二枚持っている者は、一枚も持たない者に分けてやれ。食べ物を持っている者も同じよう
にせよ」と答えた。12 徴税人も洗礼を受けるために来て、「先生、わたしたちはどうすればよいのですか」と言っ
た。13 ヨハネは、「規定以上のものは取り立てるな」と言った。14 兵士も、「このわたしたちはどうすればよ
いのですか」と尋ねた。ヨハネは、「だれからも金をゆすり取ったり、だまし取ったりするな。自分の給料で
満足せよ」と言った。**（ルカ3章1節〜14節）**

聖書記者ルカは、３章から始まる主イエスの公生活に関する報告の前に、洗礼者ヨハネとの関係について説明をしています。ルカは、「洗礼者ヨハネの役目は、救い主メシアの到来の先触れをし、かつ、その道を整えるために遣わされた［声］である」（イザヤ書40・3〜5）と言います。

ヨハネは、洗礼を授けてもらおうとして集まって来た群衆に対して、いきなり「蝮の子らよ、」と厳しい言葉を投げかけました。主イエスも、「蝮の子らよ」との表現を用いられたことがありますが（マタイ23・33）、それはあくまで「主イエスに敵対する者」に対する叱声でした。しかし今ヨハネは、救いを求めて集まってきた人たちに対してあたかも拒絶するがごとき態度で臨んだのです。彼らは、神の怒りの日が滅びの時であり、その日が差し迫っているとの認識は持っていました。したがって彼らは、何とか救われたいと願って救い主メシアの到来を待ち望んでいたのです（ルカ3・15参照）。しかし彼らは、その願望の根底では「自分たちは選ばれた民である。自分たち

はもともと神のもとにいるのであるから、当然救われる」と思い込んでいました。洗礼者ヨハネは、この誤った「選民意識」を厳しく指摘し、「悔い改めにふさわしい実を結べ」と「声」をあげたのです。

「悔い改め」とは「神のもとに立ち帰る」ことであり、その基調にあるものは「私たちを愛し続けてくださる父なる神」に対する「感謝と喜び」です。旧約の預言者は、「神はイスラエルを愛し、呼び出してくださったが、イスラエルが神を捨てて去って行った」（ホセア書11・1〜）、しかし、「神に立ち帰る者を、主は憐れんでくださる」（イザヤ書55・7）と預言しています。ヨハネが伝えた「声」は、まさに、この「慰め」であり、そのこと自体が「福音」そのものなのです。私たちには、「わたしは罪を犯しました。悔い改めます」などと言って「うなだれている暇」などありません。直ちに主のもとに立ち帰り、迎え入れられた喜びに満ち溢れ、ただただその一方的な恵みに感謝しなければならないのです。

洗礼者ヨハネは、「荒れ野」に立っています。「荒れ野」とは、神の声を聞こうともしない「私たち」のことに他なりません。否、私たちは自分たちが「荒れ野」だとは思っていないのです。ヨハネが説く「悔い改め」とは特別なことではなく、「下着を二枚持っていたら、持たない者に一枚を分けること。徴税人は規定以上の税金を取らないこと。兵士は権力を笠に来て人からゆすり取ったりしないこと」、すなわち、ごく当たり前のことに過ぎません。しかし、荒れ野にいる私たちは、そのような当たり前のことが当たり前に出来ないのです。

ヨハネは、私たちは神の怒りから免れることはできないが、その怒りを代わりとなって引き受けてくださる方が間もなくお見えになる、と告げ知らせました。群衆たちの「わたしたちはどうすればよいのですか」(ルカ3・10、12、14)との問いかけは、聖霊降臨に接した時の人々の反応(使徒2・37)と全く同じです。私たちは、悔い改めて、めいめいイエス・キリストの名によって洗礼を受け、罪を赦していただくのです(使徒2・38)。主イエス・キリストは私たちの身代わりとなって神の怒りを一身に引き受けてくださいました。主イエス・キリストに結ばれ、新たに主の命をいただいた私たちは、感謝と喜びに満ち溢れて日々の歩みを続けて参りたいと祈ります。

(2014年8月3日)

洗礼を受ける主

15民衆はメシアを待ち望んでいて、ヨハネについて、もしかしたら彼がメシアではないかと、皆心の中で考
えていた。16そこで、ヨハネは皆に向かって言った。「わたしはあなたたちに水で洗礼を授けるが、わたしよ
りも優れた方が来られる。わたしは、その方の履物のひもを解く値打ちもない。その方は、聖霊と火であなた
たちに洗礼をお授けになる。17そして、手に箕を持って、脱穀場を隅々まできれいにし、麦を集めて倉に入れ、
殻を消えることのない火で焼き払われる。」18ヨハネは、ほかにもさまざまな勧めをして、民衆に福音を告げ
知らせた。19ところで、領主ヘロデは、自分の兄弟の妻ヘロディアとのことについて、また、自分の行ったあ
らゆる悪事について、ヨハネに責められたので、20ヨハネを牢に閉じ込めた。こうしてヘロデは、それまでの
悪事にもう一つの悪事を加えた。21民衆が皆洗礼を受け、イエスも洗礼を受けて祈っておられると、天が開け、
22聖霊が鳩のように目に見える姿でイエスの上に降って来た。すると、「あなたはわたしの愛する子、わたし
の心に適う者」という声が、天から聞こえた。**（ルカ3章15節～22節）**

『ユダヤ戦記』を著わしたヨセフス（Flavius Josephus, 37~100）は、ローマ軍の司令官ウェスパシアヌスに対して「近い将来、あなたはローマ皇帝になる」と予言しました。ヨセフスは、同胞ユダヤ人からは終生「裏切り者」として軽蔑されていましたが、彼は本気でウェスパシアヌスに「メシア・救い主」を観て取っていたのかも知れません。聖書は、ペルシア王キュロスさえも救済の手段としてお用いになります。救い主は、「まさか」と思うような時・所にお見えになるのです。

洗礼者ヨハネも、人々から「メシアではないか」と思われていました。ヨハネの周りには、ユダヤ人からは裏切り者と見なされていた徴税人や兵士まで集まって来ていたのです。彼らはヨハネに対して、「わたしたちはどうすればよいのですか」と口々に尋ねました。「救われたい。どのように生きるべきかを知りたい」との思いは誰もが持っている願望であり、ここに新興宗教・カルトへの落とし穴があるのです。しかし洗礼者ヨハネは、「わたしはメシアではない。わたしは、まことの悔い改めのための準備の洗礼を授けているだけの者である」と、はっきりと自身のメシア性を否定しました。

ヨハネは、「わたしは水で洗礼を授けているが、間もなくお見えになるまことの救い主は、聖霊と火であなたたちに洗礼をお授けになる」と言い切ったのです。「火」とは「聖霊の働き」を示す「たとえ」であり、決して「水」を否定しているのではありません。ヨハネは、「火」という表現によって、「神の裁き」の厳しさを伝えているのです。「救い主イエス・キリストの到来は、救いの御業・恵みの御業である」ことを強調するあまりに、「裁き」が無視されがちになりますが、「神の裁き」は徹底しています。「裁き」がなければ「救い」はあり得ません。「救い主イエス・キリストは、手に箕を持って、脱穀場を隅々まできれいにし、麦を集めて倉に入れ、殻を消えることのない火で焼き払われる方」なのです。

民衆は、救い主メシアがどのような劇的な御姿で現れるのか、わくわくして待ち望んでいました。しかし、人々は気がつきませんでしたが、そのメシアはもう既にお見えになっていました。メシアは、群衆の中に混じり、洗礼者ヨハネの洗礼を待って順番に並ばれ、罪人の一人の内に数えられてひっそりと御立ちになっていたのです。十字架とは、その救い主イエス・キリストが、神の裁きを一身に受けてくださった出来事でした。「神の裁き」は無くなったのではありません。イエス・キリストが担ってくださったのです。神の独り子、イエスが死ななければならなかった程に、神の裁きは貫徹されました。そのイエス・キリストが、復活して私たち全ての者を招き、洗礼を授けてくださるのです。この奇しき出来事に感謝して、まだキリストを知らないこの世の方々に福音を宣べ伝える歩みを続け参りたいと祈ります。

（２０１４年８月10日）

神に至る道

23 イエスが宣教を始められたときはおよそ三十歳であった。イエスはヨセフの子と思われていた。ヨセフは
エリの子、それからさかのぼると、24 マタト、レビ、メルキ、ヤナイ、ヨセフ、25 マタティア、アモス、ナウム、
エスリ、ナガイ、26 マハト、マタティア、セメイン、ヨセク、ヨダ、27 ヨハナン、レサ、ゼルバベル、シャルティ
エル、ネリ、28 メルキ、アディ、コサム、エルマダム、エル、29 ヨシュア、エリエゼル、ヨリム、マタト、レビ、
30 シメオン、ユダ、ヨセフ、ヨナム、エリアキム、31 メレア、メンナ、マタタ、ナタン、ダビデ、32 エッサイ、
オベド、ボアズ、サラ、ナフション、33 アミナダブ、アドミン、アルニ、ヘツロン、ペレツ、ユダ、34 ヤコブ、
イサク、アブラハム、テラ、ナホル、35 セルグ、レウ、ペレグ、エベル、シェラ、36 カイナム、アルパクシャド、
セム、ノア、レメク、37 メトシェラ、エノク、イエレド、マハラルエル、ケナン、38 エノシュ、セト、アダム。
そして神に至る。**（ルカ3章23節〜38節）**

聖書記者ルカは、「イエスの系図」を長々と語り出します。そこに記されている名前は（何人か有名な人もいますが）殆どは調べても分からない人ばかりです。読んでも分からないとなると、つい

読み飛ばしたくなりますが、聖書には無駄な言葉は一切記されていません。

「イエスが宣教を始められたのはおよそ30歳でした」（ルカ3・23）。旧約で30歳とは、任に当たって神の恵みが十分に満たされる年齢を意味しています。祭司の職につくことのできる年齢は30歳（民数記4・3）であり、また、ダビデは30歳でユダの王となりました」（Ⅱサムエル記5・4）。兄弟たちによって奴隷として売られたヨセフが、エジプトの王ファラオの前に立った時も30歳でした（創世記41・46）。仏教では、釈迦は誕生直後に「四方に七歩（六歩＋一歩）歩かれて、天上天下を指さした」と伝えられています。しかしルカは、『まことの人』としてこの世に無防備でお生まれになった主イエスは、両親をはじめとする人々の保護下でお育ちになり、十分な教育・経験を積まれた上で、この世での『公生活』をお始めになった」と伝えているのです。ただし、ここでルカは、「イエスはヨセフの子と『思われていた』」と、慎重に言葉を選び、主イエスの神性（神が人となられ、人としての経験を積まれた）を示唆しています。

ルカは、イエスを始点として歴史を遡って行きます。良く読むと、ユダヤ民族が大切にしているダビデが中心に置かれてはいますが、その子ソロモンの名前は省略されています。しかも、記されている殆どは無名の人物です。私たちの歴史は、このように無名の人々によって織りなされてきたのです。この世を生きていた時には有名であっても（記録は残っていたとしても）、死後間もなく、人々の中からその人の記憶は消え去るのです。

しかしここでルカは、「神の子御自身が、その無名の人々によってなる歴史の全てを拾い上げてくださり、御自身をその歴史につなげてくださった」、と語っています。「キリストの御名につながっている」ことがすべてなのです。それは、譬えて言えば、購入した聖書に「自分の名前を書く」ことです。「名前を書く」とは、「聖書の所有者」を表すと言うよりも、「わたくしも聖書（キリスト）に覚えられた」という意味があるのではないでしょうか。ルカ自身が、書いている人物のことを全く知りませんでした。ルカも同じ思いで、「無名の自分が神に覚えられてキリストの御名につながった」幸いを味わっていたのでしょう。

「エノシュ、セト、アダム」まで書き終わったルカは、最後に「そして神に至る」と書き加えました。被造物アダムと創造主との間には「永遠の隔たり」があります。人間が神に至ることが出来ないことを承知しているルカは、何とも危険な叙述をしたものです。しかしルカは、このことを「まことの人が為された。この絶対的な隔たりを超越されたのは神の側であった」ことをどうしても伝えたかったのです。アブラハムもダビデも、大失敗をしてしまいました。歴史はやり直しが出来ません。しかし、その必要もないのです。神の独り子イエス・キリストは、この罪人の系図（取り返しの出来ない・救いようのない道筋）の中にお生まれになり、そして、その全てを一身にお引き受け下さり、私たち全てのものを救い上げてくださいました。御自身が「道」となり、「神に至る道」を示してくださったのです。知るべき名は、「神の独り子、主イエス・キリスト」です。

（２０１４年８月24日）

誘惑と戦う武器

1さて、イエスは聖霊に満ちて、ヨルダン川からお帰りになった。そして、荒れ野の中を〝霊〟によって引き回され、
2四十日間、悪魔から誘惑を受けられた。その間、何も食べず、その期間が終わると空腹を覚えられた。
3そこで、悪魔はイエスに言った。「神の子なら、この石にパンになるように命じたらどうだ。」4イエスは、「『人
はパンだけで生きるものではない』と書いてある」とお答えになった。5更に、悪魔はイエスを高く引き上げ、
一瞬のうちに世界のすべての国々を見せた。6そして悪魔は言った。「この国々の一切の権力と繁栄とを与えよ
う。それはわたしに任されていて、これと思う人に与えることができるからだ。7だから、もしわたしを拝む
なら、みんなあなたのものになる。」8イエスはお答えになった。「『あなたの神である主を拝み、／ただ主に仕
えよ』／と書いてある。」9そこで、悪魔はイエスをエルサレムに連れて行き、神殿の屋根の端に立たせて言った。

「神の子なら、ここから飛び降りたらどうだ。10というのは、こう書いてあるからだ。『神はあなたのために天使たちに命じて、／あなたをしっかり守らせる。』11また、／『あなたの足が石に打ち当たることのないように、／天使たちは手であなたを支える。』」12イエスは、「『あなたの神である主を試してはならない』と言われている」とお答えになった。13悪魔はあらゆる誘惑を終えて、時が来るまでイエスを離れた。**（ルカ4章1節〜13節）**

神の子イエス・キリストは、あたかも「罪人のひとりであるかのように、人々の中に紛れ込むようにして」ヨハネから洗礼をお受けになりました。この時（30歳）から「十字架と復活の出来事」までの数年間が、主イエスの公生涯（宣教）です。しかし、主イエスは受洗後直ちに宣教を始められたのではありません。「神の子」が罪の赦しである洗礼をお受けになること自体が不思議な出来事でしたが、さらにイエスは宣教開始を前にして、「荒れ野での40日間の試練」をお受けになられたのです。

聖書記者マタイは、この試練は「〝霊〟に導かれた出来事である」（マタイ4・1）と言い、ルカも、イエスは「〝霊〟によって引き回されて」試練をお受けになった、と報告しています。すなわち、この荒れ野の試練は「主なる神の御意志であり、主イエス御自身が自ら御引き受けになった」出来事でした。悪魔は、「イエスが神の子である」ことを承知の上でイエスを試し、神に挑戦しています。これは「神（&神の子）と悪魔の戦い」であり、私たち人間に与えられる「試練」とはまったく異なるものです。しかし、私たちと無関係な出来事ではありません。何故ならば、神の子が「まことの人」となられたことも、神の子が「悪魔と戦われた」ことも、実は「私たち人間の救いのためだったのです。

悪魔は、イエスに対して新たな提案をすることによって、その「救いのみ業」を諦めさせよう（止めさせよう）としました。ここで試されているのは神の子イエスではありますが、同時にこの試みは私たち人間にも向けられ、「あなたはあのイエスを救い主と信じるか、まことの救いとは何か、あなたがたは何によって生きているのか」と問いかけてもいます。「あなたは、本当に救われている、と確信しているか」と問われているのです。悪魔の誘惑は実に巧妙で、パウロも「サタンでさえ光の天使を装う」（IIコリント11・14）と言っています。

断食して空腹を覚えておられたイエスに対して、悪魔はまず最初に「石をパンに変えてみたらどうか」と提案しました。「飢えと渇き」は人間にとって最も惨めな状態です。教会も「礼拝よりも愛の業を」との試練に絶えずさらされています。次に悪魔は「一切の権力と繁栄を与える」と誘惑しました。「貧困に苦しむ人間を救いたいと思うのなら、一気に繁栄を与えればよいではないか」との誘いです。宣教を始められた主イエスは、確かに様々な奇跡をなさいました。しかしその業は、あくまで「その人のために為されたもの」であって、「癒し」が「救い」であったのではありません。その誤解を防ぐために、主イエスは癒しを与えた人に「誰にも話してはならない」（ルカ5・14等）と厳しくお命じになっていました。最後に悪魔は、「神の子なら、ここから飛び降りたらどうだ」、とまで言いました。十字架上のイエスに向かって民衆が叫んだ「神からのメシアで、選ばれた者なら、自分を救うがよい」（ルカ23・35）との怒声に通じる究極の誘惑です。悪魔は、神の子イエスに対して、「今、ここで、神の子であることを示せ」と誘っているのです。神のみ業が目の前で瞬時に現れたら、それはさぞかし驚くべき光景でしょう。しかし、教会の業は実に遅々たるものです。潮の満ち引きにも似ていて、全く進んでいないのでは思うほど「じれったい」ものなのです。

この悪魔の三つの誘惑に対する主イエスのお答えは、ただ一つ、「（聖書に）こう書いてある」との極めて明解なものでした。（旧約）聖書は、神に背き続けたイスラエルに対する「神の言葉」です。彼らは、「シェマー　イスラエル」と呼ばれる律法の書を片時も手放さずにこれを守り、語り続けて来ました（申命記6・4〜15参照）。

主イエスは、今、「全てを教えてくださるのは神の言葉である。神は私たちが何を望んでいるかをも御存じである。神のみ言葉から離れたら何も出来ない」、とはっきりとお教えになりました。

主イエス御自身が、「わたしを離れては、あなたがたは何もできない」（ヨハネ15・5）と仰っています。「み言葉から離れる」とは「神を捨てる」ことであり、「神以外のものに支配される」ことに他なりません。

イエスは最後に、「あなたの神である主を試してはならない」（申命記6・16「マサの試し」参照）とのみ言葉をもって悪魔の誘惑をはっきりと拒絶なさいました。私たちは試練に遭遇すると、「神はいないのか……本当に神がおられるのなら、こうしてくれる筈では」と直ぐに神を試してしまいがちです。神に仕えるのではなく、神に仕えさせようとするのです。この叫びは、まさに、悪魔の言葉そのものです。

主イエスを誘惑し、その救いのみ業を断念させようとして失敗した悪魔は、「時が来るまで」イエスを離れました。悪魔は、決してその試みを諦めたのではなく、いわば一時休戦をしました。悪魔は、如何なる手段を講じても救いのみ業を阻止しようと、最後の決戦の時を狙っていたのです。悪魔は、主イエスの十字架への道の決定的な場面で再度登場し、「イスカリオテと呼ばれるユダの中に入り」（ルカ22・3）、そして、十字架のイエスをあざ笑う民衆の中に入り込んだのです。

しかし、神の子イエスは、十字架から降りようとはなさいませんでした。ここに「命のみ言葉」があります。主イエスは、十字架で、私たちにまことの命を与えてくださったのです。

実現する聖書の言葉

（2014年8月31日）

14 イエスは〝霊〟の力に満ちてガリラヤに帰られた。その評判が周りの地方一帯に広まった。15 イエスは諸
会堂で教え、皆から尊敬を受けられた。16 イエスはお育ちになったナザレに来て、いつものとおり安息日に会
堂に入り、聖書を朗読しようとしてお立ちになった。17 預言者イザヤの巻物が渡され、お開きになると、次の
ように書いてある個所が目に留まった。18 「主の霊がわたしの上におられる。貧しい人に福音を告げ知らせる
ために、／主がわたしに油を注がれたからである。主がわたしを遣わされたのは、／捕らわれている人に解放
を、／目の見えない人に視力の回復を告げ、／圧迫されている人を自由にし、19 主の恵みの年を告げるためで
ある。」20 イエスは巻物を巻き、係の者に返して席に座られた。会堂にいるすべての人の目がイエスに注がれ
ていた。21 そこでイエスは、「この聖書の言葉は、今日、あなたがたが耳にしたとき、実現した」と話し始め
られた。22 皆はイエスをほめ、その口から出る恵み深い言葉に驚いて言った。「この人はヨセフの子ではない
か。」23 イエスは言われた。「きっと、あなたがたは、『医者よ、自分自身を治せ』ということわざを引いて、『カ
ファルナウムでいろいろなことをしたと聞いたが、郷里のここでもしてくれ』と言うにちがいない。」24 そし

て、言われた。「はっきり言っておく。預言者は、自分の故郷では歓迎されないものだ。[25]確かに言っておく。エリヤの時代に三年六か月の間、雨が降らず、その地方一帯に大飢饉が起こったとき、イスラエルには多くのやもめがいたが、[26]エリヤはその中のだれのもとにも遣わされないで、シドン地方のサレプタのやもめのもとにだけ遣わされた。[27]また、預言者エリシャの時代に、イスラエルには重い皮膚病を患っている人が多くいたが、シリア人ナアマンのほかはだれも清くされなかった。」[28]これを聞いた会堂内の人々は皆憤慨し、[29]総立ちになって、イエスを町の外へ追い出し、町が建っている山の崖まで連れて行き、突き落とそうとした。[30]しかし、イエスは人々の間を通り抜けて立ち去られた。**（ルカ4章14節〜30節）**

聖書記者ルカは、「荒れ野の試練を終えた主イエスは、故郷のナザレにお帰りになり、安息日には必ずユダヤ教の会堂（シナゴーグ）で聖書を教えておられた」と報告しています。ある安息日にも、会堂に入られた主イエスはお立ちになって聖書を朗読なさいました。イエスに渡された巻物は、会堂に集まっている人々が何度も耳にして知っている有名なイザヤ書の一節でした。（聖書は仮に暗記していても暗誦することは禁じられていた。聖書の真理は人間に与えられている限られた理性で理解できるものではない。聖書は、あくまで「書かれたもの」であり、書かれた「み言葉」が光となって一方的に私たちを照らしてくださる。「み言葉が開かれると光が射し出で、無知の者にも理解を与える」（詩編119・130）。『罪と罰』の主人公ラスコーリニコフは、最後にソーニャが持ってきてくれた聖書に手を置いた。ドストエフスキーは、このことにより新しい物語の始まりを予告している。）

主イエスが朗読されたのはイザヤ書61章1節以下の「神による解放の業を告げる」み言葉でした。当時のユダヤ人は、異国の圧政下で苦しみ、自分たちを解放してくれるメシアの出現を心から待ち望んでいました。彼らは、「主なる神は何時の日にか必ず決定的な救いの御業を為してくださる」と堅く信じていたので、イエスが次に何を語られるか、を注目して待っていました。ところがイエスは、驚くべきことに、「この聖書の言葉は、今日、あなたがたが耳にしたとき、実現した（このわたしが救いをもたらす。神の国は既に来ている）」と話し始められたのです。これを聞いた人々は「皆イエスを誉め、その口から出る深い言葉に驚きました」。しかし、時を置かずに、その「驚き」は「驚き、怪しむ」に変って行きました。彼らは、「この人は自分たちが良く知っているあのヨセフの子だ。メシアである筈がない」、と思い込んでいたのです。

神が、今、生きて働いていてくださっているのに、彼らは神を拒絶しました。彼らは「皆憤慨し、イエスを崖から突き落として殺そう」とまでしました。旧約の預言者イザヤは「わたしに尋ねようとしない者にも　わたしは尋ね出される者になり……反逆の民にも……絶えることなく手を差し伸べてきた」（イザヤ書65・1〜3）と預言しています。今、主イエスは、まさにこのことを為されたのですが、人々は、光なる神の言葉に背を向けて出て行ってしまいました。彼らは、自分たちが「貧しい者」（イザヤ書61・1）であることを知らなかったのです。しかし、彼らの反応はある意味では「止むを得ない」出来事でした。何故ならば、み言葉を語ってくださっているイエスは「あの、大工ヨセフの子供イエス」だったからです。

「驚くべきこと」が起こりました。「驚くべきこと」とは、「神の国の到来」でも「人々の背信」でもありません。神の独り子主イエスが、「ここまで徹底的に普通の人・まことの人」となられたことが、実に「驚くべきこと」なのです。ここに、神の深い憐れみが示されました。主イエスは、「まことの人」だからこそ、私たちの負うべき罪を一身に負ってくださることができました。「まことの人」故に、「十字架の救いの業」が成就し、私たちは自由にされたのです。聖書は、まさに、この「まことの人」を証ししている書物です。

シナゴーグに集められた人々は、主イエスが語るみ言葉には感動しましたが、そこに働く「聖霊」に逆らいました。私たちは、今、礼拝に集められ「み言葉」を聞いています。礼拝には「聖霊」が働いてくださっています。「聖霊」に導かれた私たちは、導かれてどのように変っているか、礼拝後に確かめつつ日々の歩みを続けて参りたいと祈ります。

（２０１４年９月７日）

力あるみ言葉

[31]イエスはガリラヤの町カファルナウムに下って、安息日には人々を教えておられた。[32]人々はその教えに
非常に驚いた。その言葉には権威があったからである。[33]ところが会堂に、汚れた悪霊に取りつかれた男がい
て、大声で叫んだ。[34]「ああ、ナザレのイエス、かまわないでくれ。我々を滅ぼしに来たのか。正体は分かっ
ている。神の聖者だ。」[35]イエスが、「黙れ。この人から出て行け」とお叱りになると、悪霊はその男を人々の
中に投げ倒し、何の傷も負わせずに出て行った。[36]人々は皆驚いて、互いに言った。「この言葉はいったい何
だろう。権威と力とをもって汚れた霊に命じると、出て行くとは。」[37]こうして、イエスのうわさは、辺り一
帯に広まった。**（ルカ４章31節～37節）**

キリスト者は、「礼拝から礼拝へ」の生活を主の恵みに感謝して歩んでいます。私たちは、礼拝における「み言葉」によって「み赦しと憐れみ」をいただき、用いられて証し人としてこの世に遣わされ、そして再び礼拝へと戻って来るのです。「礼拝以上に優れた行為はなく」、また、「礼拝以上に神が喜ばれるものはありません」。しかし、礼拝におけるみ言葉は、時によっては集中して聞くことができないこともあり、また、聞く者によってその受け止め方が正反対になることがし

ばしば生じます。

安息日に主イエスは、ナザレと同様にカファルナウムの会堂でも教えておられました。主イエスは「いつものように」(ルカ4・16)同じ話をされたのですが、この教えを聞いたナザレの人々は、「憤慨してイエスを殺そうとし」(同4・28、29)、カファルナウムの人々は「その言葉に権威があったので非常に驚きました」(同4・32)。聞く人々の間に全く反対の出来事が起こったのです。主イエスは、律法学者のようにではなく、権威ある者としてお教えになりました(マタイ7・29参照)。権威とは、支配する力です。カファルナウムの人々は、今まで聞いたことのない新しい権威に触れ、その権威に引きつけられ、その権威に支配されることを驚きの内に喜びました。何故ならば、その権威は「神のご支配」によるものだったからです。「生ける神」が、「この私を救いだしてくださった。神の国が、今まさに、来ている」ことを知った喜びです。

「神の恵みが明らかになる」と困るのが悪霊です。悪霊とは、「神の支配に逆らい」、私たちを「神の力から引き離そう」とする力のことです。荒れ野の四十日間でも、悪霊は何とか神のみ子イエスのお働きを妨げようとしました。「構わないでくれ。放っておいてくれ」は、ノンクリスチャンがみ言葉に触れた時に良く口にしますが、私たちキリスト者にとっても他人事ではありません。礼拝でみ言葉に満たされ、感謝して戻って来た積りでも、この世の現実に触れると「自分が主でいたい（他の支配に従いたくない）」との思いに支配されがちになります。この悪魔の囁きから自由になることが如何に難しいことかを思い知らされます。

しかし、私たちが「主のもとにあって、感謝して歩んでいれば」、悪霊は働くことができません。「私たちキリスト者が聖なる者である」とは、「私たち自身が聖なのではなく、聖なる神のものとされている」ということです。悪霊が最も嫌うことは、私たちがそのこと、すなわち、「神の国がすでに来ている」ことを「知る」ことです。神の国が到来したら、悪霊はただ出て行く以外に術がありません。

ナザレの人々とカファルナウムの人々は、み言葉を聞いてその時は正反対の反応を示しましたが、実は、この人々が後にこぞって主イエスを十字架に付けてしまいました。ナザレの人々の「殺せ」との思いが実現したかのような出来事でした。彼らは口々に、「お前がメシアなら、自分の命を救ってみろ」と十字架の下からののしりました。十字架は、あたかも悪霊の勝利のような出来事です。しかし、その悲惨な十字架の出来事の真只中でも、「主の恵みを知った」者がいたのです。カファルナウムの会堂での出来事は、この「主の恵みを知る」ことの大切さを示唆しています。カファルナウムとは「慰めの人々の村」という意味があり、また、主イエスが「自分の町」（マタイ９・１）として最も愛しておられた所です。その町の人々が、主イエスの力強い権威あるみ言葉に触れ、一時的であるにせよ、「主の証し人」となりました。私たちは、思いもかけないところで主のみ言葉に捕らわれることがあるのです。み言葉には権威があります。大胆にみ言葉に近づいて参りたいと祈ります。さらに大切なことは、「み言葉に気づいた自分に、改めて気づくこと」なのです。

（２０１４年９月21日）

町々を巡る主イエス

38 イエスは会堂を立ち去り、シモンの家にお入りになった。シモンのしゅうとめが高い熱に苦しんでいたので、
人々は彼女のことをイエスに頼んだ。39 イエスが枕もとに立って熱を叱りつけられると、熱は去り、彼女はす
ぐに起き上がって一同をもてなした。40 日が暮れると、いろいろな病気で苦しむ者を抱えている人が皆、病人
たちをイエスのもとに連れて来た。イエスはその一人一人に手を置いていやされた。41 悪霊もわめき立て、「お
前は神の子だ」と言いながら、多くの人々から出て行った。イエスは悪霊を戒めて、ものを言うことをお許し
にならなかった。悪霊は、イエスをメシアだと知っていたからである。42 朝になると、イエスは人里離れた所
へ出て行かれた。群衆はイエスを捜し回ってそのそばまで来ると、自分たちから離れて行かないようにと、し

きりに引き止めた。[43] しかし、イエスは言われた。「ほかの町にも神の国の福音を告げ知らせなければならない。わたしはそのために遣わされたのだ。」[44] そして、ユダヤの諸会堂に行って宣教された。**（ルカ4章38節～44節）**

主イエスは、安息日にカファルナウムの会堂で、権威ある・力強いみ言葉で聖書の解き明かしをなされた後、シモン（＝ペトロ）の家にお入りになりました。シモンの姑が高熱を発し、礼拝を守りたくても守ることが出来ずにいたのを見かねた人々が、イエスに問安を頼んだのです。主イエスは、その願いを聞き入れてくださり、床に伏せていた婦人の「枕もとに立って、熱を叱りつけられました」。「叱りつける」とは、そこに主イエスのはっきりとしたご意志があったことを示唆しています。主イエスのみ言葉には力があります。「主の口から出る言葉は、むなしくは主のもとに戻りません」（イザヤ書55・11参照）。熱は直ちに去り、婦人は直ぐに起き上がって一同のもてなしを始めました。本当に一瞬の、そしてまた、実に些細な出来事でした。しかし、その時は未だイエスの弟子として召されていなかったペトロにとっては、実に印象的な出来事でした。聖書記者ルカは、ペトロからこの出来事を繰り返し聞かされたことでしょう。

日が暮れると（＝安息日が終わると）、待ちかねていた人々は大勢の病人を主イエスのもとに連れて来ました。日常の生活が始まったのです。私たちが生かされているこの世には様々な煩わしさ・

面倒なことが満ち溢れています。その中でも、病気は私たちをもっとも苦しめます。主イエスは、朝からのご奉仕でさぞかしお疲れになっていたことでしょうが、集まってきた病人の一人ひとりに手を置いて顧みてくださり、夫々に癒しを与えてくださいました。決して集団で、一気に癒しの業をなさったのではありません。

そして、夜が明けると、主イエスは祈りを献げるために人里離れた所へお出掛になりました（ルカ5・16参照）。人々は、直ぐにイエスを見つけて、「出て行かないでください」としきりに引きとめました。主イエスは、徹夜で癒しのみ業をなさいましたが、病の者すべてを癒されたのではなく、まだまだ、多くの人が主イエスの癒しを求めて集まって来ていたのです。しかし、癒しの業はそれ自体が「救い」ではあり得ません。癒しは、「神の国（恵みの支配）の福音」の「しるし」に他なりません。主イエスは、人々の病気を癒すためではなく、福音を告げ知らせるためにこの世に遣わされて来られたのです。

よく人々は、「神はどこにおられるのか。神は何の役に立つのか。神はこの私に何をしてくれるのか」と問い続け、神を自分の欲望実現のための道具にしたがります。この「くれない族」の存在は教会も例外ではありません。しかし、今、主イエスは、「わたしは、ほかの町にも神の国の福音を告げ知らせなければならない。わたしは、そのために遣わされてきたのだ」とはっきりとご自分の使命をお告げになりました。福音は、「今、あなたの所に来ている」のです。「福音を告げ知らせる」と訳されているギリシャ語は「εὐαγγελίσασθαί」の一語で、「喜びを伝える」と言う意味です。また、「(知らせなければ)ならない」と訳されているギリシャ語「δεῖ」は「(三日目に復活することに)なっている」(ルカ9・22)と同じ動詞であり、主イエスは、ご自分がこの世に来たのは「ご自分の意志ではない。父なる神の意志である」ことをはっきりとお示しになりました。

主イエスは、父なる神のご意志を絶えず確認するために何時も祈りを続けておられました。十字架の死を目前にしたかのゲッセマネの祈りでは、苦しみの最中にあっても「御心のままに」と祈られたのです。主イエスの戦いは、今、始まっていました。悪霊はそのことを知っていたので、何とか福音が宣べ伝えられないようにと妨害をしたのです。主イエスは、癒された人にも何度も口止めをなさっています(ルカ5・14等)。人々に、癒しの業が「救い」である、との誤解を与えないようにとのご配慮です。

「癒されない」から「恵みがない」のではありません。「主イエスがここにおられる」ことこそが「evangel(福音)」です。「evangelist(福音伝道者)」という言葉はここから派生しています。私たちキリスト者は、この福音を告げ知らせるために召されています。そして、「福音を告げ知らせる」とは「福音を自分のこととして受け止める」ことを意味しているのです。

(2014年9月28日)

み言葉が差し込む

1イエスがゲネサレト湖畔に立っておられると、神の言葉を聞こうとして、群衆がその周りに押し寄せて来た。
2イエスは、二そうの舟が岸にあるのを御覧になった。漁師たちは、舟から上がって網を洗っていた。3そこ
でイエスは、そのうちの一そうであるシモンの持ち舟に乗り、岸から少し漕ぎ出すようにお頼みになった。そ
して、腰を下ろして舟から群衆に教え始められた。4話し終わったとき、シモンに、「沖に漕ぎ出して網を降ろし、
漁をしなさい」と言われた。5シモンは、「先生、わたしたちは、夜通し苦労しましたが、何もとれませんでした。
しかし、お言葉ですから、網を降ろしてみましょう」と答えた。6そして、漁師たちがそのとおりにすると、
おびただしい魚がかかり、網が破れそうになった。7そこで、もう一そうの舟にいる仲間に合図して、来て手
を貸してくれるように頼んだ。彼らは来て、二そうの舟を魚でいっぱいにしたので、舟は沈みそうになった。
8これを見たシモン・ペトロは、イエスの足もとにひれ伏して、「主よ、わたしから離れてください。わたし
は罪深い者なのです」と言った。9とれた魚にシモンも一緒にいた者も皆驚いたからである。
10シモンの仲間、ゼベダイの子のヤコブもヨハネも同様だった。すると、イエスはシモンに言われた。「恐れ

ることはない。今から後、あなたは人間をとる漁師になる。」11 そこで、彼らは舟を陸に引き上げ、すべてを捨ててイエスに従った。**（ルカ5章1節〜11節）**

主イエスがゲネサレト湖（ガリラヤ湖）の畔に立っておられると、その周りに大勢の群衆が押し寄せて来ました。主イエスのことを正しく理解していたかどうかは別にして、多くの人たちが神の言葉を聞きたい、と願っていたことは確かなことでした。しかしこの時、み言葉に捕えられたのは、主イエスに対して全く無関心であったシモン（ペトロ）でした。

姑の病を癒していただき、主イエスのみ力を直接体験したシモンは、人々が主イエスを慕って集まって来ていることをよく知っていました。しかし彼は、群衆に加わることなく、漁師仲間と一緒に網を洗っていました。彼は、昨夜から徹夜で漁をしていたのですが全く収穫がなく、肉体的にも精神的にも疲労困憊の状態でしたが、明日の糧のためには、今、為すべきことを為しておかなければなりませんでした。今日生きることだけで精一杯の日々に、将来への不安が重なると、神の言葉を聞く余裕はありません。シモンには日々の生活の戦いがありました。彼は、日中に仕事もしないでイエスの周りに集まる人々を、冷やかな目で見ていたのではないでしょうか。シモンは、最前列にいたのですから、勿論説教を聞いていたでしょう。しかし、聖書記者ルカは、その時為された主イエスの説教の詳細については一切触れていません。声は聞こえても、その内容はシモンの耳には全く入っていなかったのです。

説教を終えたイエスは、シモンに向かって「沖に漕ぎ出して網を降ろし、漁をしなさい」とお命じになりました。徹夜明けのシモンはくたびれていました。一刻も早く家に帰り、翌日に備えて就寝したかったことでしょう。しかも、彼は漁に関してはプロですから、今が漁に適していない時間であることは誰よりも知っていました。しかしシモンは、「あなたのお言葉（ギリシャ語原文通り）ですから、網を降ろしてみましょう」と言って、渋々、自分を放り出すようにして主イエスのご命令に従いました。見方を変えると、シモンは自分の生活にある種の行き詰まりを感じていた、と言えるでしょう。そこに、意外な主のみ言葉が「差し込んで」来ました。主イエスが御自身からシモンに近づいてきてくださったのです。私たちはしばしば、「先輩や偉人の言葉に従った」と称して行動を起こすことがあります。しかしその行動は、あくまで「他人の言葉に納得した（すなわち、自分の言葉とした）」から起こされたものです。主イエスの周辺に群がった人たちも、イエスのみ言葉が自分たちの考え方に合っている、と思い込んだから熱心に聞き入っていたのです。もし、イエスから思いもかけないことを命じられたら、即座にイエスを捨てたことでしょう。

シモンは、何とも単純に主イエスのみ言葉に従いました。彼が何を思ったのかはこの場合は関係がありません。彼は祈りもしていません。ただ、「あなたのお言葉だから」と命令に従ったのです。私たちも、また教会も、空振りはたびたび経験させられます。しかし、ただ主のみ言葉に従うとき、そこに命の道が開かれます。よく、「み言葉が分らない」と思う時があります。しかし実は、「み言葉は分っているが、自分の思いに引っ張られてみ言葉に従っていない」だけなのです。主は、信仰者に何時も語り続けてくださっています。信頼すれば、そこに希望が生まれます。み言葉を取り違えて聞いたら、主が直してくださいます。

結果は、大漁で報われました。そして、主イエスは、「わたしから離れてください。わたしは罪深い者です」と恐れ戦くシモンに対して、「恐れることはない。今から後、あなたは人間をとる漁師になる」と語られ、彼を弟子として召されたのです。シモン・ペトロが召されたのは、彼の計画ではありませんでした。「恐れ」とは、自分の力で何かを為そうとする時に生じるのです。私たちは、自分に用意があろうがなかろうが、大胆に主に用いて頂けばよいのです。主が近づいて来てくださるのです。

（２０１４年10月5日）

大胆に主に近づこう

12イエスがある町におられたとき、そこに、全身重い皮膚病にかかった人がいた。この人はイエスを見てひ
れ伏し、「主よ、御心ならば、わたしを清くすることがおできになります」と願った。13イエスが手を差し伸
べてその人に触れ、「よろしい。清くなれ」と言われると、たちまち重い皮膚病は去った。14イエスは厳しく
お命じになった。「だれにも話してはいけない。ただ、行って祭司に体を見せ、モーセが定めたとおりに清め
の献げ物をし、人々に証明しなさい。」15しかし、イエスのうわさはますます広まったので、大勢の群衆が、
教えを聞いたり病気をいやしていただいたりするために、集まって来た。16だが、イエスは人里離れた所に退
いて祈っておられた。17ある日のこと、イエスが教えておられると、ファリサイ派の人々と律法の教師たちが
そこに座っていた。この人々は、ガリラヤとユダヤのすべての村、そしてエルサレムから来たのである。主の
力が働いて、イエスは病気をいやしておられた。18すると、男たちが中風を患っている人を床に乗せて運んで
来て、家の中に入れてイエスの前に置こうとした。19しかし、群衆に阻まれて、運び込む方法が見つからなかっ
たので、屋根に上って瓦をはがし、人々の真ん中のイエスの前に、病人を床ごとつり降ろした。20イエスはそ

の人たちの信仰を見て、「人よ、あなたの罪は赦された」と言われた。[21]ところが、律法学者たちやファリサ
イ派の人々はあれこれと考え始めた。「神を冒涜するこの男は何者だ。ただ神のほかに、いったいだれが、罪
を赦すことができるだろうか。」[22]イエスは、彼らの考えを知って、お答えになった。「何を心の中で考えてい
るのか。[23]『あなたの罪は赦された』と言うのと、『起きて歩け』と言うのと、どちらが易しいか。[24]人の子
が地上で罪を赦す権威を持っていることを知らせよう。」そして、中風の人に、「わたしはあなたに言う。起き
上がり、床を担いで家に帰りなさい」と言われた。[25]その人はすぐさま皆の前で立ち上がり、寝ていた台を取
り上げ、神を賛美しながら家に帰って行った。[26]人々は皆大変驚き、神を賛美し始めた。そして、恐れに打た
れて、「今日、驚くべきことを見た」と言った。**（ルカ5章12節～26節）**

中風に悩む友人を床に載せて運んできた男たちは、群衆に阻まれて家の中に入れませんでした。そこで彼らは、いきなり屋根に上り、瓦をはがし、病人を床ごとイエスの真ん前に吊り降ろしました。これを見た人々はさぞかし驚き、かつ、その乱暴な行為に怒ったことでしょう。しかし、主イエスは喜ばれました。主イエスは、病気に苦しむ仲間に対する男たちの「友情」を喜ばれたのではなく、自分では歩くことのできない中風の友人を人の迷惑をもかえりみず「あの方のもとへ」近づけようとした男たちの、その思いを受け入れてくださいました。「何が何でも、あの方のもとへ」こそが「信仰」に他ならないのです。

重い皮膚病を患っていた人には、面倒を見てくれる仲間はいませんでした。しかし彼は、自分で歩くことはできました。そこで彼は、律法を無視してまで敢えて町の中に出て来て、「御心ならば……」とイエスの前にひれ伏しました。「何が何でも、この方こそ」と、全身全霊で主イエスを信頼し尽くしたのです。

この二つのケースのポイントは、自分たちの願いを「誰に持って行ったか」です。さらに大切なことは「御心ならば（直訳・あなたが欲してくだされば）」との信仰です。「何でもいい、誰でもいい、病気を治してくれれば」と願っているのではありません。彼らはただひたすら、「主よ、あなたです。あなたが決めてくだされば、そのようになる」と信じ、何とも大胆に主イエスに近づいて行きました。ここに、信仰の本質があります。私たちは、「何よりも、神の国と神の義を求めよ」と命じられています。しかし、時折、「神の国（＝神の支配）」を「運命」と取り違え、「何か、物事が分ったような、諦めたような気持」で神に祈っていることがあるのではないでしょうか。これこそが、「神への不信」に他なりません。信仰とは、「神が神であることを信じる」ことです。神は生きておられ、私たちに「生きよ」と願っておられます。私たちは、どうにもならなくなったら、神に迫る以外に術がありません。若し諦めたら、それは「傲慢」以外の何物でもないのです。

主イエスは、重い皮膚病の人に「宜しい」と仰ってくださいました。直訳は「わたしはそうする」です。すなわち、病人の願いではなく、主イエスの願いが実現したのです。そして主イエスは、「このことは誰にも話してはならない。祭司の所に行き、律法に従って正しい手続きをとりなさい」と命じられました。癒しの御業を確認するのは医者ではなく祭司です。その時彼は、神の恵みに与り、神に赦されたことをはっきりと知り得たことでしょう。病気が癒されたことが恵みではありません。病気が治っても、いずれ人は必ず死にます。かのラザロ（ヨハネ11・38〜）も今は生きていないのです。

ここで語られていることは、表面的には「病の癒し」ですが、それはあくまで「神の国が始まっている」ことの「しるし」であり、与えられていることは「罪の赦し」です。しかも、この二つの癒しの出来事は、「シモン・ペトロの召命」（ルカ5・11）と「レビの召命」（ルカ5・27）に挟まれて報告されています。ペトロは思わず「主よ、離れてください」と叫びました。彼は、主イエスに関心を持っていなかった罪をはっきりと知らされたのです。罪人と思われていた徴税人のレビが召された時も、人々はさぞかし驚いたことでしょう。その時彼ら（重い皮膚病の人も中風の人）は、未だ、「まことの悔い改め」は知りませんでした。「十字架の時」は未だ来ていませんでした。したがって主イエスは、「誰にも話してはならない。黙っていろ」、と命じられたのです。

しかし、今、私たちは既に、十字架の出来事を知らされています（そのすべては知りえないが）。

したがって私たちは、彼らよりも「より大胆に主イエスに近づく」ことができるのです。私たちは、頑なな心を捨て去り、人任せにすることなく、諦めることなく、自分から主イエスのもとに近づいて参りたいと祈ります。

（２０１４年10月19日）

罪人を招く主

[27] その後、イエスは出て行って、レビという徴税人が収税所に座っているのを見て、「わたしに従いなさい」と言われた。[28] 彼は何もかも捨てて立ち上がり、イエスに従った。[29] そして、自分の家でイエスのために盛大な宴会を催した。そこには徴税人やほかの人々が大勢いて、一緒に席に着いていた。[30] ファリサイ派の人々やその派の律法学者たちはつぶやいて、イエスの弟子たちに言った。「なぜ、あなたたちは、徴税人や罪人などと一緒に飲んだり食べたりするのか。」[31] イエスはお答えになった。「医者を必要とするのは、健康な人ではなく病人である。[32] わたしが来たのは、正しい人を招くためではなく、罪人を招いて悔い改めさせるためである。」

（ルカ5章27節〜32節）

共観福音書は、徴税人レビ（＝マタイ）の召命に関して等しく、「レビは座っていた」と報告しています。「座っている」とは、レビのそれまでの生き方の象徴的表現です。ローマ帝国の手下である徴税人の業務に携わっていたレビは、当然のことながら同胞であるユダヤ人から忌み嫌われていました。そのことに彼は、ふて腐れ、開き直って「座っていた」のです。そのレビを、主イエスは「見て」おられました。この「見る（θεάομαι）」とは、ただ「見る」ではなく「良く見る」ことを意味します。主イエスは、レビの境遇に同情なさったのではなく、「罪の中に、開き直って座り込んでいる」病人・レビを「良く見つめ」、そして、「（わたしに従いなさい、と）呼びかけ」ました。するとレビは、直ちに「立ち上がり」ました。聖書は、その時レビが何を思ったのか、などとの心理描写には一切関心を持たず、ただ「座っていた」レビが、主イエスの「呼びかけ」に応えて何もかも捨てて「立ち上がり」、「主イエスのために盛大な宴会を催した」、という事実だけを報告しています。

自業自得と言ってしまえばそれまでですが、強烈な孤独感に苛まれて生きて来たレビが、持てる財産をはたいて人を招くなどということは、彼自身にとっても信じられないような出来事だったことでしょう。しかし、レビは「立ち上がり」ました。「あの方」が、彼を「見つめ」、「罪の中から呼び出し」、「（わたしに）従え」と言われたからです。そこには、明らかに「赦し」がありました。

「赦し」を与えることができるのは「あの方」だけです。主イエスの「見る」は、まさに「神のまなざし」だったのです。その「まなざし」が、彼の「病気」を癒してくださいました。主イエスが、「わたしが来たのは、……罪人を招いて悔い改めさせるためである」と仰るのを聞いた時、レビは「本当にそうだ、アーメン」とひれ伏したのではないでしょうか。

この出来事（まさに神の業・奇跡）を見たファリサイ派の人々は吃驚して、「なぜ、あなたたちは罪人と一緒に食べたり飲んだりするのか」と弟子たちにつぶやきました。「つぶやく」とは聖書では「不信仰を表す」象徴語です。「ファリサイ派」とは「ユダヤ教に熱心で・真面目な人々」のことであり、時に、「自分の正しさ・清さ」を主張して隣人を貶める「病人」です。この「病気」は、「敬虔なクリスチャン」を標榜する私たちの教会の姿にもつながっています。教会とは、ここに招かれた実に様々な個々からなる共同体（群れ）なのです。

弟子たちに投げかけられた疑問に答えてくださったのは主イエス御自身でした。主イエスは、「正しい人を招くためではなく、罪人を招いて悔い改めさせるために」この世に遣わされて来られました。「私のような」罪人を招いてくださった奇しき恵みに感謝し、共にその喜びを伝える歩みを続けて参りたいと祈ります。

（２０１４年10月26日）

新しい喜び

33人々はイエスに言った。「ヨハネの弟子たちは度々断食し、祈りをし、ファリサイ派の弟子たちも同じよう
にしています。しかし、あなたの弟子たちは飲んだり食べたりしています。」34そこで、イエスは言われた。「花
婿が一緒にいるのに、婚礼の客に断食させることがあなたがたにできようか。35しかし、花婿が奪い取られる
時が来る。その時には、彼らは断食することになる。」36そして、イエスはたとえを話された。「だれも、新し
い服から布切れを破り取って、古い服に継ぎを当てたりはしない。そんなことをすれば、新しい服も破れるし、
新しい服から取った継ぎ切れも古いものには合わないだろう。37また、だれも、新しいぶどう酒を古い革袋に
入れたりはしない。そんなことをすれば、新しいぶどう酒は革袋を破って流れ出し、革袋もだめになる。38新
しいぶどう酒は、新しい革袋に入れねばならない。39また、古いぶどう酒を飲めば、だれも新しいものを欲し
がらない。『古いものの方がよい』と言うのである。」**（ルカ5章33節～39節）**

幼児祝福式・大人との合同礼拝を献げます。このように大人も子供も一緒に礼拝を献げること

こそ、家族である教会の本来の礼拝の姿です。

徴税人レビは、主イエスに招かれたことを大いに喜び、人々を招いて盛大な宴会を催しました。これを見たファリサイ派の人々は、「何故、あなたたちはあのような徴税人や罪人たちと一緒に飲んだり食べたりするのか」と弟子たちにつぶやきました。ファリサイ派の人たちは、ある意味で敬虔深く、真面目で、断食の律法を忠実に守り続けていました。また彼らは、「イエスはもしかしたらまことのメシアではないだろうか」とある種の関心を持って見守っていたので、このような騒ぎを見てことさらに驚いたのです。

この疑問に対して主イエスは、「わたしが来たのは、正しい人を招くためではなく、罪人を招いて悔い改めさせるためである」（ルカ5・32）とお答えになりました。「悔い改める」とは、「回心」することです。神が「このようなわたしを愛していてくださることに気がつき、神のみもとに立ち帰る」ことがまことの悔い改めなのです。したがって、主イエスに招かれて悔い改めた者は、当然のことながら「喜びに満ち溢れ、神に感謝せざるを得なくなる」のです。また、主イエスは「花婿（イエス）が一緒にいるのに、婚礼の客に断食させることができるか」（同34節）とまで言われました。断食を習慣としていたファリサイ派の人々は、さぞかし暗い顔をしていたのでしょう。

今、新しいことが始まっています。悔い改めた者は、喜んで立ち上がります。「古いぶどう酒を飲めば、誰も新しいものを欲しがりません。」（同39節）今までの習慣に自分なりの判断で従っている者には、この新しい喜びが分らないのです。私たちは、今、何もかもかなぐり捨てて主イエスに従って歩み出すことを求められています。何故ならば、必要なものはすべて主イエスのもとにあるからです。

古いものの方を好む人間の思いが、主イエスを十字架に付けてしまいました。そのとき、それまでイエスに付き従ってきた弟子たちまでもが、十字架のもとから逃げ出してしまったのです。しかし、主イエスは、このような弱い私たち人間の為す業をすべてご存じで、自ら十字架に付いてくださいました。その「まことの死」によって、私たちの「死」は「永遠の命」に変えられました。私たちの「悲しみ」は「喜び」に変えられたのです。主イエスは、すべてを「成し遂げて」くださいました。「償い・支払い」を完全に済ませてくださったのです。したがって私たちは、終わりの日の清算を心配する必要がありません。自分の「弱さ」を嘆くことなく、すべてを主にお委ねして、ただひたすら「感謝」してこの世の歩みを続けて参りたいと祈ります。

（２０１４年11月16日）

命に与る安息日

[1]ある安息日に、イエスが麦畑を通って行かれると、弟子たちは麦の穂を摘み、手でもんで食べた。[2]ファリ
サイ派のある人々が、「なぜ、安息日にしてはならないことを、あなたたちはするのか」と言った。[3]イエス
はお答えになった。「ダビデが自分も供の者たちも空腹だったときに何をしたか、読んだことがないのか。[4]
神の家に入り、ただ祭司のほかにはだれも食べてはならない供えのパンを取って食べ、供の者たちにも与えた
ではないか。」[5]そして、彼らに言われた。「人の子は安息日の主である。」[6]また、ほかの安息日に、イエスは
会堂に入って教えておられた。そこに一人の人がいて、その右手が萎えていた。[7]律法学者たちやファリサイ
派の人々は、訴える口実を見つけようとして、イエスが安息日に病気をいやされるかどうか、注目していた。
[8]イエスは彼らの考えを見抜いて、手の萎えた人に、「立って、真ん中に出なさい」と言われた。その人は身
を起こして立った。[9]そこで、イエスは言われた。「あなたたちに尋ねたい。安息日に律法で許されているのは、
善を行うことか、悪を行うことか。命を救うことか、滅ぼすことか。」[10]そして、彼ら一同を見回して、その人に、
「手を伸ばしなさい」と言われた。言われたようにすると、手は元どおりになった。11]ところが、彼らは怒り狂っ

て、イエスを何とかしようと話し合った。(ルカ6章1節〜11節)

安息日規定は、ユダヤ人にとって極めて厳しい戒律です。彼らは、主なる神に対して誠実・忠実に生きたい、との願いをもって安息日を厳守し、かつ、今尚守り続けています。ユダヤ人作家ヴィーゼル(ノーベル平和賞 Elie Wiesel, 1928〜)が、「二人の母」ということを記しています。「普段は店の仕事・家事に勤しむ温厚な母が、安息日になると近づき難い別人に変身した。子供たちは、日常の母の生きる力は、聖なる方・主なる神との触れ合いによって支えられていることを知った」というのです。

キリスト教は、「復活のキリストによって、神の恵みを知った」故に、ユダヤ教の安息日を「主の日」として日曜日に移しました。初めの頃は日曜日は決して休日ではありませんでしたが、この精神はしっかりと受け継いでいます。「Sunday best(晴れ着)」という言葉があることからも分かるように、私たちキリスト者は主の日ごとに身だしなみを整えて礼拝へと向かいます。しかし、「人は目に映ることを見るが、主は心によって見る」(Iサムエル記16・7)のですから、このことは決して人に見て貰いたいからではありません。「主なる神にまみえる」という内面的な必然性が、私たちの身と心を引き締めるのです。安息日は、神の創造の業に因んで設けられました。神は、すべてを創造された時に喜びをもって祝福してくださいました。この神の喜びに参画し、ここに自分の命を見出すことこそがまことの礼拝です。神を礼拝する自由こそが本当の自由なのです。

ところが律法学者やファリサイ派の人々は、安息日に関する煩雑な規定に縛られて自由を失っていました。そして彼らは、主イエスが為された様々な奇跡や弟子たちの為す行為の一つひとつに安息日規定違反を指摘しました。「麦の穂を摘み、手でもんだ」のは「刈り入れ・脱穀」に、「癒しの業」は「医療行為」に該当し、いずれも安息日に禁止されている行為である、と主張し始めたのです。主イエスが、「人の子は安息日の主である（わたしは神と等しい者である）」とまで仰った（ルカ6・5）ので、律法学者たちは既にこれらの行為を見過ごすことができなくなっていました。彼らの心の中にある主イエスに対する「妬み・憎しみ」は、「殺意」にまで至っていたのです。彼らは、「どのようにしてイエスを殺そうかと相談を始め」（マルコ3・6）、何とか口実を見つけて主イエスを告発しようとしていました。

彼らの抗議に対して主イエスは、誰もが知っていたダビデの故事（Iサムエル記21・1〜7）を引用し、「安息日の本来の目的は、命を救うことである」と教えられました。この時イエスは、律法学者たちが頑なに守っていた「偽りの安息日規定」を敢然として打ち破られました。

主なる神が天地万物を創造なされた時、人間だけには特別な思いを持たれ、「御自分にかたどって」創造されました。そして、喜びに満ち溢れて祝福をしてくださり、その後「神は御自身の仕事を離れ、安息なさいました」(創世記2・2)。神は何時も休まずに働いておられますから、「安息」とは何もしないことではありません。神が「安息なさった」とは、「ご自身の支配権を人間に与えてくださった」のです。すなわち、私たちが守らなければならない安息日とは、「神が私たちを生かして用いていてくださることを知る日」なのです。

主なる神は、この日を「聖別」なさいました。私たちは、この日に、私たちの「まことの主である神」との交わりを持ちます。主の日ごとに、私たちは私たちの人生を試されています。安息日の主は、今も生きて働いておられるのです。

(2014年11月23日)

主イエスの祈り

12 そのころ、イエスは祈るために山に行き、神に祈って夜を明かされた。13 朝になると弟子たちを呼び集め、
その中から十二人を選んで使徒と名付けられた。14 それは、イエスがペトロと名付けられたシモン、その兄弟

アンデレ、そして、ヤコブ、ヨハネ、フィリポ、バルトロマイ、15 マタイ、トマス、アルファイの子ヤコブ、
熱心党と呼ばれたシモン、16 ヤコブの子ユダ、それに後に裏切り者となったイスカリオテのユダである。17 イ
エスは彼らと一緒に山から下りて、平らな所にお立ちになった。大勢の弟子とおびただしい民衆が、ユダヤ全
土とエルサレムから、また、ティルスやシドンの海岸地方から、18 イエスの教えを聞くため、また病気をいや
していただくために来ていた。汚れた霊に悩まされていた人々もいやしていただいた。19 群衆は皆、何とかし
てイエスに触れようとした。イエスから力が出て、すべての人の病気をいやしていたからである。

（ルカ6章12節～19節）

主イエスは徹夜で祈られました。その祈りは、あのゲッセマネの祈りに通じる苦悩と苦汁の祈りでした。祈りの中で、父なる神の御心と一つになられた主イエスは、朝になると直ちに行動され、「十二人」の弟子をお選びになりました。

「十二」とは12部族、すなわち、「神の民・イスラエル」の象徴です。エジプトから救い出されたイスラエルは、やがて神の御心から外れ、ついに亡国の民となっていましたが、主イエスは十二人をお選びになることによって神の民を再結集し、再出発をさせられたのです。

十二人は決して選りすぐったエリート集団ではありませんでした。ペトロとアンデレ、ヤコブ

とヨハネはガリラヤの漁師です。教育があるわけでもなく、特に信仰的な訓練を受けているわけでもありません。マタイは軽蔑されていた徴税人であり、「疑い深いトマス」と呼ばれる頑なな男も、極右の国粋主義者のようなシモンも選ばれています。さらに、裏切り者となるユダまで含まれていたのです。ある意味では「ならず者集団」であり「失格者集団」でした。

そのような彼らが、特別な使命を帯びた使徒とされました。使徒とは、「キリストの復活の証人」です。彼らは、「キリストは私たちのために十字架について死なれ、死を滅ぼして甦られ、いま生きて働いておられる」ことを、命をかけて証ししたのです。教会はこの使徒たちの証言の上に立ち、主を信じる者とされました。私たちは使徒的信仰に生きて、主の教会、神の民として、いまも使徒としての使命を帯びているのです。

使徒たちは主イエスと一緒に山から下り、「平らな所」、すなわち、この世のただ中に立ちました。そこには、汚れた霊に悩やむ人たちがいます。使徒たちは、自分の能力でこの世に立つのではありません。主イエスが「私が選んだ」と言われる、その主の選び、「私が祈った」と言われる、その主の祈りによって立つのです。病と悩みに満ちたこの世に立った彼らが見たことは、病が癒されていく事実でした。「イエスから力が出て、すべての人の病気をいやしていたからです」。人々の病気が癒されたのはすべて、「主イエスから力が出た」からなのです。

現代に生きる私たちも、病と悩みに満ちた世に立たされ、そこに遣わされています。私たちには特別な力はありません。祈ることにさえ疲れを覚える者です。しかし、主は生きて働いておられます。私たちはこのまぎれもない事実の証人なのです。「いったいどうなってしまうのだ」と思われるこの世にあっても、私たちは決して希望を失わないのです。

（２０１４年11月30日）

幸いなるかな

[20] さて、イエスは目を上げ弟子たちを見て言われた。「貧しい人々は、幸いである、／神の国はあなたがたのものである。[21] 今飢えている人々は、幸いである、／あなたがたは満たされる。今泣いている人々は、幸いである、／あなたがたは笑うようになる。[22] 人々に憎まれるとき、また、人の子のために追い出され、ののしられ、汚名を着せられるとき、あなたがたは幸いである。[23] その日には、喜び踊りなさい。天には大きな報いがある。この人々の先祖も、預言者たちに同じことをしたのである。[24] しかし、富んでいるあなたがたは、不幸である、／あなたがたはもう慰めを受けている。[25] 今満腹している人々、あなたがたは、不幸である、／あなたがたは飢えるようになる。今笑っている人々は、不幸である、／あなたがたは悲しみ泣くようになる。[26] すべての人

にほめられるとき、あなたがたは不幸である。この人々の先祖も、偽預言者たちに同じことをしたのである。

（ルカ6章20節〜26節）

私たちキリスト者は、主日礼拝はもとより、葬儀礼拝においても「故人を主の御手に委ねます」との願いを込めて「祝福」の祈りを献げます。「祝福」とは「幸いなるかな」との祈りですから、キリスト者の祈りは悲しみ・淋しさの内にある（異教徒の）参列者に違和感を与えることもしばしば起きることでしょう。

しかし、私たちが献げる「祝福」は、主イエス御自身が与えてくださった祈りです。主イエスは、「幸いなるかな、貧しい人・幸いなるかな、飢えている人・幸いなるかな、泣いている人……」（ルカ6・20、21）と畳みかけるように私たちを祝福してくださいました（マタイ5・3〜参照）。キリスト者は、牧師も信徒も、皆、この主の祝福を携えてこの世に遣わされているのです。牧師が与える「祝福」は、決して「人」が為す祈りではなく、主イエスの祝福に基づいているのです。

聖書記者ルカは、さらに、「人々に憎まれるとき、また、人の子のために追い出され、ののしられ、汚名を着せられるとき、あなたがたは幸いである」（ルカ6・22）との主イエスの祝福を私たちに伝え残しています。この教えを聞いたキリスト者にとっては、「憎まれ・追い出され・ののしられ・汚名を着せられる」ことは日常生活での具体的な出来事でした。ユダヤ人社会の中で生きていた彼らは、隣人・同僚・否、家族からさえも、「お前も、あの奇妙なことを信じているキリスト者か！」とののしられ、疎外されていました。しかし、彼らがその苦しみに耐えることができたのは、決して自分自身が持つ「正義感」の故ではありません。自分で考える「正しさ」はあくまで独善的であり、このような過酷な逆境にあっては全く役には立ちません。彼らは、「あなたがたは幸いである」との主イエスの祝福を外から告げ知らされたからこそ、聞こえて来たからこそ、すなわち、「聞いたからこそ」、キリスト者として堅く立ち続けることができたのです。

さらに主イエスは、「富んでいる者・今満腹している者・今笑っている者は、不幸である」（ルカ6・24、25）とお教えになりました。私たちは、誰が富んでいるのか、誰が笑っているのか、を区別する判断基準は与えられていません。レビもザーカイも、この世的な価値判断では「富んでいた者」に属するのでしょう。主イエスがお教えになった「幸いなる者」と「不幸なる者」との区別は、「み言葉を聞いて喜んでいるか、約束を信じているか、否か」の一点にかかっているのです。

「幸いなる人」とは、「約束を頂いている人・主のみ言葉を聞く人」です。同時に、「約束を聞いた者」は、その「約束を告げる者」として歩み出すことを求められています。「クリスマス」とは、この約束が与えられた出来事です。約束を聞く者の中には、不幸な者はおりません。

心に逆らう愛

（2014年12月7日）

[27]「しかし、わたしの言葉を聞いているあなたがたに言っておく。敵を愛し、あなたがたを憎む者に親切に
しなさい。[28]悪口を言う者に祝福を祈り、あなたがたを侮辱する者のために祈りなさい。[29]あなたの頬を打
つ者には、もう一方の頬をも向けなさい。上着を奪い取る者には、下着をも拒んではならない。[30]求める者に
は、だれにでも与えなさい。あなたの持ち物を奪う者から取り返そうとしてはならない。[31]人にしてもらいた
いと思うことを、人にもしなさい。[32]自分を愛してくれる人を愛したところで、あなたがたにどんな恵みがあ
ろうか。罪人でも、愛してくれる人を愛している。[33]また、自分によくしてくれる人に善いことをしたところ
で、どんな恵みがあろうか。罪人でも同じことをしている。[34]返してもらうことを当てにして貸したところで、
どんな恵みがあろうか。罪人さえ、同じものを返してもらおうとして、罪人に貸すのである。[35]しかし、あな
たがたは敵を愛しなさい。人に善いことをし、何も当てにしないで貸しなさい。そうすれば、たくさんの報い
があり、いと高き方の子となる。いと高き方は、恩を知らない者にも悪人にも、情け深いからである。[36]あな

たがたの父が憐れみ深いように、あなたがたも憐れみ深い者となりなさい。」（ルカ6章27節〜36節）

私たちは、「汝の敵を愛せよ」との、この有名なみ言葉を聞くと、「そのようなことはできる筈がないではないか」との思いに駆られ、何とも困惑してしまいます。また、このみ言葉はしばしば、「あなたはクリスチャンではないのか。何故敵を愛することができないのか」と、教会外の人々から上げ足とりに使われてきました。しかしこのみ言葉は、一般的な道徳律ではなく、「主イエスご自身が」「ご自身に従う弟子たちに向かって」言われた教えです。私たちは、今、他でもない「あの主イエス」が仰ったみ言葉を聞いているのです。

主イエスは、「しかし、聞いているあなたがたに言う」（ルカ6・27）と語り始めておられます。「しかし」とは、このみ言葉は「弟子たちに対する祝福」（同6・20〜23）と「富んでいる人・満腹している人・笑っている人たちに対する不幸を告げる言葉」（同6・24〜26）に引き続いて語られた教えであることを示しています。主イエスに従って歩み始めていた弟子たちは、「人々から憎まれ、追い出され、ののしられ、汚名を着せられていました」（同6・22）。主イエスは、そのような苦しみを負っている弟子たちを祝福し、同時に、その反対側にいる「富んだ人たち（主を必要としない人たち）は不幸である」と言われました。これを聞いた弟子たちは、乱暴な言い方ですが、一般的な感情論から言えば「ざまを見ろ」と思ったのではないでしょうか。しかし主イエスは、そのような思いをお許しにはなりませんでした。「不幸な人々に対して、祝福を祈れ、そのような人々（敵）を愛しなさい」とお命じになったのです。

「自分に良くしてくれる人に、良くしてあげる」ことは説明の必要もない当然のことでしょう。しかし、まことの「愛」はこのような「取り引き」ではありません。主イエスは、「自分を愛してくれる人を愛したところで、あなたがたにどんな恵みがあろうか」（同6・32〜）と言われます。実は、教会の中でもしばしばこの「取り引き」が起こります。その結果は「あれをしてくれない、これもしてくれない。教会は冷たい」との批判の声となって、人を裁くことになります。主イエスが説かれる「愛」は、断じてそのような「取り引き」ではありません。主イエスは、今、「そのような常識の愛を突き抜けよ」とお命じになっているのです。

「まことの愛」は人間の心から出るものではありません。主イエスを横に除けて置いて、「敵を愛することができるか、否か」などと自問自答しても、決して解を得ることはできないのです。神の独り子・主イエスは、人間の弱さを知り抜いていてくださいます。神は、私たちが神の子となるために必要なことをすべてみ子に負わせて下さいました。その方が、今、「敵を愛し、あなたがたを憎む者に親切にしなさい」とお命じになっています。主イエスは、恵みの言葉・招きの言葉を、わたしに、語ってくださっているのです。

（2015年1月18日）

土台の上に建てる

[37]「人を裁くな。そうすれば、あなたがたも裁かれることがない。人を罪人だと決めるな。そうすれば、あなたがたも罪人だと決められることがない。赦しなさい。そうすれば、あなたがたも赦される。[38]与えなさい。そうすれば、あなたがたにも与えられる。押し入れ、揺すり入れ、あふれるほどに量りをよくして、ふところに入れてもらえる。あなたがたは自分の量る秤で量り返されるからである。」[39]イエスはまた、たとえを話された。「盲人が盲人の道案内をすることができようか。二人とも穴に落ち込みはしないか。[40]弟子は師にまさるものではない。しかし、だれでも、十分に修行を積めば、その師のようになれる。[41]あなたは、兄弟の目にあるおが屑は見えるのに、なぜ自分の目の中の丸太に気づかないのか。[42]自分の目にある丸太を見ないで、兄弟に向かって、『さあ、あなたの目にあるおが屑を取らせてください』と、どうして言えるだろうか。偽善者よ、まず自分の目から丸太を取り除け。そうすれば、はっきり見えるようになって、兄弟の目にあるおが屑を取り除くことができる。」[43]「悪い実を結ぶ良い木はなく、また、良い実を結ぶ悪い木はない。[44]木は、そ

れぞれ、その結ぶ実によって分かる。茨からいちじくは採れないし、野ばらからぶどうは集められない。[45]善い人は良いものを入れた心の倉から良いものを出し、悪い人は悪いものを入れた倉から悪いものを出す。人の口は、心からあふれ出ることを語るのである。」[46]「わたしを『主よ、主よ』と呼びながら、なぜわたしの言うことを行わないのか。[47]わたしのもとに来て、わたしの言葉を聞き、それを行う人が皆、どんな人に似ているかを示そう。[48]それは、地面を深く掘り下げ、岩の上に土台を置いて家を建てた人に似ている。洪水になって川の水がその家に押し寄せたが、しっかり建ててあったので、揺り動かすことができなかった。[49]しかし、聞いても行わない者は、土台なしで地面に家を建てた人に似ている。川の水が押し寄せると、家はたちまち倒れ、その壊れ方がひどかった。」**（ルカ6章37節〜49節）**

私たちはしばしば、他人のなす不条理な行為に怒り狂い、「そのようなことは絶対に許せない」と思うことがあります。しかし、その時私たちが抱く「苛立ち」は、自分の内にある同じ要因を、あたかも鏡に映し出されるように目の当たりに見せ付けられるからではないでしょうか。主イエスは、「人を裁くな（ルカ6・37）。あなたは兄弟の目にあるおが屑は見えるのに、何故自分の目にある丸太に気づかないのか。自分の丸太（大きな欠点）を見ないで、兄弟に向かって『さあ、あなたの目にあるおが屑（小さな欠点）を取らせてください』と、どうして言えるだろうか。偽善者よ……」（同6・41、42）と厳しい注意を弟子たちに与えられました。「おが屑」も「丸太」も同じ材質であり、違いはただその「大小」だけなのです。「盲人が盲人の道案内することができようか」（同6・39）との教えも同じです。自分が見えていない者に、他人を批判する資格はありません。

主イエスは、「他人のことに構うな」とも「あなたが見えるようになれば、他人のおが屑を取り除けるようになる」と仰っているのではありません。「主よ、主よ」と呼び掛けて主イエスのもとに来るのであれば、先ず第一にしっかりと「土台を作りなさい」（同6・48）と、弟子たちにお教えになったのです。「土台」とは、当然のことながら「信仰」ですが、自己流の「信仰」では何の役にも立ちません。「あの人はあれほど立派な信仰を持っていたのに、何故」とのケースはしばしば体験することです。ここで主イエスは、「しっかりと土台を作る」とは、「ただ主イエスに従うことである」とはっきりとお教えになりました。私たちは、どんなに努力をしても決して「主イエスに優ることはできません（「出藍の誉れ」はない）」が、その身を整えて行けば（修行を積めば）主イエスに似る者となることはできるのです（ルカ6・40）。

主イエスの最初の弟子シモンとアンデレは漁をしている時に、ヤコブとヨハネは一所懸命に網の手入れをしている時に、「わたしについて来なさい」との「主のみ声」を聞きました。彼らは、直ちに立ち上がりました。「主によって導かれ、目指す方向を与えられた」のです。「主よ、主よ」とは「主に従う」こと、如何にこの世が人の思いに満ち溢れていても、何時も「主にのみ依り頼む」ことに他なりません。主イエスは、「わたしの言葉を聞いて生きよ」とお命じになっています。私たちの弱さのすべてをご存じの主イエスの前では、私たちは素直に「自分の目の中にある丸太」を認めることができます。その時、私たちは「隣人のために祈る」ことができるように変えられるのです。しかもその「祈り」とは、自分の力で為すことではありません。私たちは、「こう言いなさい」（同11・2）と主イエスから教えられた通りに祈ります。私たちは、「ただ主イエスに従うこと」のみを求められているのです。

（２０１５年２月１日）

ただ一言にかける

1イエスは、民衆にこれらの言葉をすべて話し終えてから、カファルナウムに入られた。2ところで、ある百
人隊長に重んじられている部下が、病気で死にかかっていた。3イエスのことを聞いた百人隊長は、ユダヤ人
の長老たちを使いにやって、部下を助けに来てくださるように頼んだ。4長老たちはイエスのもとに来て、熱
心に願った。「あの方は、そうしていただくのにふさわしい人です。5わたしたちユダヤ人を愛して、自ら会
堂を建ててくれたのです。」6そこで、イエスは一緒に出かけられた。ところが、その家からほど遠からぬ所ま

で来たとき、百人隊長は友達を使いにやって言わせた。「主よ、御足労には及びません。わたしはあなたを自分の屋根の下にお迎えできるような者ではありません。[7]ですから、わたしの方からお伺いするのさえふさわしくないと思いました。ひと言おっしゃってください。そして、わたしの僕をいやしてください。[8]わたしも権威の下に置かれている者ですが、わたしの下には兵隊がおり、一人に『行け』と言えば行きますし、他の一人に『来い』と言えば来ます。また部下に『これをしろ』と言えば、そのとおりにします。」[9]イエスはこれを聞いて感心し、従っていた群衆の方を振り向いて言われた。「言っておくが、イスラエルの中でさえ、わたしはこれほどの信仰を見たことがない。」[10]使いに行った人たちが家に帰ってみると、その部下は元気になっていた。**（ルカ7章1節～10節）**

新共同訳聖書は、ルカ7章1節～10節に「百人隊長の僕をいやす」との小見出しを付けていますが、聖書記者ルカは主イエスが為された「癒しの業」には殆ど関心を払うことなく、「信仰とは何か」の一点に絞って語り始めています。キリスト信仰者と未信心者との客観的・決定的な一線が「洗礼」であることには間違いはありません。しかし、「洗礼」とは「不信仰なる者が信仰者になった」ことではありません。洗礼を受けていてもしばしば不信仰に陥ることは、私たちが常に経験していることであり、また同時に、未だ受洗にはいたっていない方の中に、まことの信仰を見出すことは稀ではないのです。

主イエスは、瀕死の病床にいる部下の癒しを願っていた百人隊長からの「伝言」をお聞きになって、「イスラエルの中でさえ、これほどの信仰を見たことがない」と言われました。ここで主イエスは、「ユダヤ人の中で」ではなく、敢えて「イスラエルの中でさえ」と仰っておられます。「イスラエル」とは「神は格闘する・神と共に生きる」との意味であり、最高の信仰表現です。この百人隊長は、日頃からユダヤ人に好意的であり、ユダヤ教の会堂建築にも相当な献金をしていました。したがってユダヤ教の長老たちも、何とか彼の願いを叶えて上げたいと真剣に主イエスに願っていたのです。しかし彼が（ローマ人ではなかったとしても）異邦人であったことは確かです。しかも、主イエスの説教は何度も聞いたことがあったと思われますが、ヘロデ王に仕える百人隊長としての立場もあってか、「信仰共同体」には入っていませんでした。そのような者の中に、主イエスは「まことの信仰」を見出されたのです。

百人隊長は、「主よ、ご足労には及びません。わたしはあなたを自分の屋根の下にお迎えできるようなものではありません。ですから、わたしの方からお伺いするのさえふさわしくないと思いました」と伝言し、自己卑下と思うほどの謙遜さを示していました。また、ひたすら「部下の健康の回復」を願う、と同時に、治世下のユダヤ人からも慕われるという「人に仕える心」を持っている人物でした。しかし主イエスは、百人隊長のこの「善き働き・善き人柄」に信仰を見出されたのではありません。主イエスは、彼の「ひと言おっしゃってください。そして、わたしの僕をいやしてください」との願いに「まことの信仰」を認めてくださったのです。百人隊長は軍人でした。軍人は上からの「命令・ことば」に絶対に服従します。戦いでは、上官の命令に従い「行けと、言われれば行き、来いと、言われれば来ます。」そこには「揺るぎない信頼」があり、その信頼に「己の命」をかけているのです。彼は、このような上下の秩序の中で生きていましたから、「上からの言葉の権威」に極めて敏感でした（当然のことだが、命令の内容はここでは本題ではありません）。彼は、「ひと言」にすべてをかけて生きていたのです。

主イエスの「ひと言」は「上から（神から・聖霊から）の言葉」です。この「ひと言」に信頼して命を預けることこそが「まことの信仰」です。主イエスの権威は、私たちに「命」を与えてくださいます。その権威は、悲しむ者を喜ばせてくださいます。主イエスが「ひと言」おっしゃってくだされば、私たちは生きることができるのです。主イエスは、遠い距離があった異邦人の内に信仰を認めてくださいました。その異邦人とは私たちのことです。

（2015年2月15日）

もう泣かなくてよい

[11]それから間もなく、イエスはナインという町に行かれた。弟子たちや大勢の群衆も一緒であった。[12]イエ
スが町の門に近づかれると、ちょうど、ある母親の一人息子が死んで、棺が担ぎ出されるところだった。その
母親はやもめであって、町の人が大勢そばに付き添っていた。[13]主はこの母親を見て、憐れに思い、「もう泣
かなくともよい」と言われた。[14]そして、近づいて棺に手を触れられると、担いでいる人たちは立ち止まった。
イエスは、「若者よ、あなたに言う。起きなさい」と言われた。[15]すると、死人は起き上がってものを言い始
めた。イエスは息子をその母親にお返しになった。[16]人々は皆恐れを抱き、神を賛美して、「大預言者が我々
の間に現れた」と言い、また、「神はその民を心にかけてくださった」と言った。[17]イエスについてのこの話は、
ユダヤの全土と周りの地方一帯に広まった。**（ルカ7章11節～17節）**

逝去者記念礼拝を献げます。すでにこの世の歩みを終えて神のみもとに召された信仰の先達たちは、神の平安の内に守られて眠りについておられるのですから、私たちは何も心配することはありません。心配なのは、この世の様々な事柄に惑わされて神を忘れがちになる私たち自身です。

この記念礼拝において、誰もが避けることの出来ない「死」を改めて覚えたいと願います。

主イエスがナインという町に近づかれたのは、「ちょうど、ある母親（やもめ）の一人息子が死

んで、棺が担ぎ出されるところでした」。聖書記者ルカは、葬列の事実のみを実に簡潔に述べておりますが、「一人息子に先立たれたやもめの母親の悲しみ」は、その行間からにじみ出ています。「町の大勢の人々が傍に付き添っていた」との描写からも、この母親は狂ったように泣きつくしていたことが推測できます。私たちにも経験がありますが、このような時には人々はかける言葉も失って、ただ彼女の傍らに付き添う以外に術を持たなかったのです。

しかし、「そこに、主がおられました。」主イエスは、この母親を見て、「憐れに思われました」(σπλαγχνίζομαι)。このギリシャ語は、共観福音書のみに、しかも、神（イエス）の業にのみ用いられる極めて特異な用語です。語源が「内臓」であることからも分かるように、主イエスは「身を焦がすように・はらわたが痛むように」に母親の苦しみに思いを寄せられました。この聖書特有の表現は、古代ギリシャ哲学の影響を受けていた当時の人々には、さぞかし奇異な感じを与えたことでしょう。ギリシャ人の考え方では、「偉大・絶対的な神が、人間の感情に心を痛める」などということはあり得ませんでした。現代人も、究極的な苦しみの場に追い込まれると、「神は何もしてくれないではないか」との思いに苛まされます。「今日、ママンが死んだ」との書き出しで有名なカミユ「異邦人」の主人公ムルソーは、「(死刑囚としての) 自分の裁判にも関心がなく、自分の処刑の時に寄せられる人々の罵声にのみ自分の希望がある」とまで言い切っています。確かに、死はすべてを失います。死ぬ時、私たちは何も持って行くことはできません。死に逝く者に対して、私たちは何もしてあげることができません。死者とは会話をすることもかないません。「神の究極の無関心」に対しては、「私も無関心でいたい」との思いに駆られがちになります。しかし聖書は、このような私たちを「神が憐れんだ」と断言するのです。

主イエスは、「憐れに思い」、この女性に近づいて御自ら棺に手を触れてくださいました。「死」に立ち向かってくださったのは主イエス御自身だったのです。そして、「もう泣くな（直訳）」とお命じになりました。何故「泣かなくてよいのでしょうか」、一人息子が「生き返ったから」でしょうか。確かに、死んだと思った人が生き返れば人々は大いに喜ぶことでしょう。しかし、その生き返った人も必ずまた死にます。「生き返ること」自体が「救い」ではあり得ません。この奇跡は、救いの「しるし」に他なりませんでした。

この「しるし」を見た人々は皆恐れを抱き、「神がその民を心にかけてくださった」と言って神を賛美しました。「神は何もしてくださらない、もうどうにもならない」と思った時、その絶望の時に、人々は神の憐れみに出会ったのです。彼らは、「神が、このような所にまで来てくださった」ことを知ったのです。旧約の詩人は、「陰府《よみ》に身を横たえようとも　見よ、あなたはそこにいます」（詩編139・8）、とその信仰を詠っています。「陰府」とは「地獄」ではなく「切り離された無関心」

を示唆しています。詩人は、「こんなところにまで神はおられる」との驚きの叫びをあげているのです。キリスト以前に、このような信仰を告白している、ということは驚き以外の何ものでもありません。

「死」は言葉を失う現実です。しかし、「そこに主がおられる・確かに、そこに憐れみがある・主がわたくしに心をかけていてくださる」ことを知った時、私たちは、まさに、生かされます。この事実を知った時、私たちは「死」に無関心ではいられなくなるのです。主イエスは十字架で死んで、復活なさいました。そして、「わたしは、復活であり、命である。わたしを信じる者は、死んでも生きる」（ヨハネ11・25）と約束してくださっています。この方を信頼し、この方から生きる力をいただき、そして、死への準備の歩みを心豊かに続けて参りたいと祈ります。

（２０１４年11月２日）

来るべき方が来た

18ヨハネの弟子たちが、これらすべてのことについてヨハネに知らせた。そこで、ヨハネは弟子の中から二
人を呼んで、19主のもとに送り、こう言わせた。「来るべき方は、あなたでしょうか。それとも、ほかの方を
待たなければなりませんか。」20二人はイエスのもとに来て言った。「わたしたちは洗礼者ヨハネからの使いの
者ですが、『来るべき方は、あなたでしょうか。それとも、ほかの方を待たなければなりませんか』とお尋ね
するようにとのことです。」21そのとき、イエスは病気や苦しみや悪霊に悩んでいる多くの人々をいやし、大
勢の盲人を見えるようにしておられた。22それで、二人にこうお答えになった。「行って、見聞きしたことを
ヨハネに伝えなさい。目の見えない人は見え、足の不自由な人は歩き、重い皮膚病を患っている人は清くなり、
耳の聞こえない人は聞こえ、死者は生き返り、貧しい人は福音を告げ知らされている。23わたしにつまずかな
い人は幸いである。」**（ルカ7章18節～23節）**

ヘロデ王を糾弾して捕えられていた洗礼者ヨハネが、獄中からイエスのもとに弟子を遣わし、「来るべき方はあなたでしょうか」と尋ねました。ヨハネは、「主に先立って行き、その道を整える」ためにこの世に誕生した預言者であり、主イエスこそが「まことの救い主」であることを確信して全幅の信頼を寄せていました。したがって、ヨハネがイエス本人に直にこのような質問を投げかけたということは、彼が「不安」になったり、主イエスを「疑った」からである筈がありません。逆境にあって試練を受けていたヨハネは、主イエス御自身から「み言葉」を聞きたかったのです。

言い換えれば、この問いはヨハネの「信仰告白」であると言えるでしょう。

主イエスは、洗礼者ヨハネの問いかけを真正面からしっかりと受け止めてくださり、「行って、見聞きしたことをヨハネに伝えなさい」とお命じになりました。まさに、今、「来るべき方が来られ」、「目の見えない人は見え、足の不自由な人は歩き、重い皮膚病を患っている人は清くなり、耳の聞こえない人は聞こえ、死者は生き返り、貧しい人は福音を告げ知らされている」のです。

しかし最後に主イエスは、「わたしにつまずかない人は幸いである」との不思議な警告を与えられました。「つまずき」は信仰にとっては極めて危険な出来事です。しかも人は、何の心配もなく歩いている時に、全く不意に・一瞬の内に躓き、いとも簡単に崩れ落ちてしまいます。「教会につまずき・人につまずく」時、私たちは自分の不注意を棚に上げて、「まさか、このような所で・何で足もとにこのような物が置いてあったのか」と「人を裁き」、「自分の罪を正当化」するのが常です。そして挙句の果てに、「つまずかせたもの、すなわち、キリスト」を蹴っ飛ばしてしまいます。

「つまずき」は、「救いのイメージ」が出来上がっている時に起こります。自分の願いが叶わない時に、人は神を糾弾しかねないのです。主イエスがこの世で為された数々の奇跡は、ヘロデ王誕生祝いの余興として殺された洗礼者ヨハネには全く無関係でした。ヨハネの死は、信仰者にとっては「信仰の危機」であった、と言えるでしょう。しかし、さらに大きな「つまずき」は、主イエス御自身の「十字架の出来事」でした。この時、すべての者が十字架につまずいたのです。すなわち、「わたしにつまずかない人は幸いである」とのみ言葉は、「警告」であると同時に「招きのみ言葉」です。

この招きの言葉は、「わたしを信じるか」との問いかけです。主イエスに至る門は狭き門ですから、見出す者は決して多くはありません。しかし、信じる者には、「来るべき方は、既に来ておられる」のです。

（２０１５年2月22日）

歌え、神の国の歌を

24 ヨハネの使いが去ってから、イエスは群衆に向かってヨハネについて話し始められた。「あなたがたは何を見に荒れ野へ行ったのか。風にそよぐ葦か。25 では、何を見に行ったのか。しなやかな服を着た人か。華やかな衣を着て、ぜいたくに暮らす人なら宮殿にいる。26 では、何を見に行ったのか。預言者か。そうだ、言っておく。預言者以上の者である。27『見よ、わたしはあなたより先に使者を遣わし、／あなたの前に道を準備させよう』／と書いてあるのは、この人のことだ。[28] 言っておくが、およそ女から生まれた者のうち、ヨハネより偉大な者はいない。しかし、神の国で最も小さな者でも、彼よりは偉大である。」[29] 民衆は皆ヨハネの教えを聞き、徴税人さえもその洗礼を受け、神の正しさを認めた。[30] しかし、ファリサイ派の人々や律法の専門家たちは、彼から洗礼を受けないで、自分に対する神の御心を拒んだ。[31]「では、今の時代の人たちは何にたとえたらよいか。彼らは何に似ているか。[32] 広場に座って、互いに呼びかけ、こう言っている子供たちに似ている。『笛を吹いたのに、／踊ってくれなかった。葬式の歌をうたったのに、／泣いてくれなかった。』[33] 洗礼者ヨハネが来て、パンも食べずぶどう酒も飲まずにいると、あなたがたは、『あれは悪霊に取りつかれている』と言い、[34] 人の子が来て、飲み食いすると、『見ろ、大食漢で大酒飲みだ。徴税人や罪人の仲間だ』と言う。[35] しかし、知恵の正しさは、それに従うすべての人によって証明される。」**（ルカ7章24節～35節）**

洗礼者ヨハネの登場は実にセンセーショナルでした。ヨハネは、人類史上の最大の出来事、すなわち、「救い主の到来」をこの世に知らせ、「主に先立って、その道を準備する」ために遣わされた預言者でした。ヨハネが主イエス・キリストと切っても切れない関係の重要な人物であったことは、聖書記者ルカがその誕生の経緯をイエスよりも多くの字数を用いて語っていることからも良く知られています。

ヨハネの説く教えを聞いても、ファリサイ派や律法学者たちは「自分に対する神の御心を頑なに拒みました」。主イエスは、人々がそのヨハネをどのように理解しているかを「あなたがたは何を見に荒れ野へ行ったのか」と簡潔に問われました。そして、神の御心を拒否した人たちに対して、「あなたがたは、『笛を吹いたのに踊ってくれなかった。葬式の歌を歌ったのに、泣いてくれなかった』子供たちに似ている」と言われました。「笛」は婚礼の「喜び」を、「葬式の歌」は「悲しみ」を表します。イエスは、神の国の喜びと悲しみに身と心を合わせることをお求めになられたのですが、「今の時代の人々」には受け入れられませんでした。人々は、「神が神として現れた」ことを認めませんでした。彼らが求めていたものは、神よりも「自分」であり、「光」が来ていたのに「見る」ことをしませんでした。神と人間との関係が「ひっくり返って」いたのです。

主イエスは、「およそ女から生まれた者のうち、ヨハネより偉大な者はいない」と仰いました。ヨハネは人間の歴史の中で頂点に立ちました。救い主の到来を知らせる最後の預言者となったのです。何故ならば、「その救い主が既にお見えになった」からです。続けて主イエスは、「神の国で最も小さな者でも、彼よりは偉大である」と仰いました。これは、「もう先がけとなる預言者は必要がない。神の国は（完成はしていないが）既に来ている」との宣言に他なりません。私たちは、「神の国へ入る」のではありません。「神の国が来る・救いが到来する」のです。ここに、「神の知恵」がはっきりと示されました。「神の知恵の正しさ」は、神に従う人々によって証しされてきました。キリストを信じる私たちが、神の国の証し人なのです。

本日の礼拝は、富士見町教会創立記念礼拝としてささげています。富士見町教会はこの地にあって128年間、神の国を指し示し続け、おぼろげながら神の国を写しだして参りました。創設者植村正久先生は、「キリスト教は希望の宗教である」と言われました。そして、「私たちは、『おごそかなる楽天家』として、神の国を理想として、主を信頼し、この世のただ中を突き進んで行く」と教えておられます。主と共に、神の国の歌を歌いつつ、歌によって神の国に共感し、歌によって神の国を追体験しつつ、神の国を証しする歩みを続けて参りたいと祈ります。

（2015年3月1日）

安心して行きなさい

36 さて、あるファリサイ派の人が、一緒に食事をしてほしいと願ったので、イエスはその家に入って食事の席に着かれた。37 この町に一人の罪深い女がいた。イエスがファリサイ派の人の家に入って食事の席に着いて

おられるのを知り、香油の入った石膏の壺を持って来て、38 後ろからイエスの足もとに近寄り、泣きながらそ
の足を涙でぬらし始め、自分の髪の毛でぬぐい、イエスの足に接吻して香油を塗った。39 イエスを招待したファ
リサイ派の人はこれを見て、「この人がもし預言者なら、自分に触れている女がだれで、どんな人か分かるは
ずだ。罪深い女なのに」と思った。40 そこで、イエスがその人に向かって、「シモン、あなたに言いたいこと
がある」と言われると、シモンは、「先生、おっしゃってください」と言った。41 イエスはお話しになった。「あ
る金貸しから、二人の人が金を借りていた。一人は五百デナリオン、もう一人は五十デナリオンである。42 二
人には返す金がなかったので、金貸しは両方の借金を帳消しにしてやった。二人のうち、どちらが多くその金
貸しを愛するだろうか。」43 シモンは、「帳消しにしてもらった額の多い方だと思います」と答えた。イエスは、
「そのとおりだ」と言われた。44 そして、女の方を振り向いて、シモンに言われた。「この人を見ないか。わた
しがあなたの家に入ったとき、あなたは足を洗う水もくれなかったが、この人は涙でわたしの足をぬらし、髪
の毛でぬぐってくれた。45 あなたはわたしに接吻の挨拶もしなかったが、この人はわたしが入って来てから、
わたしの足に接吻してやまなかった。46 あなたは頭にオリーブ油を塗ってくれなかったが、この人は足に香油
を塗ってくれた。47 だから、言っておく。この人が多くの罪を赦されたことは、わたしに示した愛の大きさで
分かる。赦されることの少ない者は、愛することも少ない。」48 そして、イエスは女に、「あなたの罪は赦された」
と言われた。49 同席の人たちは、「罪まで赦すこの人は、いったい何者だろう」と考え始めた。50 イエスは女に、
「あなたの信仰があなたを救った。安心して行きなさい」と言われた。**（ルカ7章36節～50節）**

主イエスが、ファリサイ派の人々に乞われてシモンという人の家で皆と一緒に食事をしている時のことでした。この町に住む「罪深い」女性が、「後ろから」主イエスに近づき、「泣きながら」イエスの「足を」「涙で」ぬらし、自分の「髪で」ぬぐい、イエスの「足に接吻して」「香油」を塗りました。「罪深い女」とは、倫理面での行為からでしょうか、この世の人々から後ろ指を指されていて、本人もそのことをよく知っていたことを示唆しています。このような女性がファリサイ派の主要な人の家に入り込み、いきなり「主イエスの足に口づけ」をしたのです。何とも異様な光景でした。ある神学者は、「この行為は、彼女自身にしか分らないある深淵を思わせる」と解説しています。すなわち彼女は、深く打ち沈み、ただただ悲しんでいたのです。福永武彦も小説「深淵」で、「罪を深く自覚する祈りによって、かえって深い闇の暗さに引き込まれて破滅して行く女性の姿」を描いています。「悲しみは自己を深めるために貴重な経験である」などと、不用意に言うことではありません。まことの「悲しみ」は、人を破滅に導き入れてしまうのです。

人は誰でも、「何とかして忘れたい過去の出来事・誰にも分って貰える筈がないと思い込んでいる悩み」を抱えて生きています。客観的には何とも些細なことながら、本人にとっては途轍もなく深刻な問題であり、自分の力・思いではそこから這い上がることなど絶対に出来ない深淵が誰にでもあるのではないでしょうか。これも、「罪の一つの姿」である、と言えるのです。

しかしこの罪深い女性は、強烈な意志を持って、あらゆる障害を乗り越えて一歩踏み出しました。彼女は、どうしても「この方」に近づかなければならない、ことを知っていたのです。主イエスは、この激しい行為を「御自身への愛」と受け止めてくださり、そこに「信仰」を認めてくださいました。しかも、「あなたの信仰があなたを救った」とまで言ってくださったのです。彼女は、「既にとらえられていた。既に恵みに招き入れられていた」としか言いようがない出来事でした。これが「まことの信仰」なのです。

「信仰」とは「自分を見る」ことではなく、「自分を捨てて主に依り頼む」ことに他なりません。さらに言えば、「信仰」とは主の方に御用意があり、主の方から近づいてくださる出来事です。主イエスは、私たちの「深淵」まで降りて来てくださり、そこで「あなたの罪は赦された。安心して行きなさい」と言ってくださいました。悲しむのなら、「この方」のもとで悲しむのです。そこにはもう、何も妨げるものはありません。


（２０１５年３月15日）

主に仕える旅

[1]すぐその後、イエスは神の国を宣べ伝え、その福音を告げ知らせながら、町や村を巡って旅を続けられた。十二人も一緒だった。[2]悪霊を追い出して病気をいやしていただいた何人かの婦人たち、すなわち、七つの悪霊を追い出していただいたマグダラの女と呼ばれるマリア、[3]ヘロデの家令クザの妻ヨハナ、それにスサンナ、そのほか多くの婦人たちも一緒であった。彼女たちは、自分の持ち物を出し合って、一行に奉仕していた。

（ルカ8章1節〜3節）

ルカ8章1節〜3節は短い聖句ですが、聖書記者ルカの独得な視点（特に「女性」の働きに注目）から「教会の歴史」を見ている重要なメッセージです。

主イエスの伝道の旅には、「多くの婦人たちが一緒でした」（ルカ8・3）。その中には、かの有名なマグダラのマリアも含まれていました。また、ヘロデ王の家令クザの妻ヨハナやスサンナと呼ばれている女性も、後の教会の人々に良く知られていた有名な婦人信仰者だったようです。特にヨハナは、夫の地位のことを考えると、主イエスに仕えるためには相当な葛藤・家庭内での軋轢があったことも想像に難くありません。現代にそのまま通じる問題点が原始教会にも生じていたことが伺われます。彼女たちは、何か特別な仕事をしていたわけではありません。特にみ言葉を語ることもありませんでした。彼女たちは、持てる物を出しあって、毎日必要なこと、すなわち、食事の用意し、洗濯をし、その日泊まるところを準備するなど、ごく日常的の奉仕に喜んで身をささげていたのです。後に初代教会は宣教に専念する長老の他に、信徒の世話をする執事をたてることになりますが（使徒6・1〜）、この執事制の原形がここに表われています。教会の歴史は、この人たちの働きによって支えられてきたのです。

教会で最も大切なことは、言うまでもなく「礼拝」です。礼拝は、無名な信徒たちの「群れ」であり、ここにこそ「主のみ業」が現れます。神は、この「欠けがあり・不揃い」な群れの一人ひとりを用いて御自身のみ業を行ってくださいます。無名な私たち一人ひとりが「生きた証し」であり、「信仰告白」です。その一人ひとりが、教会に「織り込まれて」いるので、教会には「豊かな模様」が出来ているのです。

教会の最前線には主イエス・キリストがおられます。原始教会の時代は、直ぐ傍に選ばれた弟子が仕えていましたが、12弟子とは今や象徴です。教会が誕生してからは、全信徒が伝道の最前線に立っています。召命を受けて牧師に立てられた者は、兵站を担当している、とも言えるでしょう。今日も、この礼拝に主イエスは御臨在くださっています。ここから私たちは、「主が生きて働いていてくださる」ことの証し人としてこの世に遣わされて行くのです。

主イエスは、「神の国を宣べ伝え、福音を告げ知らせながら（直訳・神の国の喜ばしい知らせを告げ知らせる）」町や村を巡って旅を続けられました。今、この任務は私たちに託されています。主なる神は、私たちに与えられている夫々の賜物を用いて、私たちを通して御自身の恵みを指し示してくださるのです。

（２０１５年３月22日）

神の国の秘密

4大勢の群衆が集まり、方々の町から人々がそばに来たので、イエスはたとえを用いてお話しになった。5「種を蒔く人が種蒔きに出て行った。蒔いている間に、ある種は道端に落ち、人に踏みつけられ、空の鳥が食べてしまった。6ほかの種は石地に落ち、芽は出たが、水気がないので枯れてしまった。7ほかの種は茨の中に落ち、

茨も一緒に伸びて、押しかぶさってしまった。[8]また、ほかの種は良い土地に落ち、生え出て、百倍の実を結
んだ。」イエスはこのように話して、「聞く耳のある者は聞きなさい」と大声で言われた。[9]弟子たちは、この
たとえはどんな意味かと尋ねた。[10]イエスは言われた。「あなたがたには神の国の秘密を悟ることが許されて
いるが、他の人々にはたとえを用いて話すのだ。それは、／『彼らが見ても見えず、／聞いても理解できな
い』／ようになるためである。」[11]「このたとえの意味はこうである。種は神の言葉である。[12]道端のものと
は、御言葉を聞くが、信じて救われることのないように、後から悪魔が来て、その心から御言葉を奪い去る人
たちである。[13]石地のものとは、御言葉を聞くと喜んで受け入れるが、根がないので、しばらくは信じても、
試練に遭うと身を引いてしまう人たちのことである。[14]そして、茨の中に落ちたのは、御言葉を聞くが、途中
で人生の思い煩いや富や快楽に覆いふさがれて、実が熟するまでに至らない人たちである。[15]良い土地に落ち
たのは、立派な善い心で御言葉を聞き、よく守り、忍耐して実を結ぶ人たちである。」[16]「ともし火をともして、
それを器で覆い隠したり、寝台の下に置いたりする人はいない。入って来る人に光が見えるように、燭台の上
に置く。[17]隠れているもので、あらわにならないものはなく、秘められたもので、人に知られず、公にならな
いものはない。[18]だから、どう聞くべきかに注意しなさい。持っている人は更に与えられ、持っていない人は
持っていると思うものまでも取り上げられる。」（**ルカ8章4節～18節**）

キリスト者は、福音の種を蒔き、福音のともし火をかざしてこの世の歩みを続けています。し

かし、ここで最も大切なことは、先頭に立って種を蒔いておられるのは主イエス御自身である、ことです。私たち信仰者は、主イエスに招かれて、主イエスと一つになって、主イエスのみ業を引き継いでいます。伝道は、人間の業で出来ることではありません。「主イエスと一つになる」ことが、神の国の秘密（秘義）なのです。

主イエスは、「聞く耳のある者は聞きなさい」と大声で言われました。福音伝道は、決して容易な業ではありません。悔い改めの勧めは、耳に心地よいものではありませんから、この世にはなかなか受け入れられません。主イエスのみ言葉も、多くの人に聞かれ、多くの人に誤解され、そして主イエス御自身が世に捨てられてしまいました。主イエスの直ぐ近くで仕えていた十二弟子達でさえ、主を誤解して裏切ってしまったのです。しかしイエスは、「忍耐して共に福音の種を蒔こう。実りは約束されている」と確信をもって私たちを招いていてくださいます。福音伝道の歩みは「愚か」なものです。如何に努力を重ねても、一人の収穫も得られないことが起こり得ます。しかし、「生きるにも死ぬにも、贖われて今あることこそが、私たちの唯一の慰め」です。キリスト教会は２０００年間、主に招かれたこの記録にも残らない無名の人たちの伝道の業によって、今尚この世に立てられているのです。

蒔かれた種は、必ずしも全部が実を結ぶものではありません。現実は極めて厳しく空しいことも事実です。しかし、その種は確実に「人の心の中」に入って行きます。主なる神は、御自身の独り子をこの世にお与えになりました。この世を信頼して一切を私たち人間にお委ねになったのです。蒔かれた種を「自分の思い」で受け止めた者は、その種を拒否するでしょう。しかし、「立派な善い心で御言葉を聞き、よく守った者」、すなわち、「神の言葉を神の言葉として聞いた者」は、悔い改めて主イエスと一体となり、種を蒔く者へと変えられて行くのです。「悔い改める」とは「神の国へ立ち帰る」ことであり何とも喜ばしい出来事です。何故ならば、「神の国が既に来ている」ことに気がつくことだからです。

み言葉を「守る」ことは決して難しいことではありません。み言葉は、主から与えられるものです。私たちは、自分の力によるのではなく、聖霊の働きによってみ言葉を既に持っているのですから、「守る」とは「捨てないこと」です。神の国の秘密とは、この「当たり前のこと」に他なりません。この秘密は、今、ここに現れています。神に召された私たち一人ひとりが、この礼拝に集められて神を賛美しているこの礼拝に現れているのです。

（2015年3月29日）

主イエスとの旅

[19]さて、イエスのところに母と兄弟たちが来たが、群衆のために近づくことができなかった。[20]そこでイエスに、「母上と御兄弟たちが、お会いしたいと外に立っておられます」との知らせがあった。[21]するとイエスは、「わたしの母、わたしの兄弟とは、神の言葉を聞いて行う人たちのことである」とお答えになった。[22]ある日のこと、イエスが弟子たちと一緒に舟に乗り、「湖の向こう岸に渡ろう」と言われたので、船出した。[23]渡って行くうちに、イエスは眠ってしまわれた。突風が湖に吹き降ろして来て、彼らは水をかぶり、危なくなった。[24]弟子たちは近寄ってイエスを起こし、「先生、先生、おぼれそうです」と言った。イエスが起き上がって、風と荒波とをお叱りになると、静まって凪になった。[25]イエスは、「あなたがたの信仰はどこにあるのか」と言われた。弟子たちは恐れ驚いて、「いったい、この方はどなたなのだろう。命じれば風も波も従うではないか」と互いに言った。**（ルカ8章19節～25節）**

主イエスが伝道旅行中に為された様々な奇跡は、故郷ナザレにも聞こえてきました。中には、「イエスは、悪霊に取りつかれている」との悪い噂も交っていたことでしょう。心配した母マリアと兄弟たちがイエスのところに出掛けて来ましたが、あまりにも多くの群衆に囲まれていたので近づくことが出来ませんでした。ところが、「母上と御兄弟たちが、お会いしたいと外に立っておられます」との伝言を人づてに聞かれた主イエスのお答えは、「(誰が待っている、と言うのか) わたしの母、わたしの兄弟とは、神の言葉を聞いて行う人たちである」でした。聞きようによっては肉親を突き離すような痛烈なお答えですが、ここで主イエスは決して御自身の親・兄弟のことをお話しになったのではありません。主イエスは、「わたしは、今、神の子を集め、救い出すために福音を宣べ伝えている。まことの神の兄弟とは、福音を聞いて、神の国が既に到来していることを信じ、そして、行う (主イエスに従って歩む生き方) 者のことである」とお教えになられたのです。

聖書記者ルカは、続けて「ガリラヤ湖で起きた突風の出来事」を紹介しています。「湖」は「この世」を、「舟」は「教会」を示唆しています。「この世」に生かされている私たちは、予期せぬ様々な突風に見舞われます。切羽詰まって慌てふためく時、私たちは確かな「舟」が欲しいと願い、また、自分で「舟」を造ろうとまで思いこんでしまいます。そのような大事な時に、私たちは得てして「間違ったもの」を掴んでしまうのです。また、主イエスは突風吹きすさぶ舟の中で「眠って」おられました。弟子たちは、確かに「主がここにおられる」のに、「何の役にも立たない」と思いこんでしまったのです。「神の言葉は、よく守り（捨てない）、どんな時にも忍耐して従う」（ルカ8・15）ことが求められています。弟子たちは、突風の中で、「み言葉に対する信仰」が問われていたのです。

愈々《いよいよ》舟が沈みそうになった時、弟子たちは「先生、溺れそうです」と言って主イエスを呼びました。彼らは、主イエスを信じていたから呼んだのではなく、信じていなかったから叫んだのです。主イエスは、起き上がって、「風と荒波」を静めてくださいました。しかし、同時に、主イエスは「あなたがたの信仰はどこにあるのか」と厳しくお叱りになりました。湖上での嵐は、まことの信仰があるか、否か、とはまったく関係がありません。危急の時に助けてくれるから「神」なのではありません。奇跡が期待できるから信じているのでもありません。もし、この舟が沈んだら、弟子たちは神から見放されたことになるのでしょうか。

湖上で突風に襲われた弟子たちは、「主イエスが共に舟に乗っていてくださる」ことを忘れていたのです。信仰で最も大切なことは「生きて働かれる主イエスが、何時も共にいてくださる」、「生きるにも死ぬにも、わたくしたちの唯一の慰めは、わたくしたちがイエス・キリストのものであることを知る」（『ハイデルベルク信仰問答』問1）ことなのです。ローマ帝国の迫害を受けた初代教会の信徒たちには、奇跡は起きませんでした。しかし、彼らの信仰は厳しい試練下にあって益々深められていきました。彼らは、主が共にいてくださることを知っていたからです。主イエスは、信仰なき者に、何時も「わたしだ」と声をかけ続けてくださっています。この方が、私たちを憐れんでくださり、私たちが生かされているこの世にある確かな「舟」に、「乗り込んで来てくださっている」のです。

（２０１５年４月19日）

自由を取り戻す

[26] 一行は、ガリラヤの向こう岸にあるゲラサ人の地方に着いた。[27] イエスが陸に上がられると、この町の者で、悪霊に取りつかれている男がやって来た。この男は長い間、衣服を身に着けず、家に住まないで墓場を住まいとしていた。[28] イエスを見ると、わめきながらひれ伏し、大声で言った。「いと高き神の子イエス、かまわないでくれ。頼むから苦しめないでほしい。」[29] イエスが、汚れた霊に男から出るように命じられたからである。この人は何回も汚れた霊に取りつかれたので、鎖でつながれ、足枷をはめられて監視されていたが、それを引きちぎっては、悪霊によって荒れ野へと駆り立てられていた。[30] イエスが、「名は何というか」とお尋ねになると、「レギオン」と言った。たくさんの悪霊がこの男に入っていたからである。[31] そして悪霊どもは、底な

しの淵へ行けという命令を自分たちに出さないようにと、イエスに願った。[32]ところで、その辺りの山で、た
くさんの豚の群れがえさをあさっていた。悪霊どもが豚の中に入る許しを願うと、イエスはお許しになった。
[33]悪霊どもはその人から出て、豚の中に入った。すると、豚の群れは崖を下って湖になだれ込み、おぼれ死んだ。
[34]この出来事を見た豚飼いたちは逃げ出し、町や村にこのことを知らせた。[35]そこで、人々はその出来事を
見ようとしてやって来た。彼らはイエスのところに来ると、悪霊どもを追い出してもらった人が、服を着、正
気になってイエスの足もとに座っているのを見て、恐ろしくなった。[36]成り行きを見ていた人たちは、悪霊に
取りつかれていた人の救われた次第を人々に知らせた。[37]そこで、ゲラサ地方の人々は皆、自分たちのところ
から出て行ってもらいたいと、イエスに願った。彼らはすっかり恐れに取りつかれていたのである。そこで、
イエスは舟に乗って帰ろうとされた。[38]悪霊どもを追い出してもらった人が、お供したいとしきりに願ったが、
イエスはこう言ってお帰しになった。[39]「自分の家に帰りなさい。そして、神があなたになさったことをこと
ごとく話して聞かせなさい。」その人は立ち去り、イエスが自分にしてくださったことをことごとく町中に言
い広めた。**（ルカ8章26節～39節）**

伝道旅行を続けていた一行は、主イエスの強い意向でガリラヤ湖の「向こう岸・ゲラサ人の地方」に渡りました。デカポリスと呼ばれるその地は、ギリシャ人の植民地で異教社会でした。そこで主イエスは、自分の名を「レギオン（６０００人の大部隊・大勢の意）」と名乗るほどに多くの悪霊

に取りつかれたゲラサの人を癒されました。この戦いの勝敗は初めから明白でした。主イエスに出会ったこの男は、「いと高き神の子イエス、かまわないでくれ」と叫び、いきなり「神の子」の前にひれ伏してしまったのです。

「多くの悪霊に取りつかれた男」とは、果たして特別の人間のことでしょうか。昨年死亡した多重人格の男ビリー・ビリガンは、24の人格を持ち、その一つの人格が殺人事件を引き起こした、と言われています。これほど極端ではないと思いたいのですが、私たちも夫々にいろいろな精神に捕らわれていて、しばしば衝動に突き動かされて行動に走ることがあります。私たちは、本来は神の息を吹き込まれ（創世記2・7）、「一人の生きた者」とされた筈だったのですが、その後私たちには「悪魔のささやき」（創世記3・1〜）が忍び込み、神から引き離されてしまいました。精神科医・クリスチャン作家の加賀乙彦は、その著「悪魔のささやき」の中で、「悪魔のささやきは、絶対的な支配力をもって時代を支配する。人は、存在しているだけでその時代の風潮・流行に触れているのだから、時代を支配する悪魔のささやきが人間の心の奥にある悪と共鳴すると、爆発的に竜巻状のブームになる」と、時代を騒がせる様々な事件の底に潜む要因を解説しています。「悪魔のささやき」によるブームの結果は「死」に他なりません。時には、他者をも巻き込む悲惨な結果を引き起こします。主イエスに追い出された悪霊が入った豚の群れは、一斉に崖を下って湖になだれ込み、おぼれ死んでしまったのです。

旧約の詩人は、「主よ、あなたの道を教えてください。……一筋の心をわたしに与えてください」（詩編86・11）と、必死に祈っています。悪魔のささやきによってバラバラにされた心を統一するためには、一人なる神のみ前に立つ以外に術がありません。聖書は、「聞け、イスラエルよ。我らの神、主は唯一の主である。あなたは心を尽くし、魂を尽くし、力を尽くして、あなたの神、主を愛しなさい」（申命記6・4、5）と教えています。一人の主の前に立てば、悪霊はバラバラではいられなくなるのです。

私たちは、「あれも大事、これも大事」と、心を様々に乱しながらこの世を生きています。そのただ中に、主イエス御自身が「行こう」と仰って乗り込んで来てくださいました。私たちが為すべきことは、ただ一つ、「主のみ言葉」に従って生きることです。そうすれば、主が私たちを「一人の生きた者」としてくださり、そして用いてくださるのです。

（2015年4月26日）

人の力尽き、信仰が折れても

40 イエスが帰って来られると、群衆は喜んで迎えた。人々は皆、イエスを待っていたからである。41 そこへ、
ヤイロという人が来た。この人は会堂長であった。彼はイエスの足もとにひれ伏して、自分の家に来てくださ
るようにと願った。42 十二歳ぐらいの一人娘がいたが、死にかけていたのである。イエスがそこに行かれる
途中、群衆が周りに押し寄せて来た。43 ときに、十二年このかた出血が止まらず、医者に全財産を使い果たし
たが、だれからも治してもらえない女がいた 44 この女が近寄って来て、後ろからイエスの服の房に触れると、
直ちに出血が止まった。45 イエスは、「わたしに触れたのはだれか」と言われた。人々は皆、自分ではないと
答えたので、ペトロが、「先生、群衆があなたを取り巻いて、押し合っているのです」と言った。46 しかし、
イエスは、「だれかがわたしに触れた。わたしから力が出て行ったのを感じたのだ」と言われた。47 女は隠し
きれないと知って、震えながら進み出てひれ伏し、触れた理由とたちまちいやされた次第とを皆の前で話した。
48 イエスは言われた。「娘よ、あなたの信仰があなたを救った。安心して行きなさい。」49 イエスがまだ話し
ておられるときに、会堂長の家から人が来て言った。「お嬢さんは亡くなりました。この上、先生を煩わすこ
とはありません。」50 イエスは、これを聞いて会堂長に言われた。「恐れることはない。ただ信じなさい。そう
すれば、娘は救われる。」51 イエスはその家に着くと、ペトロ、ヨハネ、ヤコブ、それに娘の父母のほかには、
だれも一緒に入ることをお許しにならなかった。52 人々は皆、娘のために泣き悲しんでいた。そこで、イエス
は言われた。「泣くな。死んだのではない。眠っているのだ。」53 人々は、娘が死んだことを知っていたので、
イエスをあざ笑った。54 イエスは娘の手を取り、「娘よ、起きなさい」と呼びかけられた。55 すると娘は、そ

の霊が戻って、すぐに起き上がった。イエスは、娘に食べ物を与えるように指図をされた。56 娘の両親は非常に驚いた。イエスは、この出来事をだれにも話さないようにとお命じになった。（ルカ8章40節〜56節）

ガリラヤの人々は、異教の地・ゲラサ人の地方への伝道旅行から戻ってこられたイエスを喜んで迎え入れました。彼らは、「御言葉を聞いて、よく守り」（ルカ8・15）、「聞いて行う」（同8・21）とはどういうことかを、もっともっと教えていただきたいと願い、主イエスの帰りを待ちわびていました。聖書記者ルカが報告している「会堂長ヤイロの娘の癒し」と「長血に苦しむ婦人の癒し」の物語は、表面的には全く別の奇跡のように思われがちですが、実は、両方とも「御言葉が実を結ぶとはどういうことか」をはっきりと私たちに教えているのです。

瀕死の病床にある最愛の娘の回復を願う会堂長ヤイロも長年の病魔に苦しむ婦人も、この世の苦しみの中にあって既に為す術もなく、絶望的な状態に追い込まれていました。私たち人間にとって最も恐ろしいことは、苦境に陥ると「人間性がひっくり返ってしまう」ことです。言い替えれば、私たちは絶望すると、「最も恐れていた所（すなわち、死）に、自分から突っ込んでいってしまう」のです。その時私たちは、「絶望とは、自分の判断ではないのか？　自分の外から、どなたかがお見えになっていないか？　その方の御言葉を聞いてみたか？」と自分に問い直すことが求められています。会堂長ヤイロは、何とか主イエスのもとに自ら来て、その足もとに「ひれ伏して、自分の家に来てください」とお願いすることが出来ました。婦人も、「思わず手を伸ばして、主イエスの服の房に後ろからそっと触れる」ことができました。そこに、「あの方」がおられました。そして、「泣くな」「恐れることはない」「信じなさい」「あなたの信仰があなたを救った」との「御言葉」が与えられたのです。

私たちは、今、この礼拝へ集められ、主なる神に出会っています。主が生きて働いていてくださるから、私たちには希望が与えられているのです。主は、「思い悩むな……空の鳥を見よ」(ルカ12・22〜)と教えてくださっています。長血に苦しんでいた婦人は、「ただ、主イエスに縋った」だけでしたが、主はそのことを「あなたの信仰(があなたを救った)」と言ってくださいました。主が、彼女の信仰を造り出してくださったのです。主イエスは、「自分の命を救いたいと思う者は、それを失う」(ルカ9・24)とお教えになっています。信仰とは、まさに「聞くこと」です。主の御言葉が「信仰を起こしてくださる」のです。私たちのこの世の歩みには苦難が絶えません。しかし、どのような時にも自己診断は止めて、主が何と仰っているのかに静かに耳を傾けて歩んで参りたいと祈ります。その時、「泣くな、安心して行きなさい」との主の御言葉は聞こえてくるのです。

(2015年5月3日)

遣わされて生きる

[1]イエスは十二人を呼び集め、あらゆる悪霊に打ち勝ち、病気をいやす力と権能をお授けになった。[2]そして、
神の国を宣べ伝え、病人をいやすために遣わすにあたり、[3]次のように言われた。「旅には何も持って行っては
ならない。杖も袋もパンも金も持ってはならない。下着も二枚は持ってはならない。[4]どこかの家に入ったら、
そこにとどまって、その家から旅立ちなさい。[5]だれもあなたがたを迎え入れないなら、その町を出ていくとき、
彼らへの証しとして足についた埃を払い落としなさい。」[6]十二人は出かけて行き、村から村へと巡り歩きなが
ら、至るところで福音を告げ知らせ、病気をいやした。**（ルカ9章1節〜6節）**

本年度の年間標語・「福音を告げ知らせるために」

ほかの町にも神の国の福音を告げ知らせなければならない。
わたしはそのために遣わされたのだ。　ルカによる福音書4章43節

主イエスは、十二弟子を呼び集められて、ご自身の力と権能をお授けになり（ルカ9・1）、「一人立ちして（マルコによると・二人一組）、諸地方に福音を宣べ伝えて回るように」とお命じになりました。私たちは、ここに「教会」の原形を見ることが許されています。主イエスに与えられていた福音伝道の使命は、今、「キリストの体なる教会」に託されたのです。

弟子たちが宣べ伝えるように命じられたことは「神の国の福音」です。「神の国（＝「天の国」）」（マタイ3・2他）とは「神のご支配」に他なりません。すなわち、「神の国」とはどこか遠くにある所謂「天国」のことではありません。神が意志と意図をもってお造りになった「この世」には、既に「神の願い」が実現しています。しかも神は、ご自身が愛する私たち人間をお用いになって、その支配をこの世に確立してくださいました。主イエスは、その「しるし」として「奇跡」をなされ、かつ、その「力と権能」を弟子たちにお授けになったのです。

「派遣」にあたって弟子たちは、「何も持って行ってはならない」と命じられました。神は、「人」を用いて働かれる方ですから、伝道者には必要な時に必要な援助者が与えられます。「必要なもの」は、主が恵みによって必ず与えてくださるのです。また同時に、「だれもあなたがたを迎え入れないなら、その町を出て行く時には、足についた埃を払い落しなさい」とも命じられました。福音伝道は、「押し売り」をしてはなりません。迫害を受けたら「逃げる」ことも大切なのです。パウロがマケドニアに向かったのも、様々な迫害によってアジア州での伝道が行き詰ったからでした。パウロが「ヨーロッパに逃げた」ことが世界伝道の端緒となったとも言えるのです（使徒16・6～参照）。さらに言えば、十字架を前にした時主イエスは、「（最初に伝道に遣わした時は、何も持たずに行け、と言ったが）今は、財布のある者は、それを持って行きなさい。……剣のない者は、服を売ってそれを買いなさい」（ルカ22・35～）とまで命じられています。私たちのこの世の歩みでは、事情が極端に変化することがありますが、根本的なことは何も変わることはありません。すなわち、主は何時も最善の配慮をしていてくださいます。私たちは、何時も主の方を向き、主のみ言葉に聞き従い、すべてを主に委ねて、主に信頼して歩むことが求められています。そのことこそが、福音であり、平安であり、まことの「いやし」となるのです。

弟子たちには「いやす力」が与えられました。「いやす力」と言っても、医者になったわけではありません。「まことのいやし」とは、「主が望まれるように生きること」、すなわち、「私は生きていて良いのだ」と知ることです。教会は、この「いやし」の権能を「信仰共同体」として受け継いでいます。言い替えれば、この権能は「特定のカリスマを持つ者」に与えられたものではなく、「信仰共同体」に付与されたものです。教会にこそ、「まことのいやし」があります。教会は、「神の国の写し」なのです。教会の肢となった者、すなわち、信仰共同体（＝生きる場所）に迎え入れられた者は、夫々に欠けはありますが、憐れみ深い主が用いてくださいます。

主に、大胆に祈り願う歩みを続けて参りたいと願います。主は、その祈りを待っていてくださいます。

（２０１５年５月17日）

人に仕える主

7「ところで、領主ヘロデは、これらの出来事をすべて聞いて戸惑った。というのは、イエスについて、「ヨハ
ネが死者の中から生き返ったのだ」と言う人もいれば、8「エリヤが現れたのだ」と言う人もいて、更に、「だ
れか昔の預言者が生き返ったのだ」と言う人もいたからである。9しかし、ヘロデは言った。「ヨハネなら、
わたしが首をはねた。いったい、何者だろう。耳に入ってくるこんなうわさの主は。」そして、イエスに会っ
てみたいと思った。10使徒たちは帰って来て、自分たちの行ったことをみなイエスに告げた。イエスは彼らを
連れ、自分たちだけでベトサイダという町に退かれた。11群衆はそのことを知ってイエスの後を追った。イエ
スはこの人々を迎え、神の国について語り、治療の必要な人々をいやしておられた。12日が傾きかけたので、

十二人はそばに来てイエスに言った。「群衆を解散させてください。そうすれば、周りの村や里へ行って宿をとり、食べ物を見つけるでしょう。わたしたちはこんな人里離れた所にいるのです。」[13]しかし、イエスは言われた。「あなたがたが彼らに食べ物を与えなさい。」彼らは言った。「わたしたちにはパン五つと魚二匹しかありません、このすべての人々のために、わたしたちが食べ物を買いに行かないかぎり。」[14]というのは、男が五千人ほどいたからである。イエスは弟子たちに、「人々を五十人ぐらいずつ組にして座らせなさい」と言われた。[15]弟子たちは、そのようにして皆を座らせた。[16]すると、イエスは五つのパンと二匹の魚を取り、天を仰いで、それらのために賛美の祈りを唱え、裂いて弟子たちに渡しては群衆に配らせた。[17]すべての人が食べて満腹した。そして、残ったパンの屑を集めると、十二籠もあった。**（ルカ9章7節～17節）**

主イエスと弟子たちのうわさを伝え聞いたヘロデ王は、戸惑いを感じながらも、「イエスに会ってみたい」と思っていました。今、ヘロデの望みは意外な仕方で叶ったのですが、改めてイエスという男を見てみると、彼にとってイエスは情けないほど無力で見る影もない男でした。そこでヘロデは、自分の手下たちと一緒になってイエスをあざけり、徹底的に侮辱しました。ヘロデは主イエスに大きな関心を寄せながら、結局はこのお方を理解することはできませんでした。

主イエスは既に御自身で、「人の子は必ず多くの苦しみを受け、長老、祭司長、律法学者たちから排斥されて殺され、三日目に復活することになっている」（ルカ9・22）と、十字架の死と復活を予告されていました。ヘロデに限ることではなく弟子たちも、「なぜ主が死ななければならないのか」を全く理解できません。しかし、主イエスは、まさにそのために世に来られたのでした。そのようにして、神の国の福音そのものとなられるためだったのです。

「神の国の福音」とは、「神によって造られ愛されている私たちとこの世界が、神が愛し願われたとおりにそこにあり、生かされている。神による命がすでに始まっている」という喜ばしい知らせです。しかも、私たちは、ただそれを信じて受け取ることが許されています。そのために必要なことは全て、主イエスが成し遂げてくださっているからです。

ヘロデについての記述の直後、あの5千人の食事の奇跡が行われます。男だけでも5千人の群衆が、お腹を空かせています。そこにある食べ物と言えば、「五つのパンと二匹の魚」だけでした。しかし主イエスは、それを取り、天を仰いで、賛美の祈りを唱え、裂いて弟子たちの手を通して群衆にお配りになりました。群衆はそのパンと魚を食べることによって満腹したのです。

この奇跡を目の当たりにしたのは、十二弟子です。彼らがそれぞれ籠を持って、配って歩きます。そして最後に残った屑を集めると、12人の籠はどれも一杯になりました。弟子たちは、主が言われた通りにただ従っていただけです。彼らは、そこに思いもしなかった豊かな恵みが注がれていることを知らされたのです。

12という数字はイスラエルの十二部族、つまり神の民を象徴しています。そして主によって群衆が50人ずつの組にされたことは、主によって神の民が整えられていることが示唆されています。主が民に仕えてくださり、主に従って仕える姿に、神の民としての祝福の姿が現れ出ているのです。

これは、聖餐式の一つの原型です。私たちのために肉を裂き、血を流されたキリストの犠牲のもとに、私たちも集められ、整えられて、その恵みに与り、また互いに仕え合う者とされるのです。神の民の教会は、その初めから食卓の交わりを重んじました。現在でも、教会堂はこの食卓を中心に形作られています。教会は主の食卓を囲む民なのです。聖餐に与った一人一人が、今度は自分が仕える者となります。それが、人に仕える教会の奉仕の原型です。

神の国・神の恵みのご支配は、このような形で私たちに現されました。私たちが福音として告げ知らせるのは、まさにこのことです。主キリストを受け入れ、その命に与ってください。その恵みによる平安と力に与ってください。キリストに結ばれて、共に主の食卓を囲みたいと祈ります。

（2015年5月31日）

救いへの道

[18]イエスがひとりで祈っておられたとき、弟子たちは共にいた。そこでイエスは、「群衆は、わたしのことを
何者だと言っているか」とお尋ねになった。[19]弟子たちは答えた。「『洗礼者ヨハネだ』と言っています。ほか
に、『エリヤだ』と言う人も、『だれか昔の預言者が生き返ったのだ』と言う人もいます。」[20]イエスが言われた。
「それでは、あなたがたはわたしを何者だと言うのか。」ペトロが答えた。「神からのメシアです。」[21]イエスは
弟子たちを戒め、このことをだれにも話さないように命じて、[22]次のように言われた。「人の子は必ず多くの
苦しみを受け、長老、祭司長、律法学者たちから排斥されて殺され、三日目に復活することになっている。」
[23]それから、イエスは皆に言われた。「わたしについて来たい者は、自分を捨て、日々、自分の十字架を背負っ
て、わたしに従いなさい。[24]自分の命を救いたいと思う者は、それを失うが、わたしのために命を失う者は、
それを救うのである。[25]人は、たとえ全世界を手に入れても、自分の身を滅ぼしたり、失ったりしては、何の
得があろうか。[26]わたしとわたしの言葉を恥じる者は、人の子も、自分と父と聖なる天使たちとの栄光に輝い
て来るときに、その者を恥じる。[27]確かに言っておく。ここに一緒にいる人々の中には、神の国を見るまでは
決して死なない者がいる。」**(ルカ9章18節~27節)**

主イエスは弟子たちに、「あなたがたはわたしを何者だと言うのか」と問いただされました。何

時の時代にも問い続けられているこの「永遠の問いかけ」に対してペトロは、驚くべきことに主イエスの本質を正しく捉えて「あなたは神からのメシアです」と答えました。この告白は、人類最古の画期的な信仰告白です。ペトロが「イエスはキリストである」と正しく告白できたのは、まさに「天の父のみ業」（マタイ16・17）に他なりません。「聖霊によらなければ、誰も『イエスは主である』とは言えない」（Ⅰコリント12・3）のです。

この信仰告白は、福音書の分水嶺・頂点ともいえる出来事でした。主イエスは、この告白を契機として、今まで隠されていたこと、すなわち、「ご自身が何をなさろうとしておられるのか・何が起きるのか」を話し始められました。「信仰」がようやく現れ始めました。主イエスに従う者には、新しい視界が開かれ、今まで見えなかったものが少しずつ見え始めたのです。

主イエスは、「十字架と復活の出来事」の予告を、辺境の地・人里離れたところで弟子たちにひそかに話し始められました。しかも、「このことをだれにも話すな」とまでお命じになりました。「イエスが主である」ことは、人間が勝手に考えて分ることではなく、神から聖霊を与えられて初めて正しく受け止めることが出来る信仰なのです。実は、ペトロのこの信仰告白も「暫定的」でした。ペトロと言えども、十字架と復活の出来事を待たなければ、まことの信仰告白をすることはできませんでした。彼は、天の神に用いられて一旦は信仰を垣間見たのですが、十字架の前では為す術もなく躓いてしまいました。「メシア」という言葉を「ののしりの言葉」としてしか用いることのできなかった人々や十字架上の犯罪人（ルカ23・35、39）と同じことだったのです。

しかし主イエスは、このような弱い私たち人間を救うために十字架への歩みを始められました。その主イエスが、「自分を捨て、日々、自分の十字架を背負って、わたしに従いなさい」とお命じになっています。私たちのこの世の「日々」は、確かに労苦・絶望の連続です。しかし救われたペトロは、「主イエスご自身が、十字架にかかって、自らその身にわたしたちの罪を担ってくださいました」（Ⅰペトロ2・24）と告白しています。十字架によって救われた私たちはもう、罪のために死ぬことはなく、新しい命に生きることを許されました。そのとき、私たちは「良心のとがめはなくなる」（ヘブライ10・22）のです。このことこそが、神と和解することが許された信仰者の本当の姿です。

多くの人々が、「自分は何者か、自分は何を目的に生きているのか」と思い巡らし、自分の中で堂々巡りをして苦しんでいます。しかし、キリストに結ばれた者はそのような自分を捨て、日々キリストが与えてくださっている新しい命を生きることを許されているのです。（２０１５年６月７日）

キリストを知る道

28この話をしてから八日ほどたったとき、イエスは、ペトロ、ヨハネ、およびヤコブを連れて、祈るために
山に登られた。29祈っておられるうちに、イエスの顔の様子が変わり、服は真っ白に輝いた。30見ると、二人
の人がイエスと語り合っていた。モーセとエリヤである。31二人は栄光に包まれて現れ、イエスがエルサレム
で遂げようとしておられる最期について話していた。32ペトロと仲間は、ひどく眠かったが、じっとこらえて
いると、栄光に輝くイエスと、そばに立っている二人の人が見えた。33その二人がイエスから離れようとした
とき、ペトロがイエスに言った。「先生、わたしたちがここにいるのは、すばらしいことです。仮小屋を三つ
建てましょう。一つはあなたのため、一つはモーセのため、もう一つはエリヤのためです。」ペトロは、自分
でも何を言っているのか、分からなかったのである。34ペトロがこう言っていると、雲が現れて彼らを覆った。
彼らが雲の中に包まれていくので、弟子たちは恐れた。35すると、「これはわたしの子、選ばれた者。これに
聞け」と言う声が雲の中から聞こえた。36その声がしたとき、そこにはイエスだけがおられた。弟子たちは沈
黙を守り、見たことを当時だれにも話さなかった。**（ルカ9章28節～36節）**

「主イエスの変容」は、奇跡とも夢・幻とも言い難い何とも「不思議な出来事」でした。しかもこの出来事は、福音書の分水嶺・頂点とも言える「ペトロの信仰告白」の直後に起こりました。山の分水嶺に立つと、周囲の景色は一変します。全く新しい視界が開けて来るのです。この日を境に、主イエスは「神の子・救い主」であるご自身の本当の姿を徐々に弟子たちに示し始められました。しかも主イエスは、ご自身が歩むべきこの世の道は十字架への苦難の道・まことの死に向かう暗い道であることを見ておられました。しかし、弟子たちも主イエスに従う多くの人々も、未だ十字架が何を意味するかを理解はしていませんでした。

その時、主イエスは「変容」なさいました。「ペトロと仲間は、ひどく眠かった」と記されていますから真夜中の出来事だったと思われます。主イエスは、その「暗闇」のなかでただ一度「栄光の姿」をお見せになりました（その後主イエスは殆ど奇跡をなさっていない）。雲の中から「これはわたしの子、選ばれた者、これに聞け」とのみ声を聞いたペトロ達は、恐れて沈黙を守り、見たことを当時は誰にも話しませんでした。十字架の出来事に直面して主イエスを裏切ったペトロが、この出来事を思い出したのは立ち直って主イエスのもとに戻ってきた時でした。

主イエスはペトロの裏切りを予め御存じで、「立ち直ったら、兄弟たちを力づけてやりなさい」（ルカ22・32）とご命令になっていました。主イエスの恵みによって立ち直らされたペトロは、この時初めて山上の変容の出来事を思い起こし、「……わたしたちは聖なる山にイエスと共にいたとき、天から響いてきたみ声を聞いたのです」と確信を持って証ししています。こうして、「聖書の言葉は一層確かになりました。ペトロは聖霊に導かれて神からの言葉を語り始めたのです」（Ⅱペトロ1・16～21）。すなわち、「み言葉」は前もっては分りません。「聖霊によって」、「後から分かる」のです。「後から分る」とは、「用意されていた」ことを意味しています。あの悲惨な「十字架」が「わたしのためであった」などということは、前もって理解できることではありません。しかし、すべてをご存じの神が、摂理をもって「見せておいてくださった」のです。このことこそが神の「愛」であり「恵み」です。この「その時は分らないこと」をパウロは、「実にキリストは、わたしたちがまだ弱かったころ、定められた時に、不信仰な者のために死んでくださったのです」（ローマ5・6）と告白しています。

主なる神は、予めご自身の「愛」をお示しになっていますが、理解が出来ない者に対して「押しつける」ことは決してなさいません。神は、み心を私たちの心の「記憶」に刻み込まれるのです。旧約の預言者イザヤは「見よ、わたしの僕を。……彼は叫ばず、呼ばわず、声を巷に響かさない……」（イザヤ書42・1～4）と語り、「主の僕の苦難と死」（イザヤ書52・13～53・12）を預言していますが、このような出来事をその時理解できた者は一人もいませんでした。しかし、神のみ声は語り続けられて行きます。エリヤが神の声を聞いたのも、「激しい風や大きな地震の中」ではありませんでした。エリヤは、火が鎮まった後に「静かにささやく声を聞いたのです」（列王記上19・12）。「主の栄光の姿」は、かのモーセもエリヤも「見たい」と切望していました。その出来事が、ペトロ達三人の弟子たちの前で突然起こりました。思いもかけないことが起きたのです。そして神は、今も、「これはわたしの子、選ばれた者、これに聞け」と静かに語りつづけておられます。心を静めて神のみ声を聞きたいと願います。しかし、そのことが分るのは「後」のことです。

（2015年6月14日）

この曲がった時代に

[37] 翌日、一同が山を下りると、大勢の群衆がイエスを出迎えた。[38] そのとき、一人の男が群衆の中から大声で言った。「先生、どうかわたしの子を見てやってください。一人息子です。[39] 悪霊が取りつくと、この子は突然叫びだします。悪霊はこの子にけいれんを起こさせて泡を吹かせ、さんざん苦しめて、なかなか離れま

せん。[40]この霊を追い出してくださるようにお弟子たちに頼みましたが、できませんでした。」[41]イエスはお
答えになった。「なんと信仰のない、よこしまな時代なのか。いつまでわたしは、あなたがたと共にいて、あ
なたがたに我慢しなければならないのか。あなたの子供をここに連れて来なさい。」[42]その子が来る途中でも、
悪霊は投げ倒し、引きつけさせた。イエスは汚れた霊を叱り、子供をいやして父親にお返しになった。[43]人々
は皆、神の偉大さに心を打たれた。イエスがなさったすべてのことに、皆が驚いていると、イエスは弟子た
ちに言われた。[44]「この言葉をよく耳に入れておきなさい。人の子は人々の手に引き渡されようとしている。」
[45]弟子たちはその言葉が分からなかった。彼らには理解できないように隠されていたのである。彼らは、怖
くてその言葉について尋ねられなかった。**（ルカ9章37節～45節）**

「山上の変貌」の翌日、主イエスの一行は山を下りられました。ペトロたち3人の弟子にとっては、「栄光に輝く主イエスの御姿」を垣間見たことは生涯「ただ一度」の夢心地のような出来事だったでしょう。しかし、「信仰」は「現実の世界」と切り離して考えることはできません。私たちは、「天のこと」を知っています、そして、「この世」に生かされているのです。

大勢の群衆が主イエスを出迎えました。人々は、夫々に、自分の思いで主イエスを理解し、救いを求めて集まってきました。日常の喧騒はこの日も続いていたのです。その時、一人の男性が、「先生、悪霊に取りつかれているわたしの子を救ってください」と大声で叫びました。この声をお

聞きになった主イエスは、「何と信仰のない、よこしまな時代なのか。いつまで、わたしは、あなたがたと共にいて、あなたがたに我慢しなければならないのか」とお嘆きになり、直ちに「悪霊を叱り、子供を癒して」くださいました。

町の中に残っていた9人の弟子たちにも、「あらゆる悪霊に打ち勝ち、病気を癒す力と権能が与えられていた」（ルカ9・1）のですが、彼らはこの子を癒すことができませんでした。何故ならば、「この種のものは、祈りによらなければできないこと」（マルコ9・29）だからです。弟子たちは、主イエスから与えられた癒しの権能を自分の力である、と勘違いをし、主との結びつき（祈り）を忘れていたのです。

さらに主イエスは、「何とよこしまな時代なのか」とお嘆きになりました。新共同訳が「よこしまな時代」と訳しているギリシャ語は、申命記32・5（LXX）と同じ言葉であり、口語訳は「曲がった時代」と訳しています。すなわち、「曲がる」とは「神を離れた状態」（申32・5）であり、「神から与えられたものを自分のものと思い込み、神なしでも生きていける者」を示唆しています。また、「時代」とは「世代（generation）」を意味しており、「今、この世に生きている人々、すべて」を含んでいるのです。

主イエスは、「いつまで、あなたがたと共にいて、我慢をしなければならないのか」と仰いました。主は、何時も私たちと「共にいて」くださいます。しかし、そのことは「神の一方的な憐れみ」であり、「忍耐」です。決して「当たり前のこと」ではありません。また、「我慢する」はイザヤ書46・4（LXX）の「背負う」と同じ意味を持っています。主イエスは、苦しんでおられました。その道は、孤独で困難に満ちたものでした。しかし、主イエスは「我慢して・私たちを背負って」くださったのです。

「曲がった時代の、すべての人々」は主イエスを理解しませんでした。主イエスは、再び、「人の子（救い主）は人々の手に引き渡される」と十字架の予告をなさいました。「人々」とは「弟子たちを含む、曲がった世代のすべての人々」のことを示唆しています。しかし、弟子たちは「怖くて」その意味を尋ねることができませんでした。その時は、まだ「彼らには理解できないように隠されていた」のです。弟子たちが、十字架の意味を理解できたのは、復活の主に出会った後でした。その時、彼らは「主イエスを十字架につけたのは自分たちであった」ことを知ることができました。福音書は、その彼らが主イエスを証しした書物です。私たちは、真っ直ぐな方に接した時初めて、自分が「曲がっている」ことに気がつくのです。真っ直ぐな方は、「道であり、真理であり、命である主イエス」、ただお一人です。

（2015年6月28日）

主イエスを受け入れる者は

[46]弟子たちの間で、自分たちのうちだれがいちばん偉いかという議論が起きた。[47]イエスは彼らの心の内を
見抜き、一人の子供の手を取り、御自分のそばに立たせて、[48]言われた。「わたしの名のためにこの子供を受
け入れる者は、わたしを受け入れるのである。わたしを受け入れる者は、わたしをお遣わしになった方を受け
入れるのである。あなたがた皆の中で最も小さい者こそ、最も偉い者である。」[49]そこで、ヨハネが言った。「先
生、お名前を使って悪霊を追い出している者を見ましたが、わたしたちと一緒にあなたに従わないので、やめ
させようとしました。」[50]イエスは言われた。「やめさせてはならない。あなたがたに逆らわない者は、あなた
がたの味方なのである。」[51]イエスは、天に上げられる時期が近づくと、エルサレムに向かう決意を固められた。
[52]そして、先に使いの者を出された。彼らは行って、イエスのために準備しようと、サマリア人の村に入った。
[53]しかし、村人はイエスを歓迎しなかった。イエスがエルサレムを目指して進んでおられたからである。[54]弟
子のヤコブとヨハネはそれを見て、「主よ、お望みなら、天から火を降らせて、彼らを焼き滅ぼしましょうか」

と言った。[55]イエスは振り向いて二人を戒められた。[56]そして、一行は別の村に行った。**（ルカ9章46節～56節）**

　主イエスの伝道旅行は、明らかに新しい局面を迎えました。イエスは、「天に上げられる時期が近づくと（イエスは、十字架・復活・昇天までを見ておられる）、エルサレムに向かう決意を固められた」（ルカ9・51）のです。しかし弟子たちは、「人の子は必ず多くの苦しみを受け……殺される……」（ルカ9・22）との「その言葉」（ルカ9・45）を理解できませんでした。否、彼らは漠然とは分っていたのですが、怖くてさらに詳しく聞くことができなかったのです。「あなたはメシアです」と一度は正しくその信仰を告白したペトロと言えども、「曲がった世代」の一人です。弟子たちは、「メシアに関する自分勝手なイメージ」に捕らわれていて、「メシアが殺される」などとは考えたくもなく、また、聞こうともしませんでした。弟子たちからも捨てられた主イエスの孤独な歩みは既に始まっていたのです。

　主イエスに付き従っていながら、弟子たちは「わたしたちの中で誰が一番偉いか」との議論を始めました。「一番・最も」と訳されているギリシャ語の原意は「より（大きい）」という比較級の表現であり、「本当の弟子は誰だろうか」との趣旨の会話でした。「山上の変貌」の時に、主イエスが「ペトロ、ヨハネ、ヤコブ」の3人のみを連れて行かれたことによって、弟子たちの間に優劣があるのではないかとの思いが生じた、とも思われます。あるいはまた、残された9人の弟子が「癒しの業」ができなかったことも会話の背景にあったのでしょう。しかし、この時主イエスは、彼らの愚にもつかないようなたわいない問答を見逃しにはなりませんでした。「主イエスの本当の弟子とは誰か」には、深刻な問い掛けが含まれていたのです。

弟子たちの会話を聞き咎められた主イエスは、小さな子供の手を取り、御自分の傍らに立たせ、「わたしの名のためにこの子を受け入れる者は、わたしを受け入れる。わたしを受け入れる者は、わたしをお遣わしになった方を受け入れる。あなたがた皆の中で最も小さい者こそ、最も（本当に）偉い者である」と仰いました。この場合の「子供」とは、「純粋・無垢」と言うpossitiveな意味ではなく、文字通り「無価値・取るに足らない小さな者」というnegativeな比喩です。すなわち主イエスは、「わたしは、このような所に、このような小さな者と共にいる。そして、あなたがたが思いもしない姿・仕方で救いの業を成就する」ことをお教えになったのです。

この教えは、今に至るまで教会の重要な課題となっています。教会は、「肉の目では見えないキリストの現臨（real presence）」をしっかりと受け入れているか、を問われ続けているのです。「受け入れる」とは「喜んで迎え入れる」ことを意味しています。そのためには、「キリストは誰と共にいてくださる方であるか」を知らなければなりません。十字架の前で主イエスを裏切った弟子たちが「キリストの臨在」を知ることが出来たのは、復活の主に出会った時でした。自分たちが、「何の力もない子供のような小さな者」であることを知った時、弟子たちは「父の憐れみの中でキリストを迎え入れること」が出来ました。

私たちは、「何も出来ない子供のようなこの私が受け入れていただけた」ことを知った時、「小さな者」を受け入れることができるように変えられます。そして、小さな者を受け入れることができた時、そこに共にいてくださるイエス・キリストを受け入れることができ、父なる神を喜んで迎え入れることができるようになるのです。

（２０１５年７月５日）

人生の優先順位

[57] 一行が道を進んで行くと、イエスに対して、「あなたがおいでになる所なら、どこへでも従って参ります」と言う人がいた。[58] イエスは言われた。「狐には穴があり、空の鳥には巣がある。だが、人の子には枕する所もない。」[59] そして別の人に、「わたしに従いなさい」と言われたが、その人は、「主よ、まず、父を葬りに行かせてください」と言った。[60] イエスは言われた。「死んでいる者たちに、自分たちの死者を葬らせなさい。あなたは行って、神の国を言い広めなさい。」[61] また、別の人も言った。「主よ、あなたに従います。しかし、

まず家族にいとまごいに行かせてください。」[62] イエスはその人に、「鋤に手をかけてから後ろを顧みる者は、神の国にふさわしくない」と言われた（ルカ9章57節～62節）

私たちキリスト者は、洗礼を受けたからと言って自分では特に「変った」という実感を味わったことはありません。また、洗礼は人からの評価に変化が生じる出来事でもありません。しかし私たちは、洗礼を受けたことによって根本的に変えられたことは確かです。私たちは、全く「新しく生まれ変わった」のです。すなわち、洗礼によって生じる出来事は私たちに与えられている五感では分らない「霊的な事実」であり、目には見えない出来事なのです。このことをパウロは、「今や、キリスト・イエスに結ばれている者は、罪に定められることはありません。キリスト・イエスによって命をもたらす霊の法則が、罪と死との法則からあなたを解放したからです」（ローマ8・1、2）とはっきりと証ししています。「罪と死と法則」から解放された私たちキリスト者の「生き方」には、明らかな変化が現れています。私たちの「主」が変わり、私たちはその主を信じ、その主に「服従」をしているのです。逆に言えば、「主以外の何物にも服従をしない自由が与えられた」と言えるでしょう。

ご自身の使命を覚えてエルサレムに向かう決意をされた主イエス（ルカ9・51参照）は、その道中で三人の人と出合いました（ルカ9・57～62）。その三人に共通する命題は「主に服従するとはどういうことか」です。

第一の人は多分青年でしょう。「あなたがおいでになる所なら、どこへでも従って参ります」と、何とも勇ましい決意を表明しました。信仰には、当然のことながら「決意・決心」は必要ですが、その前提に主からの「招き・赦し・恵み」がなければ信仰は成り立ちません。その招きに対する応答としての「服従」が「決意・決心」として現れて来るのです。しかしこの青年は、「主イエスがどなたであるか」を知り得ていませんでした。言い替えれば、彼は自分の力で「救い」を獲得しようとしていたのです。彼に対する主イエスのお答えは、「人の子には枕するところもない（あなたは、わたしが誰であり、どこに行こうとしているのかを分っていないではないか）」との極めて素っ気ないものでした。しかも主イエスは、その青年から目をそらし、別の人に向かって「わたしに従いなさい」と招きの言葉をかけられたのです。

第二の人は、主イエスの招きを素直に受け入れました。しかし彼は、父親を亡くしたばかりだったので、先ずその葬りをしなければ、と思いました。主イエスはこの人に対して、「死んでいる者たちに、自分たちの死者を葬らせなさい。あなたは行って、神の国を言い広めなさい」との謎の言葉を与えました。このみ言葉に関する解釈は様々になされていますが、ただ一つはっきりと言えることは「主イエスは、親の葬儀をないがしろにせよ」とは決してお命じにはなっていません。主イエスは、「あなたがたは、死を超えて何が出来ると思っているのか」と問いかけてくださっているのです。私たちが今なすべきことは、死者のことはすべて主なる神にお委ねし、福音（神の国は近づいた）を宣べ伝えることを最優先にしなければならないのです。

第三の人は、「先ず、家族にいとまごいをさせてください」と願い出ました。人間としては当然のことであり、主イエスは決してその行為自体を否定なさっているのではありません。しかし、私たちのこの世の生活においては、「先ず・先ず」は際限なく続きます。「先ず」何かをしてから、と思っていたら何時になっても肝心なことに手をつけることはできません。私たちは、今既に、「神のみ前に招かれている」のです。そして、「あなたは招かれているのに、招いているその主を信頼できないのか！　あなたは、あなたの主を誰だと思っているのか！」と問われているのです。

主イエスは、「思い悩むな。ただ神の国を求めなさい。……小さな群れよ、恐れるな。あなたがたの父は喜んで神の国をくださる」（ルカ12・22〜34）と約束してくださっています。洗礼を受けてキリスト者となった者は、既に「鋤に手をかけて」います。もう後ろを振り返る必要はありません。すべては主によって整えられています。私たちは、み言葉によって自分自身のことを知り、すべてを約束してくださっている主に従うこと、主に服従することを最優先にする歩みを続けて参りたいと祈ります。

（２０１５年７月19日）

収穫は多い

[1]その後、主はほかに七十二人を任命し、御自分が行くつもりのすべての町や村に二人ずつ先に遣わされた。
[2]そして、彼らに言われた。「収穫は多いが、働き手が少ない。だから、収穫のために働き手を送ってくださ
るように、収穫の主に願いなさい。[3]行きなさい。わたしはあなたがたを遣わす。それは、狼の群れに小羊を
送り込むようなものだ。[4]財布も袋も履物も持って行くな。途中でだれにも挨拶をするな。[5]どこかの家に入っ
たら、まず、『この家に平和があるように』と言いなさい。[6]平和の子がそこにいるなら、あなたがたの願う
平和はその人にとどまる。もし、いなければ、その平和はあなたがたに戻ってくる。[7]その家に泊まって、そ
こで出される物を食べ、また飲みなさい。働く者が報酬を受けるのは当然だからである。家から家へと渡り歩
くな。[8]どこかの町に入り、迎え入れられたら、出される物を食べ、[9]その町の病人をいやし、また、『神の国
はあなたがたに近づいた』と言いなさい。[10]しかし、町に入っても、迎え入れられなければ、広場に出てこう
言いなさい。[11]『足についたこの町の埃さえも払い落として、あなたがたに返す。しかし、神の国が近づいた

ことを知れ』と。12 言っておくが、かの日には、その町よりまだソドムの方が軽い罰で済む。」13「コラジン、
お前は不幸だ。ベトサイダ、お前は不幸だ。お前たちのところでなされた奇跡がティルスやシドンで行われて
いれば、これらの町はとうの昔に粗布をまとい、灰の中に座って悔い改めたにちがいない。14 しかし、裁きの
時には、お前たちよりまだティルスやシドンの方が軽い罰で済む。15 また、カファルナウム、お前は、／天に
まで上げられるとでも思っているのか。陰府にまで落とされるのだ。16 あなたがたに耳を傾ける者は、わたし
に耳を傾け、あなたがたを拒む者は、わたしを拒むのである。わたしを拒む者は、わたしを遣わされた方を拒
むのである。」**（ルカ10章1節〜16節）**

主イエスは、先に選んだ12弟子に加えて、「72名（写本によっては70名）を任命し、御自分が行くつもりのすべての町や村に二人ずつ先に遣わされました」（ルカ10・1）。今や、主イエスに選ばれた弟子は広がりが与えられました。生かされて今ある私たちも、招かれてこの弟子の中に加えられているのです。（12弟子はイスラエルの12部族を表す。弟子たちは、神に背いて滅ぼされた部族全員を再び神の国へと呼び戻すために、福音を宣べ伝えるように命じられた。72は12×6であり、これに12弟子を加えると12×7（完全数）となる。また、「遣わす」と訳されているギリシャ語「ἀποστέλλω」の名詞形「ἀπόστολος」は「使徒（the apostle）」という意味である。）私たちキリスト者は、礼拝の最後に祝福をいただいて、「す

べての民を主イエスの弟子にするため」（マタイ28・19）にこの世に遣わされて行きます。私たちには、良きものはすべて与えられています。そして、主はどのような状況下でも私たちを用いてくださっています。死ぬときにさえ伝道は可能です。何故ならば、「私たちは、生きている時も死ぬ時も救い主イエス・キリストのものであり、そこにこそただ一つの慰めがある」（『ハイデルベルク信仰問1）からです。

主イエスは、新しく選んだ72名を派遣なさる時に、「二人ずつ組になって行け」とお命じになりました。伝道は、個人プレーではありません。また、伝道は自分が既に神の国へと招かれ、祝福の内に生かされている喜びを語るのですから、一人より二人の方が証しの力がより強まるのです。

派遣にあたって主イエスは、「収穫は多いが、働き手は少ない。……行きなさい」とお命じになりました。「働き手が少ない。それ故にあなたを遣わすのだ」と仰るのです。しかも、その派遣は「狼の群れに小羊を送り込むようなものだ」と、その使命の困難さ（逆風・拒絶・殉教）をも指摘なさっています。「喜びの収穫の前には、涙の種蒔きがある」（詩編126・5）ことをお教えになっているのです。しかし主イエスは、「財布も袋も履物も何も持って行くな。途中でだれにも挨拶するな」とお命じになりました。主が派遣なさるのですから行先は明確です。途中で無用なことに心を向けることなく、目的地に向かって真っ直ぐに歩んで行けば良いのです。目的である収穫は約束されています。しかも、その収穫は遠い将来のことではありません。私たちに与えられている肉の目では見ることが出来ませんが、「神の畑は既に色づいて刈り入れを待っている」（ヨハネ4・35）のです。

私たちキリスト者は、「鋤に手をかけてからは後ろを顧みる必要はありません」（ルカ9・62）。すべては神が備えてくださっています。目を上げれば、収穫は見えています。私たちが今なすべきことは、ただ主のみ言葉に従い、神の国の到来をこの世に宣べ伝えることです。

（2015年7月26日）

天に書き記された名

17 七十二人は喜んで帰って来て、こう言った。「主よ、お名前を使うと、悪霊さえもわたしたちに屈服します。」
18 イエスは言われた。「わたしは、サタンが稲妻のように天から落ちるのを見ていた。19 蛇やさそりを踏みつけ、
敵のあらゆる力に打ち勝つ権威を、わたしはあなたがたに授けた。だから、あなたがたに害を加えるものは何

一つない。[20]しかし、悪霊があなたがたに服従するからといって、喜んではならない。むしろ、あなたがたの名が天に書き記されていることを喜びなさい。」[21]そのとき、イエスは聖霊によって喜びにあふれて言われた。「天地の主である父よ、あなたをほめたたえます。これらのことを知恵ある者や賢い者には隠して、幼子のような者にお示しになりました。そうです、父よ、これは御心に適うことでした。[22]すべてのことは、父からわたしに任せられています。父のほかに、子がどういう者であるかを知る者はなく、父がどういう方であるかを知る者は、子と、子が示そうと思う者のほかには、だれもいません。」[23]それから、イエスは弟子たちの方を振り向いて、彼らだけに言われた。「あなたがたの見ているものを見る目は幸いだ。[24]言っておくが、多くの預言者や王たちは、あなたがたが見ているものを見たかったが、見ることができず、あなたがたが聞いているものを聞きたかったが、聞けなかったのである。」**（ルカ10章17節～24節）**

主イエスによって伝道に派遣された72名の新しい弟子たちは「喜んで帰って来て、『主よ、お名前を使うと、悪霊さえもわたしたちに屈服します。』」（ルカ10・17）と報告をしました。彼らは、伝道の成果に手応えを感じたのでしょう。「自分の力によらず、主のみ名によって神の国の到来を告げ知らせた」ことが良かったのです。

しかし、「悪霊さえもわたしたちに屈服します」との思いの内には、「自分の力が大きくなった」との錯覚も含まれていたのではないでしょうか。主イエスは、「そのようなことで、喜んではならない。それはわたしがあなたがたに授けた権威である」と諭されました。「悪霊・δαιμόνιον（英demon）」とは、別世界の力ではなく、現代でもこの世に明らかに働いている人間をコントロールする様々な力です。その力の共通点は、私たちを神から引き離し、神の力を分らなくします。私たちは、苦難に遭遇すると「神から忘れられているのではないか」との不安に陥りますが、神が私たちを忘れる筈がありません。その不安は、私たちが悪霊に支配されていることから生じるものに過ぎないのです。

弟子たちの喜びは、福音を信じた人が与えられたことを目の当たりに見たことでした。彼らが「み名によって宣言する」と、悪霊は退きました。主イエスは、このことを「サタンが天から落ちるのを見た」と表現なさっておられます。私たちは解放されて初めて、すなわち、天から落ちたサタンの姿を見た時初めて、こんなつまらないものに支配されていたのか、と知らされるのです。

悪霊は、「主のみ名によって」のみ、天から落とされます。決して私たちの力によるのではありません。「主のみ名による」とは、「わたしは主のものである」との宣言にほかなりません。私たちの真の喜びは、「私たちの名が天に書き記された」ことにあります。「名」は私たちのすべてを表します。すなわち、私たちのすべては神に覚えられ、神のものとされました。「これらのことは知恵ある者や賢い者には隠されていましたが、今、幼子のような者に神がお示しになった」のです。

私たちの居場所は天に確保されました。私たちはそこから命綱でつながれて遣わされてこの世に出ていきます。したがって、危険な場所にも思い切って行くことが出来るのです。この地上で何が起きても、もう心配をする必要はないのです。

主イエスは、このことを喜んでくださっています。私たちのことを喜んでくださったのです。何故ならば、「これは神のみ心に適うことだったからです」（ルカ10・21）。「名が天に書き記され」、キリストのものとされた私たちは、もはや悪霊に支配されることはありません。このことを「喜びなさい」と主イエスは命じておられます。この喜びが、私たちを自由にするのです。

（2015年8月2日）

もう自問自答はいらない

25 すると、ある律法の専門家が立ち上がり、イエスを試そうとして言った。「先生、何をしたら、永遠の命を受け継ぐことができるでしょうか。」26 イエスが、「律法には何と書いてあるか。あなたはそれをどう読んでい

るか」と言われると、27 彼は答えた。「『心を尽くし、精神を尽くし、力を尽くし、思いを尽くして、あなたの
神である主を愛しなさい、また、隣人を自分のように愛しなさい』とあります。」28 イエスは言われた。「正し
い答えだ。それを実行しなさい。そうすれば命が得られる。」29 しかし、彼は自分を正当化しようとして、「では、
わたしの隣人とはだれですか」と言った。30 イエスはお答えになった。「ある人がエルサレムからエリコへ下っ
て行く途中、追いはぎに襲われた。追いはぎはその人の服をはぎ取り、殴りつけ、半殺しにしたまま立ち去った。
31 ある祭司がたまたまその道を下って来たが、その人を見ると、道の向こう側を通って行った。32 同じように、
レビ人もその場所にやって来たが、その人を見ると、道の向こう側を通って行った。33 ところが、旅をしてい
たあるサマリア人は、そばに来ると、その人を見て憐れに思い、34 近寄って傷に油とぶどう酒を注ぎ、包帯を
して、自分のろばに乗せ、宿屋に連れて行って介抱した。35 そして、翌日になると、デナリオン銀貨二枚を取
り出し、宿屋の主人に渡して言った。『この人を介抱してください。費用がもっとかかったら、帰りがけに払
います。』36 さて、あなたはこの三人の中で、だれが追いはぎに襲われた人の隣人になったと思うか。」37 律法
の専門家は言った。「その人を助けた人です。」そこで、イエスは言われた。「行って、あなたも同じようにし
なさい。」**（ルカ10章25節～37節）**

律法の専門家が発した「隣人とはだれのことか」との問いに対して、主イエスはかの有名な「善いサマリア人のたとえ」を用いてお答えになりました。「追いはぎに襲われて重傷を負った旅人に

とっては、隣人とはサマリア人である」ことは自明なことです。しかし、主イエスから「あなたも同じようにしなさい」と命令されると、私たちは途端に「つまずき」ます。私たちは、「当然のこと」と思うことを「当然のように」行うことが出来ないのです。法慣習に、「窮地の人を救うために無償で善意の行動をとった場合、たとえ失敗してもその結果についての責任を問われない」という趣旨の「善きサマリア人の法」があります。このような慣習法があるということは、逆に言えば、たとえ善意の行動でも訴訟事件になることがあり得る、ことを示唆しています。主イエスの命令は、私たちの内にひそむ「そのような面倒なことには関わりたくない、という愛の欠如・後ろめたさ」を暴きだしてしまいます。

「サマリア人のたとえ」は、ある律法学者が、「何をしたら、永遠の命を受け継ぐことができるでしょうか」との問いによって主イエスを試そうとしたことから始まっています。そのときイエスは、「律法には何と書いてあるか。あなたはそれをどう読んでいるか」と問い返されました。「読む（*ἀναγινώσκω*）」とは文字通りに「口に出して朗読する」ことであり、「解釈する」ことではありません。律法学者は日頃から聖書に慣れ親しんでいましたから、即座に「神を愛し」（申命記6・5）、「隣人を愛することである」（レビ記19・18）と答えました（マタイ22・37〜40参照）。彼は、律法の教えを正しく知っていたのです。しかし、周囲の者が全員隣人では律法を守れる筈がないので、

「隣人とはだれか」との問いに「自分を正当化する思い（線引きをして欲しい）」を含ませていました。その瞬間に、律法学者は、自分の愛の正体が暴露され、裁かれていたのです。逆に、人は誰でも困却すると、他人に助けを強要しがちです。そして、望む援助が与えられないと、「あなたがたはそれでもキリスト者か？」と、「人を裁く」のです。「サマリア人と同じようにしなさい」と命令されたら、私たちに出来ることは、ただむなしく何とか自分を「正当化する」ことだけなのです。

しかし、主イエスは「同じようにしなさい」とだけ言われたのであって、「出来るか、否か」などとは一切問いかけておられません。実は、かのサマリア人は、重傷の旅人を見て「憐れに思いました（σπλαγχνίζομαι）」。このギリシャ語（憐れに思う）は、「人間の思い」ではなく「主のみ」の用語です。（放蕩息子が帰って来た時、父親は遠く離れているのに見つけて憐れに思った（σπλαγχνίζομαι ルカ15・20参照）。まさに、善いサマリア人とは、旅人を憐まれる神の御姿に他なりませんでした。神は、私たちを何時も憐れんでいてくださいます。「主は、だれからも目をかけられずに野に捨てられていた私の傍らを通って、自分の血の中でもがいている私を見て、『生きよ』と仰せになりました」（エゼキエル書16・5、6参照）。主は、私たちに何も要求にはなっておられません。ただ、「同じようにせよ」と命令されているだけなのです。したがって私たちはもう、「誰が隣人か、私には何が出来るか」などと、自問自答する必要は全くありません。しかも主イエスは、旅人の介抱を宿の主人にお頼みになりました。このことは、「あなたには、あなたが出来ることがあるでしょう」とのご命令です。私たちが一人で為すことはもう何もありません。私たちは、主のみ言葉を聞いて、ただ行えば良いのです。

（２０１５年８月16日）

必要なものはただ一つ

[38] 一行が歩いて行くうち、イエスはある村にお入りになった。すると、マルタという女が、イエスを家に迎え入れた。[39] 彼女にはマリアという姉妹がいた。マリアは主の足もとに座って、その話に聞き入っていた。[40] マルタは、いろいろのもてなしのためせわしく立ち働いていたが、そばに近寄って言った。「主よ、わたしの姉妹はわたしだけにもてなしをさせていますが、何ともお思いになりませんか。手伝ってくれるようにおっしゃってください。」[41] 主はお答えになった。「マルタ、マルタ、あなたは多くのことに思い悩み、心を乱している。[42] しかし、必要なことはただ一つだけである。マリアは良い方を選んだ。それを取り上げてはならない。」

（ルカ10章38節～42節）

伝道旅行を続けておられた主イエスの一行が「ある村」にお入りになると、マルタ（アラム語で「女主人」の意）が自宅にお迎えしました（ラザロとその姉妹マルタ・マリアは死海近郊のベタニア出身と言われている（ヨハネ12・1）。地理的には伝道旅行の途中の町としては不自然。よってルカは「ある村」としたのであろう）。聖書記者ルカは、この短い記事の中で二度も「主（キュリオス）」を使っています。当時、旅行者をもてなすことはある意味で慣習的なことでしたが、マルタは「主」を迎え入れた、すなわち、「神の国の福音」を受け入れたのです。

主イエスが「話」を始められると、妹マリアは「主の足もとに座って」、その話に聞き入っていました（「座る」は、ユダヤの慣習では「師弟関係」を表すキーワード）。マルタも初めは皆と一緒に話を聞いていたのでしょうが、いつまでもそうはしていられませんでした。彼女は「せわしく立ち働き（περισπάω）」始めました。この動詞の原意は「周りから・引く」です。すなわち、女主人であるマルタは、主イエスの一行をお迎えしたのですから、食事の準備をはじめとして様々なことに気を配らなければならなかったのです。マルタは、妹マリアが手伝おうとしないことに苛立ちました。そしてそれを許しているイエスに向かって、「主よ、あなたは何ともお思いになりませんか。マリアに手伝ってくれるようにおっしゃってください」と、あたかもイエスを責めるかのように、言い換えれば、イエスを顎で使うような言葉を発してしまいました。

しかし主イエスは、一所懸命に奉仕の業を始めているマルタを御覧になって、「マルタよ、マルタよ」と呼びかけられ、マルタ一人に対してみ心をお向けになりました。そして、「あなたは多くのことに思い悩み、心を乱している」とおっしゃいました。主イエスは、決してマルタを叱責なさっているのではありません。彼女の「心の乱れ（θορυβάζω）」を整えて一つの心に戻そうとしてくださっているのです（「θορυβάζω」はルカ10・41のみに使われている特異な用語。英語troubleの語源）。すなわち、マルタが今熱心に行っている「もてなし（διακονέω）」は、決して不要なことではありません。この言葉から「執事（διάκονος）」という言葉が派生したことからも分るように、「食事の世話」（使6・3参照）は教会にとって大切な業なのです。何故ならば、言うまでもなく、食事の中心には「聖餐」が密接に結びついているからです。しかし、使徒ペトロにとっては（使徒6・2参照）、食事の世話をすることによって、「神の言葉」を「ないがしろにする（καταλείπω）」ことはできませんでした（「καταλείπω」の原意は「後に・残す」）。全てのことはそれぞれに「大切」なのですが、物事には「順序」があるのです。マルタは、この「καταλείπω」という言葉を使って、「（わたしにだけもてなしを）させている（κατέλιπε）」と苦情を言いました。「み言葉を聞く」ことと「奉仕をする」ことの順序を取り違えてしまっていたのです。

マルタ自身、み言葉が中心であることは分っていたのです。しかし、多くのことに思い悩んでその中心を見失い、その結果、心の余裕がなくなってしまっていました。主イエスは、そのマルタに対して、「マルタ一人に」、「マルタが必要なみ言葉を」お与えになりました。マルタは、このみ言葉を待ち望んでいました。今マルタは、すべての中心であるみ言葉のために、今与えられた奉仕の業に喜んで身を捧げ始めたのです。

（2015年8月23日）

上から来た祈り

[1]イエスはある所で祈っておられた。祈りが終わると、弟子の一人がイエスに、「主よ、ヨハネが弟子たちに
教えたように、わたしたちにも祈りを教えてください」と言った。[2]そこで、イエスは言われた。「祈るとき
には、こう言いなさい。『父よ、／御名が崇められますように。御国が来ますように。[3]わたしたちに必要な
糧を毎日与えてください。[4]わたしたちの罪を赦してください、／わたしたちも自分に負い目のある人を／皆
赦しますから。わたしたちを誘惑に遭わせないでください。』」[5]また、弟子たちに言われた。「あなたがたのう
ちのだれかに友達がいて、真夜中にその人のところに行き、次のように言ったとしよう。『友よ、パンを三つ
貸してください。[6]旅行中の友達がわたしのところに立ち寄ったが、何も出すものがないのです。』[7]すると、

その人は家の中から答えるにちがいない。『面倒をかけないでください。もう戸は閉めたし、子供たちはわたしのそばで寝ています。起きてあなたに何かをあげるわけにはいきません。』[8]しかし、言っておく。その人は、友達だからということでは起きて何か与えるようなことはなくても、しつように頼めば、起きて来て必要なものは何でも与えるであろう。[9]そこで、わたしは言っておく。求めなさい。そうすれば、与えられる。探しなさい。そうすれば、見つかる。門をたたきなさい。そうすれば、開かれる。[10]だれでも、求める者は受け、探す者は見つけ、門をたたく者には開かれる。[11]あなたがたの中に、魚を欲しがる子供に、魚の代わりに蛇を与える父親がいるだろうか。[12]また、卵を欲しがるのに、さそりを与える父親がいるだろうか。[13]このように、あなたがたは悪い者でありながらも、自分の子供には良い物を与えることを知っている。まして天の父は求める者に聖霊を与えてくださる。」（ルカ11章1節～13節）

主イエスがある所で祈っておられました。イエスが祈り終わると、弟子の一人が「主よ、わたしたちにも祈りを教えてください」と懇願しました。この時弟子が発した「祈りを教えてください」との言葉には何とも不思議な響きがあります。主イエスは、多くの場合人里離れたところで祈ることを常にしておられましたので、主の祈りの場を目撃したことは、弟子たちにとってさぞかし衝撃的な出来事だったのでしょう。主イエスの祈りには、「神の御臨在」がありありとしており、彼らがそれまでに知っていた「祈り」とは全く異質な祈りでした。彼らは、決定的な新しい出来事を自身の目で見、主イエスの祈りによって開かれている「世界」が自分たちにも「必要」であることを直感的に感じとったのです。

主イエスは、求めに応じて直ちに「祈りの言葉」を弟子たちにお与えになりました。そして、11・5〜の「たとえ」をお用いになり、「求める時は［しつように］」（8節）に求めよ。そうすれば、必要なものは何でも与えられるであろう」と言われました。「しつように」と訳されているギリシャ語「ἀναιδεία」の原意には「厚顔無恥・恥を忍んで」という意味が含まれていることから分るように、「求めるときには、あれこれ考えずに求め続けること」が大切です。同時にこの言葉には、「求められた方が、その願いを聞き入れないと自分の恥になる」という意味も込められています。神は、生きて働いていてくださいます。神は、私たちが祈り求めることを待っておられます。言うまでもないことですが、神は私たちの願い通りには応えてくださらないこともありますが、思いがけない仕方で求めに応え、備えを用意してくださる方なのです。

主イエスが与えてくださった「主の祈り」は、その形においても完全であり、私たちが一生をかけても味わいつくせない豊かな内容を備えています。同時に、注目すべきことは、主イエスは「祈りについて」教えてくださったのではなく、「祈りの言葉」を弟子たちにお与えになった、ことです。「祈り」は「学んで知る」ことではなく、「口真似」から始めることなのです。「主の祈り」は、祈りを失っていた者に、「神が、突然、上から与えられました」。

「上から与えられた」最初の祈りの言葉は、「父よ」です。この呼びかけは、「父なる神は自分の近くにいてくださる方である」ことをはっきりと示しています。私たちは、（主の祈りを与えられる前は）「祈るごとに、神は遠くにおられるのではないか」と思っていましたが、実は、神は私たちの直ぐ近くにおられ、何時も私たちの手を取って手放さない方なのです。このことは、自分の力では決して分ることではありませんでした。

父なる神は、その尊い独り子をこの世にお遣わし下さいました。人となられたみ子イエスは、私たち人間と「共に歩む」ことによってご自身の全人格を通して「父の近さ」を教えてくださいました。神は、その独り子イエスを通して、私たちを真実の子として迎え入れてくださったのです。「天の父と主イエスの近さ・主イエスと私たちの近さ」は「天の父と私たちの近さ」を示唆しています。父なる神は、ご自身から私たちに歩み寄って来てくださり、抱くように寄り添ってくださいます。「主の祈り」を祈る時、私たちは「主の息遣い」を感じます。私たちは、「主の祈り」によって、「主イエスの祈り」をなぞっていくのです。その時、天の父は私たちに「良い物」をくださいます。「まして天の父は求める者に聖霊を与えてくださるのです」（ルカ11・13）。


（２０１５年８月30日）

神の国は来ている

[14]イエスは悪霊を追い出しておられたが、それは口を利けなくする悪霊であった。悪霊が出て行くと、口の
利けない人がものを言い始めたので、群衆は驚嘆した。[15]しかし、中には、「あの男は悪霊の頭ベルゼブルの
力で悪霊を追い出している」と言う者や、[16]イエスを試そうとして、天からのしるしを求める者がいた。[17]し
かし、イエスは彼らの心を見抜いて言われた。「内輪で争えば、どんな国でも荒れ果て、家は重なり合って倒
れてしまう。[18]あなたたちは、わたしがベルゼブルの力で悪霊を追い出していると言うけれども、サタンが内
輪もめすれば、どうしてその国は成り立って行くだろうか。[19]わたしがベルゼブルの力で悪霊を追い出すのな
ら、あなたたちの仲間は何の力で追い出すのか。だから、彼ら自身があなたたちを裁く者となる。[20]しかし、
わたしが神の指で悪霊を追い出しているのであれば、神の国はあなたたちのところに来ているのだ。[21]強い人
が武装して自分の屋敷を守っているときには、その持ち物は安全である。[22]しかし、もっと強い者が襲って
来てこの人に勝つと、頼みの武具をすべて奪い取り、分捕り品を分配する。[23]わたしに味方しない者はわたし
に敵対し、わたしと一緒に集めない者は散らしている。」[24]「汚れた霊は、人から出て行くと、砂漠をうろつ

き、休む場所を探すが、見つからない。それで、『出て来たわが家に戻ろう』と言う。25そして、戻ってみると、家は掃除をして、整えられていた26そこで、出かけて行き、自分よりも悪いほかの七つの霊を連れて来て、中に入り込んで、住み着く。そうなると、その人の後の状態は前よりも悪くなる。」27イエスがこれらのことを話しておられると、ある女が群衆の中から声高らかに言った。「なんと幸いなことでしょう、あなたを宿した胎、あなたが吸った乳房は。」28しかし、イエスは言われた。「むしろ、幸いなのは神の言葉を聞き、それを守る人である。」**（ルカ11章14節～28節）**

古代人は、「人間を悩ます様々な病気は悪霊の仕業である」と考えていました。かなりの科学的知識を与えられている現代人の私たちも、苦境に陥ると、「自分の力ではどうにもならない何か（ある力）に捕えられている」と感じることがしばしばあります。したがって、古来より今に至るまで、そのような力を「追い出すことができる人」は大勢存在していました。しかし、「イエスが口の聞けない人から悪霊を追い出された」（ルカ11・14）のを目撃した人々は、その業が余りにも素晴らしいことに驚き、「彼は、悪霊の頭ベルセブル（「家の主人」という意）の力を使っているのではないか」と疑ったり、あるいはまた、「神の子なら、そのしるしを見せてくれ」と言いだす者が出て来ました。

しかし主イエスは、「父なる神は、ヨナ以外にはしるしをお与えにはならない。（ヨナがニネベの人々に対してしるしとなったように）わたし自身に起きることのみが、神が与えるしるしである」（ルカ11・29参照）と言われ、主イエスご自身が「生ける神の言葉」であり、「その主イエスを受け入れなければ神の国へは入れない」ことをはっきりと教えられました。「金持ちとラザロのたとえ」（ルカ16・19〜31）の中でも、陰府で苦しむラザロが、「せめてこの世に残っているわたしの兄弟たちだけでもこのような苦しみに遭わないように、ラザロを遣わして教えてあげてください」と頼むのに対して、「たとえ死者を生き返らせて教えても彼らは聞く筈がない。彼らには、モーセと預言者、すなわち、聖書が与えられている。神は、今尚、語り続けておられる。そのみ言葉（すなわち、主イエス・キリスト）に聞かなければ決して救いに与ることは許されない」と教えておられます。「ある女との会話」（ルカ11・27、28）も同じ内容です。この女性は、母親ならではの表現を用い「あなたのような方を産んだ方は何と幸いでしょう」との、イエスに対する賛美を献げました。しかし主イエスは、「幸いなのは、神の言葉を聞き、それを守る人である（賛美しただけでは駄目だ！わたしに聞き従わなければ救われない）」と厳しくお答えになったのです。

主イエスは、「神の言葉を語る」ためにこの世にお見えになりました。「主イエスが、神の指で悪霊を追い出している、ということは、神の国が来ている」（ルカ11・20）ことをはっきりと指し示しているのです（「神の指（δάκτυλος）」は珍しい用語で、出エジプト記8・15の「指」（δάκτυλος・LXX訳と同じ）。そして主イエスは、「わたしに味方しない者はわたしに敵対している」（ルカ11・23）と言われます。すなわち、主イエスは「わたしに味方して欲しい。一緒に祝福を刈り取ろう」と招いておられるのです。主イエスと共に生きることが大切なのです。

主なる神は、一方的な恵みによって主イエスを信じた者（屈服する・従う）から悪霊を追い出してくださいます。そして、悪霊の支配から解放された者は誰でも主を賛美します。しかし問題は、人は一度は感謝したものの、直ぐに自分の力で生きることができる、と思い込むことによっていとも簡単に以前の自分に戻ってしまうことです。そのことを主イエスは、「直ぐに悪霊が戻って来て（しかもより悪い七つの霊を連れて）住みついてしまう」（ルカ11・26）と表現しておられます。「神のすばらしい言葉と来るべき世の力とを体験しながら、その後に堕落した者の場合には、再び悔い改めに立ち帰らせることはできません」（ヘブライ6・5、6）とまで言われるような厳しい状況に追い込まれてしまうのです。その時、人間には打つべき手がありません。主のみ業に委ねる以外に術がありません。それゆえ、主イエスは熱心に語り続けてくださっているのです。神の指は、今、働いています。神の国は既に私たちのところに来ているのです。そのことを、主イエスはご自身の全存在でお示しになり、私たちに聖霊をお遣わし下さり、今尚、私たちを養い続けていてくださるのです。

（２０１５年９月６日）

あなたのともしび

29群衆の数がますます増えてきたので、イエスは話し始められた。「今の時代の者たちはよこしまだ。しるし
を欲しがるが、ヨナのしるしのほかには、しるしは与えられない。30つまり、ヨナがニネベの人々に対して
しるしとなったように、人の子も今の時代の者たちに対してしるしとなる。31南の国の女王は、裁きの時、今
の時代の者たちと一緒に立ち上がり、彼らを罪に定めるであろう。この女王はソロモンの知恵を聞くために、
地の果てから来たからである。ここに、ソロモンにまさるものがある。32また、ニネベの人々は裁きの時、今
の時代の者たちと一緒に立ち上がり、彼らを罪に定めるであろう。ニネベの人々は、ヨナの説教を聞いて悔い
改めたからである。ここに、ヨナにまさるものがある。」33「ともし火をともして、それを穴蔵の中や、升の
下に置く者はいない。入って来る人に光が見えるように、燭台の上に置く。34あなたの体のともし火は目であ
る。目が澄んでいれば、あなたの全身が明るいが、濁っていれば、体も暗い。35だから、あなたの中にある光
が消えていないか調べなさい。36あなたの全身が明るく、少しも暗いところがなければ、ちょうど、ともし火

がその輝きであなたを照らすときのように、全身は輝いている。」（ルカ11章29節〜36節）

奇跡の業をなさる主イエスの周りには多くの群衆が集まってきました。しかし主イエスはその人々に対して、「今の時代の者たちはよこしまだ（口語訳・邪悪な時代である）。あなたがたは、「しるし」ばかりを求めている。そのような者たちは救い難い。終わりのときには、必ず神の前で裁かれる」と厳しく諫められました。「しるし」を欲しがる、とは「自分の力で納得したい」という思いであり、それはまさに「自分が神になる」ことなのです。すなわち、「今の時代（γενεά）・generation）」とは、「そこに生きている同時代の人々」のことであり、言い換えれば、「私たち自身のこと」に他なりません。しかし主イエスは、「あなたがたは邪悪だから、死ね」と言われているのではありません。「道であり、真理であり、命である」主イエスは、ご自身が「しるし」です。主イエスは、ご自身の言葉を聞いて受け入れた者をご自身の光の中に招き入れ、「生きよ」とお命じになっているのです。

遠路からエルサレムに上って来てソロモンの知恵（神の言葉）を聞いた「シェバの女王」も、ヨナの言葉を聞いて直ちに信じた「ニネベの人々」も異邦人でした。しかし主イエスは、シェバの女王が「立ち上がる（ἐγείρω・復活する）とき」もニネベの人々が「立ち上がる（ἀνίστημι・復活する）とき」も、すなわち、「終わりのとき」には、異邦人である彼らが「私たちを裁く・罪に定める」と言われます。「裁き（κρίσις・crisis）のとき」は、神のみ業であり究極の危機のときです。わたくしたちは、「ヨナよりもソロモンよりもまさる方」が目の前におられるのにそのみ言葉を聞こうともせず、自分の力により頼もうとしています。そのような私たちに対して、主イエスは「終わりのときには、シェバの女王もニネベの人々もあなたたちと共に神のみ前に立つのであるから、彼らの信仰に対比されて、あなたたちの邪悪さ（よこしまさ）が浮き上がる」と教えておられるのです。

続けて主イエスは、「ともし火をともして、それを穴蔵の中や、升の下に置く者はいない」と教えられました。「しるし」として今ここに来ておられる主イエスのみ言葉を聞けば、主イエス、すなわち、「光」は私たちの中に宿ってくださいます。そのことにより、私たちが悩み苦しむ「不安・暗さ」は一掃されます。私たち自身が「光」となるのです。私たちが、「澄んだ目」でみれば、その「光」は私たちの全身をはっきりと照らし輝かせてくださっていることが分かります。

（２０１５年９月13日）

器の中身

[37]イエスはこのように話しておられたとき、ファリサイ派の人から食事の招待を受けたので、その家に入って食事の席に着かれた。[38]ところがその人は、イエスが食事の前にまず身を清められなかったのを見て、不審に思った。[39]主は言われた。「実に、あなたたちファリサイ派の人々は、杯や皿の外側はきれいにするが、自分の内側は強欲と悪意に満ちている。[40]愚かな者たち、外側を造られた神は、内側もお造りになったではないか。[41]ただ、器の中にある物を人に施せ。そうすれば、あなたたちにはすべてのものが清くなる。[42]それにしても、あなたたちファリサイ派の人々は不幸だ。薄荷や芸香やあらゆる野菜の十分の一は献げるが、正義の実行と神への愛はおろそかにしているからだ。これこそ行うべきことである。もとより、十分の一の献げ物もおろそかにしてはならないが。[43]あなたたちファリサイ派の人々は不幸だ。会堂では上席に着くこと、広場では挨拶されることを好むからだ。[44]あなたたちは不幸だ。人目につかない墓のようなものである。その上を歩く人は気づかない。」[45]そこで、律法の専門家の一人が、「先生、そんなことをおっしゃれば、わたしたちをも侮辱することになります」と言った。[46]イエスは言われた。「あなたたち律法の専門家も不幸だ。人には背負い

きれない重荷を負わせながら、自分では指一本もその重荷に触れようとしないからだ。[47] あなたたちは不幸だ。自分の先祖が殺した預言者たちの墓を建てているからだ。[48] こうして、あなたたちは先祖の仕業の証人となり、それに賛成している。先祖は殺し、あなたたちは墓を建てているからである。[49] だから、神の知恵もこう言っている。『わたしは預言者や使徒たちを遣わすが、人々はその中のある者を殺し、ある者を迫害する。』[50] こうして、天地創造の時から流されたすべての預言者の血について、今の時代の者たちが責任を問われることになる。[51] それは、アベルの血から、祭壇と聖所の間で殺されたゼカルヤの血にまで及ぶ。そうだ。言っておくが、今の時代の者たちはその責任を問われる。[52] あなたたち律法の専門家は不幸だ。知識の鍵を取り上げ、自分が入らないばかりか、入ろうとする人々をも妨げてきたからだ。」[53] イエスがそこを出て行かれると、律法学者やファリサイ派の人々は激しい敵意を抱き、いろいろの問題でイエスに質問を浴びせ始め、[54] 何か言葉じりをとらえようとねらっていた。**（ルカ11章37節～54節）**

主イエスは、「食事の前に身を清めなかったことを咎めた」ファリサイ派の人々と律法学者に対して、「あなたがたは愚か者だ、あなたがたは不幸だ」（ルカ11・37～54間で6回も）と、厳しい批判を容赦なく浴びせられました。彼らは、律法を忠実に守り、（自分なりにではあるが）信仰に生きることを誇りにしているユダヤ人の代表的な階級の人たちでした。しかも、彼らが主イエスを食事に招待し、イエス御自身もその招きに応じて食事の席に着かれた時の出来事でしたから、この叱責は異常な出来事でした。律法学者の一人が、「先生、そんなことをおっしゃれば、わたしたちを侮辱することになります」（ルカ11・45）と抗議したことも当然のことだったでしょう。

この時主イエスは、彼らの姿勢に「転倒した信仰の姿」を鋭く見抜かれました。確かに彼らは、定められた様々の律法の掟を忠実に守り（食事の前には身を清め）、十分の一献金も怠ることなく献げていました。しかし主イエスは、「あなたがたは、律法を熱心に守っていると思っているが、正義の実行と神への愛をおろそかにしている（原意・素通りにする）ではないか。あなたがたの内側は強欲と悪意に満ちている。あなたがたのしていることは、人からの賞賛を求める自己主張に過ぎない。それは不幸なことだ」と諭されました。まさに、私たち信仰者にとっては他人事ではない教えです。

主イエスは、「身を清めること」は大切である。しかし、「身を清める」とは物理的に「手足を洗ったり、体を拭く」ことではなく、「器の中にある物を人に施すことである」」（ルカ11・41）とお教えになりました。この「施す」を口語訳は「清める」と訳していました。これは主イエスが当時用いておられたアラム語「ダッキー（施す）」を「ザッキー（清める）」と読んだことから生じた翻訳の相違ですが、「清める」という訳は捨てがたい響きがあります。「清める」とは「神のものとする・聖なるものとする・取り分ける」ことです。『讃美歌21』４８４番の４節にある「われをきよめて」

は、まさに、「あなたのものとしてください」との賛美です。主イエスは、わたくしたちが清められることを求めておられます。そして、清めることがお出来になるのは、主イエスのみ、なのです。
私たちの「外側を造られた神は、内側もお造りになりました」（ルカ11・40）。すべては神のもの、なのですから、私たちはすべてを清めて（施して）、すべてを神から遣わされた御子イエスにお任せして、感謝して生きることを求められています。ファリサイ派の人々と律法学者たちは、折角主イエスを招き、主イエスから招かれていながら、自分の正しさで主イエスを裁こうとしてしまいました。本末転倒です。主が私たちの裁き主であり、その裁き主から私たちは既に赦されているのです。平安は、既に私たちの内側に備えられているのです。

（２０１５年9月27日）

キリストの仲間として

[1]とかくするうちに、数えきれないほどの群衆が集まって来て、足を踏み合うほどになった。イエスは、まず弟子たちに話し始められた。「ファリサイ派の人々のパン種に注意しなさい。それは偽善である。[2]覆われて

いるもので現されないものはなく、隠されているもので知られずに済むものはない。3だから、あなたがたが暗闇で言ったことはみな、明るみで聞かれ、奥の間で耳にささやいたことは、屋根の上で言い広められる。」4「友人であるあなたがたに言っておく。体を殺しても、その後、それ以上何もできない者どもを恐れてはならない。5だれを恐れるべきか、教えよう。それは、殺した後で、地獄に投げ込む権威を持っている方だ。そうだ。言っておくが、この方を恐れなさい。6五羽の雀が二アサリオンで売られているではないか。だが、その一羽さえ、神がお忘れになるようなことはない。7それどころか、あなたがたの髪の毛までも一本残らず数えられている。恐れるな。あなたがたは、たくさんの雀よりもはるかにまさっている。」8「言っておくが、だれでも人々の前で自分をわたしの仲間であると言い表す者は、人の子も神の天使たちの前で、その人を自分の仲間であると言い表す。9しかし、人々の前でわたしを知らないと言う者は、神の天使たちの前で知らないと言われる。10人の子の悪口を言う者は皆赦される。しかし、聖霊を冒涜する者は赦されない。11会堂や役人、権力者のところに連れて行かれたときは、何をどう言い訳しようか、何を言おうかなどと心配してはならない。12言うべきことは、聖霊がそのときに教えてくださる。」**（ルカ12章1節〜12節）**

主イエスの周りには数え切れないほどの群衆が集まって来ていましたが、イエスは先ず弟子たちに向かって話し始められました（ルカ12・1）。話しの途中で「群衆の一人」（ルカ12・13）が割り込んできたりするので、ペトロまでが「わたしたち弟子たちのために話しておられるのですか、それともみんなのためですか」（ルカ12・41）と確かめなければならないほど周囲は混乱をしていました。しかし、主イエスの教えは「弟子たちに向けられたもの」であることは注目に値します。

主イエスは、「覆われているもので現れないものはない。隠されているもので知られずに済むものはない」と言われました。教えの内容には、「偽善は必ず暴かれる」という意味があることは事実ですが、弟子たちにとってより大切なことは「隠されている福音（神の国は来ている）を世に告げ知らせせよ」との励ましでした。弟子たちも（キリスト者も）、実生活はこの世の「群衆の中で」生きています。目的も分らず動き回る群衆の中にいると、周囲の人々に迎合していないと取り残されるのではないか、との不安からストレスに苛まされます。そのような苦しみの中にある弟子たちに対して、主イエスは「神の国は既に来ている。このことは事実である」ことを確認するように求められたのです。（後にパウロは、「神の国は言葉ではなく力にある」（Ⅰコリント4・20）と主イエスの教えを確認している。）しかし、「神の国は見える形では来ません。『ここにある』『あそこにある』と言えるものではない。実に、神の国はあなたがたの間にある」（ルカ17・20、21）のです。したがって、告げ知らせられなければ、人は神の国の到来が分らないのです。まさに、「信仰は見えない事実を確認すること」（ヘブライ11・1）です。

主イエスは、弟子たちに対して「友人であるあなたがたに言っておく」と、極めて親しく呼びかけられ（他にはヨハネ15・14だけ）、「神は生きて働いていていてくださる。（一羽の雀さえ忘れない）神は、あなたのことを十分にご存じで守っていてくださる。恐れるな」と、あたかも親しい友に秘密を打ち明けるかのように教えられました。そして、「イエスを仲間だと言い表す者（直訳・イエスにある（エン＝in）と言う者）は、「イエスもその人を仲間（エン＝in）だと言い表す」と約束してくださいました。しかも、「イエスの悪口を言う（呪う）者を赦す」とまで言われます。実は、十字架を前にして弟子たちは皆イエスを裏切ってしまいました。ペトロでさえ三度もイエスを否定し、呪いの言葉まで口にしてしまったのです。しかし、主イエスはそのような者を救うために自ら十字架にかかってくださいました。十字架は「わたし」のためであった、ことを教えてくださったのはまさに聖霊です。聖霊が、目に見えないことを証ししてくださったのです。聖霊を冒涜する者は赦されません。聖霊に依り頼まなければ信仰は起こされないのです。聖霊によって起こされた信仰こそが私たちを生かすのです。

（２０１５年10月４日）

あなたの豊かさ

13群衆の一人が言った。「先生、わたしにも遺産を分けてくれるように兄弟に言ってください。」14イエスは
その人に言われた。「だれがわたしを、あなたがたの裁判官や調停人に任命したのか。」15そして、一同に言わ
れた。「どんな貪欲にも注意を払い、用心しなさい。有り余るほど物を持っていても、人の命は財産によって
どうすることもできないからである。」16それから、イエスはたとえを話された。「ある金持ちの畑が豊作だっ
た。17金持ちは、『どうしよう。作物をしまっておく場所がない』と思い巡らしたが、18やがて言った。『こう
しよう。倉を壊して、もっと大きいのを建て、そこに穀物や財産をみなしまい、19こう自分に言ってやるのだ。
「さあ、これから先何年も生きて行くだけの蓄えができたぞ。ひと休みして、食べたり飲んだりして楽しめ」と。』
20しかし神は、『愚かな者よ、今夜、お前の命は取り上げられる。お前が用意した物は、いったいだれのも
のになるのか』と言われた。21自分のために富を積んでも、神の前に豊かにならない者はこのとおりだ。」

（ルカ12章13節～21節）

主イエスが弟子たちだけを御自身の周りに集め、「友よ」（ヨハネ15・14&ルカ12・4のみ）と親しく語りかけてお教えになっていたところに、群衆の一人が口を挟み、「個人的な財産問題」についての具体的な依頼を持ちこんで来ました。「財産」とは、広く捉えれば「有形・無形（金銭・地位・名誉）の所有物」という概念であり、「財産と命」はこの世に生きる人間にとっては根本的な問題

である、と言えるでしょう。

ここからイエスは、「群衆」に向かってお話になります。「群衆」とは、何時の時代でも（今も変わらず）行くべき方向が定まらず、行く目的も分らずに、基本的には絶えず不安で何かに思い煩っています。その者たちに対して主イエス「貪欲に注意を払いなさい」とお教えになりました。この教えは十戒の最後の戒め（隣人の家を欲してはならない）に通じるものです。人は誰でも、自分の命が財産ではどうにもならないことをよく知っています。知っていながらも、何とかならないかとの思いが先立ち、主イエスがたとえに用いられたある金持ちは「（さらに大きな倉を建て、そこに穀物や財産をみなしまい）自分の魂に言おう、さあ安心せよ」（ルカ12・18、19口語訳）というのです。

ギリシャ語原文では、「わたしの倉、わたしの穀物、わたしの財産」と、「わたし」が何度も強調されています。「わたし」が「神」になってしまっているのです。このことが「愚かな」ことであることは誰でも知っています。「失われるもの」にしがみついていて「安心」が得られる筈がありません。

主イエスは、「（有形無形の）財産」自体を否定しているのではなく、「貪欲に注意を払い、神の前で豊かになれ（神の前で、自分が何者であるかを知れ）」と教えておられます。「神の前」とは、すなわち、「主イエスの前」です。パウロは、「主は豊かであったのに、あなたがたのために貧しくなられた。それは、主の貧しさによって、あなたがたが豊かになるためだった」（Ⅱコリント8・9）と教えています。すなわち、主イエスに結ばれて、「わたしの・わたしの」を捨て去れば、この金持ちの悩みは直ちに解消し、「まことの豊かさ」に生きることができるように変えられるのです。

私たちキリスト者は、洗礼によってキリストに結ばれ、「一度死んで」、新しく生まれ変っています。主に在って既に豊かにされ、意味ある生き方を始めているのです。私たちは喜んで持てる物を神の御前に献げます。その時、神の恵みははっきりと現れて来ます。すなわち、私たちを見れば、人々は神の豊かさが分ります。そのことが、まことの「信仰生活」であると言えるのです。信じることは、単純なことですが、簡単なことではありません。しかし、聖霊なる神がすべてを整えてくださいます。主イエスに信頼して、大胆に神のみ前にまかり出たいと願います。

（2015年10月25日）

神の国を受け継ぐ者

22 それから、イエスは弟子たちに言われた。「だから、言っておく。命のことで何を食べようか、体のことで

何を着ようかと思い悩むな。23命は食べ物よりも大切であり、体は衣服よりも大切だ。24烏のことを考えてみ
なさい。種も蒔かず、刈り入れもせず、納屋も倉も持たない。だが、神は烏を養ってくださる。あなたがたは、
烏よりもどれほど価値があることか。25あなたがたのうちのだれが、思い悩んだからといって、寿命をわずか
でも延ばすことができようか。26こんなごく小さな事さえできないのに、なぜ、ほかの事まで思い悩むのか。
27野原の花がどのように育つかを考えてみなさい。働きもせず紡ぎもしない。しかし、言っておく。栄華を極
めたソロモンでさえ、この花の一つほどにも着飾ってはいなかった。28今日は野にあって、明日は炉に投げ込
まれる草でさえ、神はこのように装ってくださる。まして、あなたがたにはなおさらのことである。信仰の薄
い者たちよ。29あなたがたも、何を食べようか、何を飲もうかと考えてはならない。また、思い悩むな。30そ
れはみな、世の異邦人が切に求めているものだ。あなたがたの父は、これらのものがあなたがたに必要なこと
をご存じである。31ただ、神の国を求めなさい。そうすれば、これらのものは加えて与えられる。32小さな群
れよ、恐れるな。あなたがたの父は喜んで神の国をくださる。33自分の持ち物を売り払って施しなさい。擦り
切れることのない財布を作り、尽きることのない富を天に積みなさい。そこは、盗人も近寄らず、虫も食い荒
らさない。34あなたがたの富のあるところに、あなたがたの心もあるのだ。」**（ルカ12章22節～34節）**

逝去者記念礼拝を献げます。「死」は誰にとってもただ一つの確実な出来事です。その確実におとずれる「死」を見つめながら、「どこに向かい」、「何を目指して」、「何を待って」、「何に備えて」

生きるかを考えて歩んで行かなければ、私たちの人生はまことに空しいものとなるでしょう。今日与えられた聖句は、私たちは「何故生きるのか」「何者なのか」「神のみ前で何故尊い存在なのか」を、はっきりと教えています。

「思い悩むな」（ルカ12・22〜）との教えは、マタイ6・25〜34に並行記事がありますが、ルカは特に「小さな群れよ、恐れるな」（ルカ12・32）との主イエスの慰めの言葉を語り伝えています。初代教会は、パウロの熱心な伝道と相俟って、確かに着実な成長を続けていましたが、その一つひとつの教会はこの世にあっては極めて小さな頼りない集団でした。その「小さな群れ」にとって、「思い悩むな、恐れるな」とのみ言葉は、さぞかし喜ばしいメッセージであったことでしょう。現代日本の私たちキリスト者も、実に「小さな群れ」ですが、今尚、このみ言葉によって励まされ、生かされていることを覚えます。

主イエスは、「父なる神は、あなたがたに必要なことは御存じなのだから、ただ神の国を求めさえすれば、すべては与えられる」とお教えになりました。「神の国」とは「神のご支配」のことです。「神の愛と恵みの支配」の中に生かされていることを知れば、私たちは何も悩むことなく、感謝して生きることができるのです。しかし、主イエスが「たとえ」として話された「ある金持ち」（ルカ12・16〜）は、「神を求めることをせず、自分の力に依り頼んで財産をため込み、自分で自分に「安心せよ」（ルカ12・19口語訳・新改訳）と言い聞かせた」のです。彼は、自分の力で何とか「安心」にたどり着こうとして、独りごとを繰り返し呟いています。何とも愚かで空しい行為です。彼は、小さな自分の命に閉じ込められ、その結果、際限なく「貪欲」になってしまっていたのです。

しかし、今、主イエスは、多くの群衆に囲まれながらも「弟子たち」に語っておられます（ルカ12・4、12・22）。「弟子たち」とは選ばれて「キリスト者」となった「小さな群れ」のことを示唆していみす。そのような私たちに対して、主イエスは「恐れるな」とお命じになりました。「恐れる」の語源は「逃げ出す」です。すなわち、主イエスは、「小さな者たちよ、逃げ出すな。そのままで良い。そのままで神の国を求めなさい」と励ましてくださっているのです。「小さな群れ」である教会は、どうしてもその「小さい」ことを恐れがちになります。「小さい」ことが「弱さ」につながり、辛くなり、神の恵みを疑いたくなることが起きがちです。しかし、決して「小さい」ことを「恐れる」ことはありません。そこから「逃げ出し」てはならないのです。（鎌倉雪の下教会の椅子は、「一人がけ」になっている。献堂の時に加藤常昭牧師は、「教会員が減少したら、椅子の間隔を広げれば会員の数が少ないことが目立たなくなる」と（冗談を交えながらも）、教会員が減少する時があることを覚悟して牧会にあたっておられた。）恐れずに、ひたすら求める者に、父なる神は喜んで「神の国」をくださいます。私たちが「探しに行く」必要はありません。

私たちは、（主の祈りで）「父よ」と呼びかけることが許され、「神の国が再び来ますように（マラナ・タ）」と祈り求めています。「神の国」は「未だ」完成はしていません。しかし同時に、「神の国」は「既に」私たちのところに到来していることも事実です。「実に、神の国はあなたがたの間にある」（ルカ17・21）のです。このことは、「神に生かされて、今ある、キリスト者」を見れば確実に分ることです。教会には多くの躓きがあり、弱さ、失敗も起こり得ます。しかし、その「小さな群れ」に、神の恵みは既に現れているのです。

（２０１５年11月1日）

大切なあなた（ルカ12章22節〜32節）

幼児祝福式を行います。今日ご一緒に礼拝を守っているこの愛しいお子様方は、数年前まではこの世に全く姿もありませんでした。神さまは、無から全てをお造りになります。神さまの奇しき御業に心からの感謝を献げます。

主イエスは弟子たちに、「あなたがたの父なる神は、あなたがたが求めて思い悩んでいるものがあなたがたに必要なことをご存じで、必ず与えてくださる」（ルカ12・30）のだから、「思い悩むな」（ルカ12・22他）と、繰り返し繰り返しお教えになりました。神さまがすべてを御存じなのならば、それでは、何故私たちは「日用のかてを与えたまえ」等々と祈るのでしょうか。神さまは「けち」だから、祈らなければ与えて下さらないのでしょうか。そうではありません。神さまは何でもできる方ですが、御自身の御心を「地にもあたえる」ことを、一人ではなさらず、私たちを用いてくださるのです。

神さまは、初めに「み言葉（神は言われた）」をもって天地を創造なさいました（創世記1・3）。「み言葉」とは「神のご意志」を示唆しています。神さまがお造りなったすべての物には、それぞれに神さまの意図が含まれているのです。特に、神さまは最後に人間をお造りになった時、「我々に似せて、造ろう」と仰り、人間に特別な使命（地を従わせる）をお与えになりました。神さまは「地の支配」を私たち人間にお委ねになったのです。すなわち、神さまは、私たちを用いてこの世に働きかけてくださるのです。したがって私たちは、神さまに祈って願わなければなりません。神さまは、私たちの祈りを楽しみに待っておられます。私たちが、神さまによって用いられ、生き生きとして生きる時に、そこには神の国（神のご支配）が現れます。私たちの生きている姿を見れば、神の国とはどういう所か、がはっきりと分るのです。

「悩んでいる場合（What shall I do?）」ではありません。「悩み」とは、思いが「わたし」だけで一杯になり、「神不在」となっている状態を言い表しています。主イエスは、そのような悩みに苦しんでいる者たちに対して、「信仰の薄い者たちよ、思い悩むな」と重ねて励ましを与えられました。「信仰が薄い」とは「神がいるか、どうか」と悩むことではなく、「神さまにとって、あなたがたはどれほど大切な存在か。あなたがたは自分が、（神さまが守っていてくださる）あの鳥や野の花よりどれほど価値がある存在であるかを知っているのか」という意味の叱責です。

創造の時に、神さまは「我々に似せて人間を造ろう」と仰いました。唯一である神がご自身を「我々」と呼ぶことは少々不自然に聞こえますが、キリストを信じる者にとっては容易にイメージすることができる表現です。ここには「神は孤独ではない。そこには交わりがある」ことが示唆されています。ある神学者は、この神の言葉を「若い夫婦の会話」になぞり、「そこには大きな希望があった。人間の創造は神の最高傑作であった」と説明しています。今日礼拝を共に守っている私たちの殆どの者は、数十年前には、否、僅か百年前には、だれ一人この世に存在していませんでした。すべての者は、「神が望んだ」からこの世に生を与えられたのです。私たちが、神の子として生き、絶えず神に祈り求めるならば、私たちを意志を持って造られた神はどれほどお喜びになることでしょう。

主イエスは、再度「小さな群れよ、恐れるな」（ルカ12・32）と言われます。神さまは、この「小さな者」をお用いになるのです。この「小さな群れ」がいなければ、「神の国」は分かりません。「神の国は、見える形では来ない。……実に、神の国はあなたがたの間にあるのです」（ルカ17・21）。

（２０１５年11月15日）

何に備えて生きるか

35「腰に帯を締め、ともし火をともしていなさい。36主人が婚宴から帰って来て戸をたたくとき、すぐに開けようと待っている人のようにしていなさい。37主人が帰って来たとき、目を覚ましているのを見られる僕たちは幸いだ。はっきり言っておくが、主人は帯を締めて、この僕たちを食事の席に着かせ、そばに来て給仕してくれる。38主人が真夜中に帰っても、夜明けに帰っても、目を覚ましているのを見られる僕たちは幸いだ。

39このことをわきまえていなさい。家の主人は、泥棒がいつやって来るかを知っていたら、自分の家に押し入らせはしないだろう。40あなたがたも用意していなさい。人の子は思いがけない時に来るからである。」41そこでペトロが、「主よ、このたとえはわたしたちのために話しておられるのですか。それとも、みんなのためですか」と言うと、42主は言われた。「主人が召し使いたちの上に立てて、時間どおりに食べ物を分配させることにした忠実で賢い管理人は、いったいだれであろうか。43主人が帰って来たとき、言われたとおりにしているのを見られる僕は幸いである。44確かに言っておくが、主人は彼に全財産を管理させるにちがいない。45しかし、もしその僕が、主人の帰りは遅れると思い、下男や女中を殴ったり、食べたり飲んだり、酔うようなことになるならば、46その僕の主人は予想しない日、思いがけない時に帰って来て、彼を厳しく罰し、不忠実な者たちと同じ目に遭わせる。47主人の思いを知りながら何も準備せず、あるいは主人の思いどおりにしなかった僕は、ひどく鞭打たれる。48しかし、知らずにいて鞭打たれるようなことをした者は、打たれても少しで済む。すべて多く与えられた者は、多く求められ、多く任された者は、更に多く要求される。」

（ルカ12章35節〜48節）

教会暦での一年の最後の主日（終末主日）を迎えました。来週から新しい年が始まります。私たちは心を整えて「終末・再臨の時を覚えつつ、主の御降誕を待ち望む」のです。本日与えられたみ言葉は、まさにその「終末論的信仰」をはっきりと指し示す個所であり、「教会全体修養会の主題（何に備えて生きるのか）」として聞きたい、と願っています。

「終末」は「裁きの時」ですから、一般には「恐ろしい時」ですが、キリスト者は「生ける者と死ねる者とを裁かれる主の再臨（教団信仰告白・使徒信条）」を待ち望んでいます。何故ならば、天地万物の創造者である主は、その被造物を保持し、かつ、最後の日に「完成」なさる方だからです。黙示録（1・8他）は、「主なる神はアルファであり、オメガである方である」と繰り返し（5回も）証ししています。

私たちが生かされているこの世の現実は、混乱・悲惨・不条理に満ちています。しかし、終わりの日に「神の救いのご計画」はすべて完成します。私たちを支配するサタンの力は滅ぼされ、私たちの犯した罪の残滓は取り除かれ、涙は拭われます。この裁きの時を信じて「み国が来ますように」と祈り続けるのが「信仰」であり、キリスト信者にはこの信仰から「終末論的ゆとり（余裕）」が生まれて来ます。見方を変えれば、「究極的楽観主義」を享受している、とも言えるでしょう。

私たち個人の結末（死）も神の業です。誰もが一人残らず「志半ば」でこの世の生を中断させられます。しかし、宗教改革者ルターは、様々な苦しみを受け続けた中にあっても、「私は洗礼を受けている」との確信のもとで平静を保ち、「たとえ明日この世が終わることが分っていても、今日林檎の苗を植える」と、その確たる信仰を告白しました。「信じる者は慌てることがありません（イザヤ書28・16）。信じる者は失望することがない」（ローマ10・11）のです。「焦り」は、信仰がぐらついている時に生じる現象です。また、「自分が何処に向かって生きているのか」が分らない人は「刹那的な行動」に走るのです。

主イエスは弟子たちに向かって、「思い悩むな。あなたがたの父は喜んで神の国をくださる」とはっきりと約束してくださいました。ただし、無責任に生きるのではなく、「腰に帯びを締め、ともし火をともしていなさい」（ルカ12・35）と勧めています。私たちが手に持つ「ともし火」は、暗闇の中の光です。全ての清算を済ませた主が再びお見えになって、私たちに給仕をしてくださるのです（ルカ12・37）。その時は、まさに至福の時です。ピューリタン革命のクロムエルは、人生の大仕事を始める時に、「既に給料の前払いを貰っている」と言い切ったと伝えられています（ヒルティ『眠られぬ夜のために』）。緊張感とわくわくする期待感を持って主の再臨を待ち望み、今、私たちに与えられている神のみ心を責任を持って成し遂げて参りたいと祈ります。

（２０１５年11月22日）

火を投ずる主

49「わたしが来たのは、地上に火を投ずるためである。その火が既に燃えていたらと、どんなに願っている
ことか。50しかし、わたしには受けねばならない洗礼がある。それが終わるまで、わたしはどんなに苦しむこ

とだろう。[51] あなたがたは、わたしが地上に平和をもたらすために来たと思うのか。そうではない。言っておくが、むしろ分裂だ。[52] 今から後、一つの家に五人いるならば、三人は二人と、二人は三人と対立して分かれるからである。[53] 父は子と、子は父と、／母は娘と、娘は母と、／しゅうとめは嫁と、嫁はしゅうとめと、／対立して分かれる。」**（ルカ12章49節～53節）**

アドベントを迎えました。心を整えて「平和の君」の到来を待ち望みたいと祈ります。旧約の預言者イザヤは「ひとりのみどり子がわたしたちのために生まれた。その名は平和の君」（イザヤ書9・5）と預言しています。ザカリアも「この幼子は、我らの歩みを平和の道に導く」（ルカ1・79）と預言し、幼子の誕生を知った羊飼いたちは「地には平和、御心に適う人にあれ」（ルカ2・14）と賛美の声をあげています。主イエスご自身も、「平和を実現する人々は、幸いである」（マタイ5・9）との祝福を与えてくださいました。まさに、「キリストこそわたしたちの平和」（エペソ2・14）です。

しかし、その主イエスが、「わたしが来たのは、地上に火を投ずるためである。……地上に平和をもたらすために来たと思うのか。そうではない。言っておくが、むしろ分裂だ」（ルカ12・49～）と何とも激しい言葉で弟子たちに忠告をお与えになりました。これは、「イエスご自身が、信じる者の［つまずき］となる」との厳しい教えです。わたくしたちは、自分の期待通りに事が運ばないと、障害になるものを「蹴とばし」たくなりますが、そのこと自体が「つまずき」です。特に教会では、「何でこんなことが教会で起きるのか」との「つまずき」がしばしば生じますが、実はそのとき、私たちは「キリストにつまずいている」のです。「キリストにつまずく」とは、「神を愛さなくなる（礼拝を守らなくなる）」ことであり、「熱心に自分を愛する」ことにつながっています。

主イエスの再臨を待ち望む者は「腰に帯を締め、ともし火をともして」（ルカ12・35）備えていますが、信じない者は「食べたり、飲んだり」（ルカ12・45）して自己流の生き方を続けるでしょう。このことが、主イエスがお教えになった「分裂」です。主の再臨は、その終わりの時に向かって「如何に生きるか」が問われる出来事であり、その対応によってこの世は「二つに分かれてしまう」のです。主イエスが「投ずる火」とは、「裁きの恐ろしい火」と同時に「聖霊の炎」を表していますす（マタイ3・11、12参照）。すなわち、終わりの日には「救い」と「滅び」が明確になります。そこに「ふるい分け（分裂）」が起きるのです。しかし、この「ふるい分け」は決して「滅び」が目的ではなく、あくまで良い麦を選り分ける「精錬の火」です。主イエスは、そのために「十字架の苦しみ」を引き受けてくださったのです。

主イエスは、やがて迎えるご自身の洗礼（十字架）に集中しておられました。「それが終わる（成し遂げる）までの苦しみ」（ルカ12・50）をある意味で待ち焦がれておられました。その苦しみを主イエスが引き受けてくださったからこそ、そこに、私たちの救いがあるのです。主の十字架によって、私たちの罪はすべて償われました。私たちに「まことの平和」が与えられたのです。すなわち、「平和」とはこの世のものではなく、神が与えてくださるものです。「神に生きる」と分裂が起きるのではなく、この世にもともとあった「分裂」が主によって顕わになったのです。

私たちは誰一人、自分の力で主を知ることはできません。「聖霊によらなければ、主は分からない」のです。ましてや、「人間の親しさ」（ルカ12・53参照）では、決して信仰を共有することはできません。私たちは、主なる神の「計り知れない愛」によって救われました。キリストは、ご自身を十字架の上に投げ出して、私たちに「平和」を与えてくださったのです。その奇しき恵みの大きさを知れば、私たちが「キリストにつまずく（蹴っ飛ばす）」ことなどは、もう決してあり得ません。恵みに満ちた主イエス・キリストのご誕生を待ち望み、共に祈りを合わせてアドベントの日々を歩んで参りたいと祈ります。

（２０１５年11月29日）

今の時を見分ける

[54]イエスはまた群衆にも言われた。「あなたがたは、雲が西に出るのを見るとすぐに、『にわか雨になる』と言う。実際そのとおりになる。[55]また、南風が吹いているのを見ると、『暑くなる』と言う。事実そうなる。[56]偽善者よ、このように空や地の模様を見分けることは知っているのに、どうして今の時を見分けることを知らないのか。」
[57]「あなたがたは、何が正しいかを、どうして自分で判断しないのか。[58]あなたを訴える人と一緒に役人のところに行くときには、途中でその人と仲直りするように努めなさい。さもないと、その人はあなたを裁判官のもとに連れて行き、裁判官は看守に引き渡し、看守は牢に投げ込む。[59]言っておくが、最後の一レプトンを返すまで、決してそこから出ることはできない。」（**ルカ12章54節～59節**）

主イエスは弟子たちに対して、「終わりの日に目を向け、再臨に備えよ」と「キリストの恵みの内に生きる生き方」を諭すようにお教えになってきました。しかしイエスは、ここで一転して群衆に向かい、「あなたがたは、今の時がどういう時であるかに気づいている筈なのに、知ろうとしない。あなたがたは偽善者だ」と厳しい叱責をお与えになりました。この時主イエスは、終末論（ルカ12・58、59参照）を前提とした上で、その途上の問題（すなわち、今を如何に生きるか）をはっきりと取り上げています。何時も終わりの時を自覚する（メメント・モリ）ことは勿論大切ですが、それだけで現実が変わる訳ではありません。私たちは皆、「めいめい体を住みかとして行ったことに応じて、報いを受けなければなりません」（Ⅱコリント5・10）。すなわち、主イエスは「裁きの基準は、今行っていることにある。今がどういう時か良く見分けなさい」とお教えになったのです。

私たちは今、神に対し・隣人に対し、様々な「負い目を抱えて」この世の歩みを続けています。この「負債」は自分の力では既に返済不可能ですから、「今の行いに応じて裁かれる」と宣告されてしまったら如何とも為しようがありません。しかしパウロは、「主は闇の中に隠されている秘密を明るみに出し、人の心の企ても明らかにされます」と言いながら、「そのとき、おのおのは神からおほめにあずかります」（Ⅰコリント4・5）と何とも楽観的です。彼は、キリスト者の迫害者であったにもかかわらず、自分を裁こうとはしません。しかも、「善をなそうとする意志はあるが、望む善は行わず、望まない悪を行っている。……わたしは何と惨めな人間でしょう」（ローマ7・18、19、24）と言いながら、「神に感謝する（ローマ7・25）。わたしはキリスト・イエスに結ばれているのだから、罪に定められることはない」（ローマ8・1）と、無邪気とも言えるような信仰を告白しています。何故ならば、パウロは「自分が犯してしまった罪・負っている負債は、赦していただく以外に償われない・返済できない」ことを良く知っていたからです。主イエスは、このことを「自分で判断せよ」（ルカ12・57）」と教えられ、パウロも「何が神に喜ばれるかを考えなさい」と勧めているのです。

主なる神は、私たち人間に「祝福と呪い」（申命記30・15〜参照）を選択する自由をお与えになりました。そして、「時は満ち、神の国は近づいた、今や、恵みの時。既にキリストはこの世に遣わされ、御自身の命を与えられた」、その命を「自分で判断して、選べ」と命じておられます。「今」は、その命を「頂く時」です。「自分で何かをしようと考える時」ではないのです。

「イエスはキリストである」と信じて告白し、洗礼を受けた者は、主の十字架によって古い体は既に死に、今は新しい命に向かって立ち上がっています。主に大胆に近づき、主の命を頂いて新しい歩みを始めて参りたいと祈ります。

（２０１５年12月６日）

忍耐して待つ神

1
ちょうどそのとき、何人かの人が来て、ピラトがガリラヤ人の血を彼らのいけにえに混ぜたことをイエスに告げた。
2
イエスはお答えになった。「そのガリラヤ人たちがそのような災難に遭ったのは、ほかのどのガリラヤ人よりも罪深い者だったからだと思うのか。[3]決してそうではない。言っておくが、あなたがたも悔い改めなければ、皆同じように滅びる。[4]また、シロアムの塔が倒れて死んだあの十八人は、エルサレムに住んでいたほかのどの人々よりも、罪深い者だったと思うのか。[5]決してそうではない。言っておくが、あなたがたも悔い改めなければ、皆同じように滅びる。」[6]そして、イエスは次のたとえを話された。「ある人がぶどう園にいちじくの木を植えておき、実を探しに来たが見つからなかった。[7]そこで、園丁に言った。『もう三年もの間、このいちじくの木に実を探しに来ているのに、見つけたためしがない。だから切り倒せ。なぜ、土地をふさがせておくのか。』[8]園丁は答えた。『御主人様、今年もこのままにしておいてください。木の周りを掘って、肥やしをやってみます。[9]そうすれば、来年は実がなるかもしれません。もしそれでもだめなら、切り倒してください。』」**（ルカ13章1節〜9節）**

主イエスは、「神と人間との関係」を説き明かし、「最後の審判の厳しさ」（ルカ12・59）を語り続けて来られました。「ちょうどそのとき」（ルカ13・1）、同胞ガリラヤ人が、礼拝中にピラトによって殺害された、との報告がもたらされました。ガリラヤ人は、同じイスラエル人でありながら、地方であるが故に何かと都会エルサレムの人たちからは軽蔑されていたので、それだけに、互いに固い同胞意識を持つ人たちでした。その仲間が、理由は定かではありませんが、礼拝という最も敬虔な祈りを献げている時に殺された、と言うことは、彼らにとっては「何故？」と問いたくなるような何とも悲惨な出来事でした。主イエスの教えを聞いていた人たちは、「殺された人は、何か神に対して罪を犯し、神から裁かれたのであろうか」との疑問を持ったのです。この疑問は、現代に生かされている私たちにとっても他人事ではありません。突然の災難、あるいは、自然災害に出会うと、私たちもしばしば「この出来事は神の裁きと関係しているのか」と自問自答をし、思い当たることがないと、「神は何をしておられるのか、何故私たちを守って下さらないのか」と、神を糾弾しがちです。

しかし主イエスは、「殺されたガリラヤ人が特に罪深いものだったのではない。かのシロアムの塔崩壊の時に災難に遭った人たちも、決して罪の裁きを受けたのではない」と、過去を振り返る「因果応報的な考え方」（ヨハネ9・3参照）を断固として退けられました。そして、「今、神が何をなさっておられるのかを、しっかりと見なさい。今、悔い改めなければ、あなたがたも皆滅びる」とお教えになりました。

私たちは誰でも皆、豊かなぶどう園の中に混じり込んでいる「いつまでも実をつけない・みすぼらしい・場違いのいちじくの木」（ルカ13・6〜）のようなものです。農園の主人は、「もう3年も待ったのだから、実をつけない木は切り倒せ」と園丁に命じました。しかし園丁は、「私が、心にかけて育てますから、もう一年待ってください」と願い出ました。主イエスは、この園丁のように私たちを弁護して、私たちが実を付ける（悔い改め・神に立ち帰る）のを待っていてくださるのです。

「悔い改め」とは、主イエスを信頼して生きることに他なりません。「悔い改めた者」には、もはや「うなだれる姿」はなく、感謝に満ちた喜ばしい生き方が待っています。苦しい時は、「何故？」と神に必死に問いかけ、神と取っ組み合いをすれば、神は必ず答えてくださいます。神は、そのようにして御自身のもとへ「立ち帰ってくる」私たちを待っていてくださいます。しかも、終わりの時には、神のみもとには主イエス・キリストがおられ、主イエスを信頼して生きてきた私たちの弁護を引き受けてくださるのです。

（２０１５年12月27日）

神の国は来ている

10 安息日に、イエスはある会堂で教えておられた。11 そこに、十八年間も病の霊に取りつかれている女がいた。
腰が曲がったまま、どうしても伸ばすことができなかった。12 イエスはその女を見て呼び寄せ、「婦人よ、病気は治った」と言って、13その上に手を置かれた。女は、たちどころに腰がまっすぐになり、神を賛美した。
14ところが会堂長は、イエスが安息日に病人をいやされたことに腹を立て、群衆に言った。「働くべき日は六
日ある。その間に来て治してもらうがよい。安息日はいけない。」15しかし、主は彼に答えて言われた。「偽善
者たちよ、あなたたちはだれでも、安息日にも牛やろばを飼い葉桶から解いて、水を飲ませに引いて行くでは
ないか。16この女はアブラハムの娘なのに、十八年もの間サタンに縛られていたのだ。安息日であっても、そ
の束縛から解いてやるべきではなかったのか。」17こう言われると、反対者は皆恥じ入ったが、群衆はこぞって、
イエスがなさった数々のすばらしい行いを見て喜んだ。18そこで、イエスは言われた。「神の国は何に似てい
るか。何にたとえようか。19それは、からし種に似ている。人がこれを取って庭に蒔くと、成長して木になり、
その枝には空の鳥が巣を作る。」20また言われた。「神の国を何にたとえようか。21パン種に似ている。女がこ
れを取って三サトンの粉に混ぜると、やがて全体が膨れる。」**（ルカ13章10節〜21節）**

主イエスは、安息日に何時ものように会堂で教えておられました。会堂は簡素ながら、そこには賛美・祈り・み言葉が満ち溢れていました。集まった人びとは皆、主イエスの口から出る恵み深い言葉に驚き、神の国（神の支配）が既にここに来ていることを悟りました（ルカ4・16参照）。

主イエスは、「神の国」を「からし種」と「パン種」にたとえてお教えになりました。今、主イエスが為さっておられることは「吹けば飛んでしまうからし種」のようなものであり、何とも小

さな業です。しかしその種が、ひとたび地に蒔かれると、成長して木となって多くの枝（複数形）を張り、その枝には多くの鳥（複数形）がそれぞれの巣を作って生活の拠点とするのです。「パン種」も同じです。パン生地に混ぜてしまえば全く見えなくなってしまいますが、やがて全体を膨らませる働きを続けているのです。神の国は、単なる理想の国・ユートピアではありません。何時ものように・日常的・現実的な、このところに、神のご支配は及んでいます。キリスト教は、この礼拝を守り続けてきました。神の恵みが私たち一人ひとりに与えられているから、それ故に私たちは、自由に・強制されることなく・いつものように、伝道の業に遣わされて行くのです。

主イエスが教えておられた会堂に、18年間も病に苦しんでいた婦人がいました。驚いたことに主イエスは、突然この婦人を御自分の傍に呼びよせて、何も尋ねることもなく一方的に癒しのみ業をなされました。新共同訳が「(婦人よ、病気は) 直った」と訳している個所の直訳は、「(婦人よ、あなたは病気から) 解放された（受動態）」です。すなわち、主体は「主なる神」御自身です。「捕らわれ人に解放を……圧迫されている人を自由にする」（イザヤ書61・1（LXX）・ルカ4・18）との預言が、今まさに、成就したのです。「自由」を与えられた婦人は「たちどころに」立ち上がり、神を賛美しました。神を賛美することは、人間に与えられた最高の「自由」です。

この奇跡を見た会堂長は「腹を立て」ました。彼は、流石に主イエスには直接は抗議をしかねたようで、群衆に向かって「癒しと言えども、安息日に仕事をするのはいけない」と同意を求めたのです。会堂の中には、会堂長と同じ思いを持った人もいたことでしょう（私たちキリスト者も、得てして「礼拝を守る」ことが目的となり、礼拝を形式化してしまう危険にさらされています）。

しかし、これを聞かれた主イエスは、会堂長及びその同意者に対して、「偽善者たちよ」と厳しく叱声されました。彼らは、「神の恵み」を見ようとしていませんでした。神の恵みの内にある喜びに与ろうとしていなかったのです。反対に彼らは、隣人を律法で縛り、主にある喜びを略奪しようとしていた、とも言えるでしょう。聖書のみ言葉を恣意的に用いるのはサタンの仕業に等しいのです。さらに主イエスは、「安息日であっても、（病に苦しむ婦人を）その束縛から解いてやるべきではなかったのか」と仰いました。「やるべき」とは、道徳的な行為ではなく、「（解かれる）べきこと・筈のこと＝神の定め」を意味しています。この婦人の為に、誰かが「祈っていた」筈です。すなわち、神の恵みは祈りに応えて、このように突然、一方的に働くのです。

主イエスは、「この女はアブラハムの娘である」と仰いました。かの徴税人ザアカイも「アブラハムの子なのだから」（ルカ19・9）と言われたことを思い出します。すなわち、私たちは一人ひとりがアブラハムの子であり、神の憐れみはすべての者の上に及んでいるのです。この主の群れは、まだまだ「小さい群れ」です。しかし、「恐れてはなりません」（ルカ12・32）。私たちは「恵まれて」

います。そこに、私たちの「喜び」があります。私たちの「喜び」は神の「喜び」であり、その神の「喜び」「神の国」は既に始まっているのです。

（2016年1月3日）

狭い戸口から入れ

[22]イエスは町や村を巡って教えながら、エルサレムへ向かって進んでおられた。[23]すると、「主よ、救われる者は少ないのでしょうか」と言う人がいた。イエスは一同に言われた。[24]「狭い戸口から入るように努めなさい。言っておくが、入ろうとしても入れない人が多いのだ。[25]家の主人が立ち上がって、戸を閉めてしまってからでは、あなたがたが外に立って戸をたたき、『御主人様、開けてください』と言っても、『お前たちがどこの者か知らない』という答えが返ってくるだけである。[26]そのとき、あなたがたは、『御一緒に食べたり飲んだりしましたし、また、わたしたちの広場でお教えを受けたのです』と言いだすだろう。[27]しかし主人は、『お前たちがどこの者か知らない。不義を行う者ども、皆わたしから立ち去れ』と言うだろう。[28]あなたがたは、アブラハム、イサク、ヤコブやすべての預言者たちが神の国に入っているのに、自分は外に投げ出されることになり、そこで泣きわめいて歯ぎしりする。[29]そして人々は、東から西から、また南から北から来て、神の国

で宴会の席に着く。30 そこでは、後の人で先になる者があり、先の人で後になる者もある。」

（ルカ13章22節～30節）

聖書記者マタイも「狭い門から入れ（マタイ7・13）とのみ言葉を記録していますが、ルカはさらに、主イエスは「（狭い戸口から）入るように努めなさい」、とお教えになったことを強調しています。「努める」と訳されているギリシャ語「ἀγωνίζομαι」の原意は「（勝利を目指して）戦う・奮闘する」です。「目指す」ものは当然のことながら「神の国」です。すなわち私たちは、「救い」を得るための命の戦いを求められているのです。

勿論、「救い」は神の一方的な恵みですから、「戦う」とは自力救済を意味しているのではありません。主イエスの教えの「厳しさ」は、「門の狭さ」が表徴しています。この時主イエスは、町や村を巡って教えておられましたが、その歩みは明確な目的地・エルサレムに向かって（ルカ13・22）進んでおられました。「エルサレム」とは、言うまでもなく「十字架」です。主イエスは、呪われて死ぬためにこの世に誕生された方であり、公生涯の初めから既に戦い続けてくださっていたのです。

しかも、既に二度にわたってその「死」を予告しておられ（同9・22、44）、エルサレムに入る前には三度目の予告をなさいます（同18・33）。父なる神にとっても、愛する独り子を死に引き渡すこと自体が壮絶な戦いでした。私たちが「努めて・戦って」救いにあずかるとは、神ご自身が大きな犠牲を払って戦って勝利されたことを「しっかりと覚えて」救いにあずかることを意味しています。

したがって、「わたしは救われるのだろうか？　救われる者は少ないのでしょうか」（ルカ13・23）などと聞くこと自体が実におこがましいことです。自分の力に頼って計算をしてみることではありません。救いは、個人の悩みを解決することではなく、公の問題です。救いは、ここにしかありません。み子イエスを通らなければ、決して救いに至ることはできません。「狭い戸口」とは、「キリストのみ」を指し示しているのです。

さらに主イエスは、「不義を行う者ども、皆わたしから立ち去れ」（同13・27）との厳しい叱責を与えられました。「不義」とは、「悪いことを行う」とか「努力不足」を意味しているのではありません。本性罪人である私たちが、「罪」を問われたら、神の国に入ることが出来る筈がありません。「わたしは入ることができるであろうか」などと考えること自体が「不義を行う」ことなのです。すなわち、「狭い」とは「主おひとりがなされる救いを、恵みとして受け取ることが如何に難しいことか」を示唆しているのです。この世には、「主の恵みを拒む力」があります。この方を信頼して、戦い続けて参りたいと祈ります。この「戦い」は永遠には続きません。時は限られています。主イエスは、「今だ！」と言われ、激しい思いをもって、尊い命を投げ出されて「入れ！」と待っておられます。戸口を閉ざすのは「わたくし」です。安心して、大胆に狭き戸口から入って行きたいと願います。

（2016年1月10日）

救いの業は前進する

[31]ちょうどそのとき、ファリサイ派の人々が何人か近寄って来て、イエスに言った。「ここを立ち去ってくだ
さい。ヘロデがあなたを殺そうとしています。」[32]イエスは言われた。「行って、あの狐に、『今日も明日も、
悪霊を追い出し、病気をいやし、三日目にすべてを終える』とわたしが言ったと伝えなさい。[33]だが、わたし
は今日も明日も、その次の日も自分の道を進まねばならない。預言者がエルサレム以外の所で死ぬことは、あ
りえないからだ。[34]エルサレム、エルサレム、預言者たちを殺し、自分に遣わされた人々を石で打ち殺す者よ、
めん鳥が雛を羽の下に集めるように、わたしはお前の子らを何度集めようとしたことか。だが、お前たちは応
じようとしなかった。[35]見よ、お前たちの家は見捨てられる。言っておくが、お前たちは、『主の名によって

来られる方に、祝福があるように』と言う時が来るまで、決してわたしを見ることがない。」

（ルカ13章31節〜35節）

主イエスは、「神の国は近づいた。救いのみ業は始まっている」と、「福音」を語り続けて来られました。主イエスの教えを聞く者たちが、「神の国とはどのようなものか」を少し分り始めて来た、「ちょうどそのとき」（ルカ13・31）、「ヘロデ王があなたを殺そうとしている。ここを立ち去ってください」とイエスに伝えに来た者がいました。「福音」は、一方的に神から与えられるものであり、「ぶどう園の農夫のたとえ」（マタイ21・33〜）に明らかなように与えられる者の資格を問いませんから、ある意味で聞く者たちの間に「ねたみ」を引き起こしかねません。ヘロデ王も、福音を説くイエスに「ねたみ」を抱いた者の一人だったのでしょう。自分なりの「静謐」を求める権力者ヘロデにとっては、世の中にある種の興奮を巻き起こす主イエスは邪魔者であり、取り除かなければならない存在でした。ファリサイ派の人々も同様でした。彼らは、「福音」があまりにも人間の常識を超えた・夢のような・破格の恵みだったので、戸惑いを覚えていたのでしょう。態々この知らせを伝えに来た人々の態度にも、主イエスに対する憎悪・敵意に加えて殺意さえも感じられます。

しかし、この知らせを聞いた主イエスは、ヘロデに対して決然として「あの狐め！」と決めつけられました。主イエスは、「今日も明日も、悪霊を追い出し、病気を癒す」、すなわち、「主を求める人々の束縛を解き、自由を与える」との激しい決意を表されました。しかも、そのみ業は「緊急な戦いであり」、定められた時、すなわち、「三日目にすべてを終える。決着の時・そこへの道は父なる神によって定められている。わたしはその道を歩むことになっている」と仰いました。主イエスは、如何に多くの敵意に囲まれようが、父なる神のみ旨に従ってご自身でエルサレムへ、すなわち、十字架への道に入って行かれたのです。

エルサレムとは、預言者を殺し続けた歴史の表徴です。人々は、神の憐れみを知りながらも「逆さの姿」をとり、自分なりの救いを求めて「神に応じようとしませんでした」。しかし主イエスは、「見よ、お前たちの家は捨てられる」と警告されながらも、御自身でそのエルサレムに入られたのです。捨てられたのは「主イエス御自身」でした。主イエスが捨てられたから、私たちは救われたのです。主イエスは、「『主の名によって来られる方に、祝福があるように』と言う時が来るまで、決してわたしを見ることがない」(ルカ13・35)と預言なさいました。主イエスは、今、十字架の死の先にある復活を預言なさっています。私たちは、復活の主に出会ったときはじめて、すなわち、復活の主を信じた時はじめて、この「喜びの声」を上げるのです。奇しき恵みによってはじめて、私たちは主イエス・キリストを知ること許されるのです。

(2016年1月17日)

神から招かれて

「[1]安息日のことだった。イエスは食事のためにファリサイ派のある議員の家にお入りになったが、人々はイエ
スの様子をうかがっていた。[2]そのとき、イエスの前に水腫を患っている人がいた。[3]そこで、イエスは律法
の専門家たちやファリサイ派の人々に言われた。「安息日に病気を治すことは律法で許されているか、いない
か。」[4]彼らは黙っていた。すると、イエスは病人の手を取り、病気をいやしてお帰しになった。[5]そして、言
われた。「あなたたちの中に、自分の息子か牛が井戸に落ちたら、安息日だからといって、すぐに引き上げて
やらない者がいるだろうか。」[6]彼らは、これに対して答えることができなかった。[7]イエスは、招待を受けた
客が上席を選ぶ様子に気づいて、彼らにたとえを話された。[8]「婚宴に招待されたら、上席に着いてはならな
い。あなたよりも身分の高い人が招かれており、[9]あなたやその人を招いた人が来て、『この方に席を譲って
ください』と言うかもしれない。そのとき、あなたは恥をかいて末席に着くことになる。[10]招待を受けたら、
むしろ末席に行って座りなさい。そうすると、あなたを招いた人が来て、『さあ、もっと上席に進んでください』
と言うだろう。そのときは、同席の人みんなの前で面目を施すことになる。[11]だれでも高ぶる者は低くされ、
へりくだる者は高められる。」[12]また、イエスは招いてくれた人にも言われた。「昼食や夕食の会を催すときに

は、友人も、兄弟も、親類も、近所の金持ちも呼んではならない。その人たちも、あなたを招いてお返しをするかも知れないからである。[13]宴会を催すときには、むしろ、貧しい人、体の不自由な人、足の不自由な人、目の見えない人を招きなさい。[14]そうすれば、その人たちはお返しができないから、あなたは幸いだ。正しい者たちが復活するとき、あなたは報われる。」**（ルカ14章1節～14節）**

ユダヤ人たちは、安息日には会堂に集まり神を賛美した後に、集まって共に昼食を楽しむことを習慣としていました。主イエスも、時には「大食漢で大酒飲みだ」（マタイ11・19）と非難されるほどに、「信仰にとっての食事の交わり」を大切にしておられました。ある安息日のことでした。主イエスはいつものように食事に招かれてあるファリサイ派の有力者の家にお入りになりました。ところがそこにいたのは殆どが主イエスに反感を抱くファリサイ派の人々や律法学者たちで、その日の食事会の目的は「主イエスのあらさがし」だったようです。

主イエスがお座りになった前には水腫を患っている人がいて、人々の関心は「イエスが、安息日に、病人を癒すかどうか」に集中していました。しかし、律法が人の行動を縛るものである筈がありません。特に安息日の規定は「奴隷・家畜・寄留人にも適用される」（出エジプト記20・10、申命記5・14）愛の規定であり、人が命の中を歩くように導く「守りの規定」です。そこで主イエスは、彼らに向かって、「安息日に病気を治すことは律法で許されているか、いないか」と逆に問い質され、直ちにこの病人の手を取り、病気を癒してお帰しになりました。そして、「安息日だからといって、自分の息子か牛が井戸に落ちたら、あなたがたは直ぐに助けるだろう」と諭されたのです。この律法の本質を問う質問に、誰も答えることはできませんでした。彼らは（私たちは）、神の子が今目の前に来てくださっているのに、そのことに気がつかず、他人の目ばかりを気にして人の思いに縛られていたのです。

続けて主イエスは、「宴会のたとえ話」（ルカ14・7〜）を用いられて、「まことのへりくだり」とは、「人の目を気にする」のではなく、「神のみ前に生かされて今ある」ことを覚えることである、と懇切にお教えになりました。天使ガブリエルから「受胎告知」を受けたマリアは、人の目を気にすることなく「お言葉どおり、この身になりますように」（ルカ1・38）と、わが身に起こった異常な事態をみ心としてそのままに受け止めました。マリアは、「神のみ前に立った」のです。主イエスが癒された水腫の病人も、「主イエスの前に」いました。たとえファリサイ派の主人が邪心をもって連れて来たのであったとしても、主イエスが招かれたことは疑いもない事実です。何故ならば、主イエスは皆を、分け隔てなく招いておられるからです。

この礼拝堂に備えられている聖餐台の前に、病んだ者・罪人は等しく招かれています。聖所への道は、主イエスの十字架によってすべての者に開かれています。すべての者が十字架の血潮にとって聖なる者とされているのです。「憐れみを受け、恵みにあずかって、時宜にかなった助けをいただくために、大胆に恵みの座に近づこうではありませんか（ヘブライ4・16）。」

（2016年1月24日）

宴会への招き

15 食事を共にしていた客の一人は、これを聞いてイエスに、「神の国で食事をする人は、なんと幸いなことでしょう」と言った。16 そこで、イエスは言われた。「ある人が盛大な宴会を催そうとして、大勢の人を招き、17 宴会の時刻になったので、僕を送り、招いておいた人々に、『もう用意ができましたから、おいでください』と言わせた。18 すると皆、次々に断った。最初の人は、『畑を買ったので、見に行かねばなりません。どうか、失礼させてください』と言った。19 ほかの人は、『牛を二頭ずつ五組買ったので、それを調べに行くところです。どうか、失礼させてください』と言った。20 また別の人は、『妻を迎えたばかりなので、行くことができません』と言った。21 僕は帰って、このことを主人に報告した。すると、家の主人は怒って、僕に言った。『急いで町の広場や路地へ出て行き、貧しい人、体の不自由な人、目の見えない人、足の不自由な人をここに連れて来なさい。』22やがて、僕が、『御主人様、仰せのとおりにいたしましたが、まだ席があります』と言うと、23主人は言った。『通りや小道に出て行き、無理にでも人々を連れて来て、この家をいっぱいにしてくれ。24言っておくが、あの招かれた人たちの中で、わたしの食事を味わう者は一人もいない。』」（ルカ14章15節〜24節）

人間はパンのみで生きるのではなく、また、パンのみを求めて生きているのでもありません。神が、今、生きて語ってくださることが分からなければ、私たちは「生きている意味」がないのです。しかし、その「意味」は、神から聞かなければ自分では分りません。主イエスは、食事を共にしていた客の一人が、「神の国で食事をする人は、なんと幸いなことでしょう」と思わず呟いたそのひと言を聞かれたとき、「神の国の食事とは、あの世のことでもなく、ユートピアのことでもない。あなたがたは、今、すでに、神の国の食事に招かれているのだ」と、大宴会のたとえを用いて教え始められました。

ある人が盛大な宴会を催そうとしました。宴会は、招待状（予告）から始まりました。そして準備が整うと、招待者には主人から、「もう用意が出来ましたから、おいでください」と改めて丁寧に迎えの連絡が届けられました。神の国の食事には、そこでしか味わうことの出来ない平安・寛ぎがあります。しかもそこには、招いた方の喜びが満ち溢れています。主イエスは、この招きの

ために この世に遣わされて来られた方であり、キリスト者とは既にこの宴会に招かれた者の群れです。そして、この喜びをこの世に宣べ伝えるのが教会の業に他なりません。
しかし、招待を受けていた人たちは、次々と断り始めました。彼らには夫々に出席できない理由（仕事が忙しい・結婚したばかりだ、等）がありました。人がこの世を生きて行くためには自分の思うには任せない様々な事情があることは事実でしょう。しかし問題は、彼らが「招かれたこと（選ばれたこと）」で傲慢になり、「誰から招かれているのか」を見失ってしまっていたことにありました。キリスト者と言えども例外ではありません。洗礼を受けて神のもとへ招かれているにも関わらず、「今は、自分で解決しければならないことに専念している。神のことは、暇が出来たら後で、あるいは、エンディングの時に考えよう」と、折角の招きを拒絶することが起きかねないのです。主なる神は、余りにも恵み深い方です。主イエスがたとえでお用いになったこの宴会の主人は、あらかじめ招いた人たちに断られた時、あたかも「腹を立てて、やけくそになった」かのように、恵みから洩れていると考えられていた町中の貧しい人たち、身体の不自由な人たちを代わりに招き入れました。通りや小道から連れられてきた人々の中には、異邦人もいたことでしょう。主イエスは、自分がどう思われても、如何に蔑まれても、どのように傷つけられても、それでも「すべての人を招きたい」と心から願っておられたのです。

旧約の預言者イザヤは、「……わたしに聞き従えば　良いものを食べることができる。あなたがたの魂はその豊かさを楽しむであろう」（イザヤ書55・2b）とのみ言葉を語り伝えています。その預言は、今、まさに成就しました。その楽しみは、既に用意されているのです。「忙しい」との理由でこの招きを断れば、み言葉を聞くことが出来ません。聞かなければ、神のみ心が分らないのです。「忙しい」とは「心が亡くなること」と言われることがありますが、実は全く逆で、「心が自分のことで一杯になっている状態」ではないでしょうか。

主イエスは、「神は、底抜けに人の良い大宴会の主人のよう方である」と、たとえを用いてお教えになりました。神の善き招きを信じることの出来る人は「何と幸いなことでしょう」。自分の心を空にして、今、その招きのみ声を聞き、直ちに応えて、神の国の食事に与りたいと祈ります。

（２０１６年２月７日）

主の弟子として

[25]大勢の群衆が一緒について来たが、イエスは振り向いて言われた。[26]「もし、だれかがわたしのもとに来
るとしても、父、母、妻、子供、兄弟、姉妹を、更に自分の命であろうとも、これを憎まないなら、わたしの
弟子ではありえない。[27]自分の十字架を背負ってついて来る者でなければ、だれであれ、わたしの弟子ではあ
りえない。[28]あなたがたのうち、塔を建てようとするとき、造り上げるのに十分な費用があるかどうか、まず
腰をすえて計算しない者がいるだろうか。[29]そうしないと、土台を築いただけで完成できず、見ていた人々は
皆あざけって、[30]『あの人は建て始めたが、完成することはできなかった』と言うだろう。[31]また、どんな王
でも、ほかの王と戦いに行こうとするときは、二万の兵を率いて進軍して来る敵を、自分の一万の兵で迎え撃
つことができるかどうか、まず腰をすえて考えてみないだろうか。[32]もしできないと分かれば、敵がまだ遠方
にいる間に使節を送って、和を求めるだろう。[33]だから、同じように、自分の持ち物を一切捨てないならば、
あなたがたのだれ一人としてわたしの弟子ではありえない。」[34]「確かに塩は良いものだ。だが、塩も塩気が
なくなれば、その塩は何によって味が付けられようか。[35]畑にも肥料にも、役立たず、外に投げ捨てられるだ
けだ。聞く耳のある者は聞きなさい。」**（ルカ14章25節〜35節）**

主イエスは、御自身の後についてきた群衆に振り向き、「塔を建てる時・戦いの備えをする時」のたとえを用いられて、「キリストの弟子」となるための「覚悟」をお教えになりました。キリスト者は、今何を為すべきか、を「腰を据えて考える」ことが必要なのです。

キリスト・イエスは「すべての民をわたしの弟子にしなさい」（マタイ28・19・大宣教命令）とお命じになっているのですから、キリストの弟子になるためには何の条件もありません。キリストは、全ての人々を招いていてくださり、誰一人振り落とそうなどとはお考えになっていません。しかし、キリストに従うためには、「自分を捨て、日々、自分の十字架を背負い」（ルカ9・23）、「自分の持ち物を一切捨て去る」（同14・33）覚悟が必要です。勿論、「父、母、妻、子供、兄弟、姉妹を、さらに自分の命さえ捨て去る」（同14・26）などと言うことは、「らくだと針のたとえ」を聞くまでもなく人間の力ではできる筈がありません。「それでは、誰が救われるのだろうか」との疑問が当然生じて来ます（マタイ19・23〜）。しかし、ここで主イエスが「捨てよ」と命じておられるのは「永遠の命」でも「生物的な命」でもなく、「魂の命（プシュケー）」のことです。その「魂」とは、「自然の人」（Iコリント2・14）とも訳されることがあることからも分るように、「アダムの堕罪後の命、すなわち、神の霊を捨てて霊的に死んだ命」のことを指しているのです。

「キリストがすべての人のために死んでくださった以上、すべての人も死んだことになります。その目的は、キリストに結ばれた者がキリストのために生きることになるため」（IIコリント5・15）でした。したがって、私たちの「古い人」、すなわち、主イエスが「捨てよ」と言われる「魂」は既に死んでいるのです。しかし、私たちの体に「刷りこまれている古い人」は、折にふれて姿を現し、キリスト者はしばしば分裂状態となり「なんと惨めな人間でしょう」（ローマ7・24）と嘆き悲しむのが現実です。「自分の十字架を背負う」（ルカ9・23）とは、決して「苦難に耐えて生きよ」などという皮相的なことではありません。「古い自分を捨て・自分の魂で生きることを止め、新しく創造された者として・新しい人として歩み始めよ」との教えに他なりません。

「命と救い」は外から来るものであり、人間が如何に内省しても分ることではありません。「み言葉とみ霊を信じて生きる」とは、「神が私たちのために何をしてくださったか」という客観的な事実を、「腰を据えて」見ることです。そのことは、「聞かなければ」誰にも分らないのです。

信仰の父アブラハムは、理不尽とさえ思える「イサク奉献」を命じられた時に、自分の魂（思い）を捨てて全てを主なる神に委ねました。その時彼は、「主が備えていてくださる」（創世記22・14）ことを知り得たのです。受胎告知を受けたマリアは、さぞかし驚愕したことでしょう。しかしマリアは、直ぐに「お言葉通り、この身に成りますように」（ルカ1・38）との信仰を告白しました。シモン・ペトロも、疑いながらも「しかし、お言葉ですから、網を降ろしてみましょう」（同5・5）と答えて主に従いました。「お言葉ですから」に、ペトロの信仰が全て現れているのです。命の主は、「み言葉を聞くように」と何時も招いていてくださるのです。

（2016年2月21日）

神の大きな喜び

[1]徴税人や罪人が皆、話を聞こうとしてイエスに近寄って来た。[2]すると、ファリサイ派の人々や律法学者た
ちは、「この人は罪人たちを迎えて、食事まで一緒にしている」と不平を言いだした。[3]そこで、イエスは次
のたとえを話された。[4]「あなたがたの中に、百匹の羊を持っている人がいて、その一匹を見失ったとすれば、
九十九匹を野原に残して、見失った一匹を見つけ出すまで捜し回らないだろうか。[5]そして、見つけたら、喜
んでその羊を担いで、[6]家に帰り、友達や近所の人々を呼び集めて、『見失った羊を見つけたので、一緒に喜
んでください』と言うであろう。[7]言っておくが、このように、悔い改める一人の罪人については、悔い改め
る必要のない九十九人の正しい人についてよりも大きな喜びが天にある。」[8]「あるいは、ドラクメ銀貨を十枚
持っている女がいて、その一枚を無くしたとすれば、ともし火をつけ、家を掃き、見つけるまで念を入れて捜
さないだろうか。[9]そして、見つけたら、友達や近所の女たちを呼び集めて、『無くした銀貨を見つけましたから、
一緒に喜んでください』と言うであろう。[10]言っておくが、このように、一人の罪人が悔い改めれば、神の天
使たちの間に喜びがある。」**（ルカ15章1節～10節）**

現代は、「人の命の価値が安くなっている」とよく言われます。多くの人たちが、「生きる目的」を見失っている、と言い換えることもできるでしょう。しかし、「生きる目的・生かされている根拠」は、科学的に探究し得ることではなく、「生きる者としてくださった方」から聞く以外に術がありません。幸いにも私たちには、その方のみ言葉を聞くために、聖書が与えられているのです。

主イエスの話を聞こうとして集まってきた「徴税人や罪人」は、差別を受けて社会から隔離され、生きる目的を探しあぐねていた人たちの群れでした。しかし彼らは、イエスの噂を聞いて自分から主に近づいて行きました。主イエスも御自身から彼らに近づき、そして、(律法が禁じていた)食事を共にしてくださったのです。これを見たファリサイ派の人々や律法学者たちはさぞかし癇に触ったことでしょう。同時に彼らは、罪人たちが生きる目的をしっかり持ち、自分たちより楽しそうにしている姿を見て妬み、そして、不平を言いだしました。

彼らに対して主イエスは、「見失った羊」と「無くした銀貨」のたとえを用いて、「人が生かされている根拠」を教えてくださいました。「無くした一枚の銀貨」は、それ自体にはさほど価値がないように思われますが、「銀貨十枚を持っていた女」にとっては「生きて行くための宝」でした。したがって彼女は、銀貨を見つけるまで念を入れて捜したのです。この「一枚の銀貨」は、神にとっては「悔い改めて（回心）戻ってくる罪人」に他なりません。この世を、み心によってお造りになった神にとっては、「罪人がいる」ということ自体が「大いなる悲しみ」です。人は、一人ひとりが神の「宝」です。理由はありません。「神の宝なるが故に宝である。神が愛しておられるから宝である」（申命記7・6、8参照）としか言いようがありません。「見失った一匹の羊」も、その羊だけに特別の価値があるのではありません。羊飼いは、自分の羊を知っている（ヨハネ10・14）ので、決して放置はなさいません。神は、その愛する独り子を死にお渡しになるほど、私たちを「愛していてくださる」からです。

何故「神が、私たちを愛し、私たちをご自分の宝とされている」のかは、私たちに与えられている限られた力では知り得ません。「わたしたちに与えられた聖霊によって、神の愛がわたしたちの心に注がれている」（ローマ5・5）から分る、としか言いようがありません。信仰者でも、時には「神はいないのではないか」との不信に陥り、神を締めだしてしまうことが起こり得ます。サタンの力は決して無視できません。したがって私たちは、何時も「心を尽くし、魂を尽くし、力を尽くして神を愛する」（申命記6・5）ことを求められているのです。

神は生きておられます。全てを忍耐し、赦し、そして、私たちを探し求めておられます。この世の人々（ファリサイ派や律法学者）が妬むほど、神に近づき、神に招かれて喜び勇んで歩んで参りたいと祈ります。

（２０１６年２月28日）

走り寄る父

11また、イエスは言われた。「ある人に息子が二人いた。12弟の方が父親に、『お父さん、わたしが頂くことになっ
ている財産の分け前をください』と言った。それで、父親は財産を二人に分けてやった。13何日もたたないう
ちに、下の息子は全部を金に換えて、遠い国に旅立ち、そこで放蕩の限りを尽くして、財産を無駄遣いしてし
まった。14何もかも使い果たしたとき、その地方にひどい飢饉が起こって、彼は食べるにも困り始めた。15そ
れで、その地方に住むある人のところに身を寄せたところ、その人は彼を畑にやって豚の世話をさせた。16彼
は豚の食べるいなご豆を食べてでも腹を満たしたかったが、食べ物をくれる人はだれもいなかった。17そこで、
彼は我に返って言った。『父のところでは、あんなに大勢の雇い人に、有り余るほどパンがあるのに、わたし
はここで飢え死にしそうだ。18ここをたち、父のところに行って言おう。「お父さん、わたしは天に対しても、
またお父さんに対しても罪を犯しました。19もう息子と呼ばれる資格はありません。雇い人の一人にしてくだ
さい」と。』20そして、彼はそこをたち、父親のもとに行った。ところが、まだ遠く離れていたのに、父親は

息子を見つけて、憐れに思い、走り寄って首を抱き、接吻した。[21]息子は言った。『お父さん、わたしは天に対しても、またお父さんに対しても罪を犯しました。もう息子と呼ばれる資格はありません。』[22]しかし、父親は僕たちに言った。『急いでいちばん良い服を持って来て、この子に着せ、手に指輪をはめてやり、足に履物を履かせなさい。[23]それから、肥えた子牛を連れて来て屠りなさい。食べて祝おう。[24]この息子は、死んでいたのに生き返り、いなくなっていたのに見つかったからだ。』そして、祝宴を始めた。[25]ところで、兄の方は畑にいたが、家の近くに来ると、音楽や踊りのざわめきが聞こえてきた。[26]そこで、僕の一人を呼んで、これはいったい何事かと尋ねた。[27]僕は言った。『弟さんが帰って来られました。無事な姿で迎えたというので、お父上が肥えた子牛を屠られたのです。』[28]兄は怒って家に入ろうとはせず、父親が出て来てなだめた。[29]しかし、兄は父親に言った。『このとおり、わたしは何年もお父さんに仕えています。言いつけに背いたことは一度もありません。それなのに、わたしが友達と宴会をするために、子山羊一匹すらくれなかったではありませんか。[30]ところが、あなたのあの息子が、娼婦どもと一緒にあなたの身上を食いつぶして帰って来ると、肥えた子牛を屠っておやりになる。』[31]すると、父親は言った。『子よ、お前はいつもわたしと一緒にいる。わたしのものは全部お前のものだ。[32]だが、お前のあの弟は死んでいたのに生き返った。いなくなっていたのに見つかったのだ。祝宴を開いて楽しみ喜ぶのは当たり前ではないか。』」（**ルカ15章11節～32節**）

創立記念礼拝を献げます。富士見町教会は創立以来129年間、礼拝を中心に教会形成を続けて参りました。礼拝中心とは、神の民を招集すること、すなわち、伝道に他なりません。心を新たに、共に神のみ言葉を宣べ伝えて参りたいと祈ります。

「見失った羊」と「無くした銀貨」のたとえを用いて、「わたくしたちは、一人ひとりが神の宝である」ことを諄々と教えられた主イエスは、続けてこの有名な「放蕩息子のたとえ」をお話しになりました。

自ら願い出て生前に財産分与を受けた「弟」は、「全財産」を金に変え、「放蕩の限りを尽くして」、何もかも使い果たしてしまいました。「全財産」とは、神が祝福してお与えになった「嗣業」に他ならず、本来「金」に換算するべきものではあり得ません。また、「放蕩の限りを尽くす」と訳されているギリシャ語「ἀσώτως」の原意が「救い難い」であることから分るように、この「弟」は金で全てが得られると思い込んでいたまさに「救いようのない愚か者」（ルカ12・20参照）でした。しかしこの男は、飢饉に遭遇して初めて自分の愚かさに気づき、「悔い改めて」父のもとに帰ってきました。父は、戻ってきた息子の罪をすべて赦し、そのままに受け入れたのです。この男を襲った「飢饉」は誰にでも必ず起きる事です。仮に何不自由なく順風満帆な人生を送った者にも、「死」は必ず訪れて来ます。「死」こそ「人生最大の飢饉」でしょう。したがって、この「放蕩息子のたとえ話」は、誰にとっても「身近なよく分かる教え」として語り続けられています。しかし、このたとえの「悔い改め」の部分にのみ注目して「自分の物語」にしてしまうと、単なる「中途半端な回心」物語になってしまうでしょう。

このたとえ話を聞く時に大切なことは、「弟の回心」よりも、「父」が戻ってきた息子を「先に」見つけ、「走り寄って」「抱きしめた」ことです。「迷い出た一匹の羊」を探し求めた「羊飼い」と「無くした銀貨」を懸命に見つけようとした「女性」と同様に、主イエスがお教えになろうとしたことは、「失われた者」に対する「父の愛」でした。この父の「異常とも思われる愛」は、盛大な宴会に憤慨して「家に入ろうともしなかった兄」に対しても注がれました。この「兄の怒り」は、「罪人と一緒に食事をしたイエスに向かって発したファリサイ派や律法学者の不平」（ルカ15・2）と通じるものがありました。しかし、「父」は「自ら出て来て」、この兄の怒りを宥めたのです。「弟」は、放蕩の限りを尽くしたことの過ちを自ら悔い改め、帰るべき父のもとへ戻ってきたのですから、見方を変えれば常識人でした。「兄」が、破天荒に喜び舞い上がる父親に対して「腹を立てた」こと も、ある意味では常識的なことでしょう。唯ひとり、あまりにも愚かなほど非常識なのが「父」でした。彼は、戻ってきた息子を咎めもせず、自ら飛び出して行って迎え入れ、祝宴を開いて喜び祝いました。そして、兄に対しても、「死んだ息子が帰って来たのだ。喜ぶのは当たり前ではないか。わたしの息子はお前の弟（ルカ15・32）でもあるのだ。さあ、一緒に喜ぼうではないか」と招いたのです。父の語りかけは、「わたしが喜んでいるのだ。何故わたしと一緒に喜べないのか」との問いかけです。「主を喜び祝うことこそ、あなたたちの力の源である」（ネヘミヤ記8・10）との聖書のみ言葉を想起させられます。

主イエスは、「この愚かさこそが神の愛である」とお教えになりました。パウロは、この愛を「十字架の言葉の愚かさ」（Iコリント1・18）と述べています。神の愛は、このように「規格外・常識外れ」であり、私たち人間に与えられている知識では理解することができません。「放蕩息子のたとえ」は、「放蕩の限りを尽くした弟」と同様に「父に忠実に仕えていた筈の兄」も、実は父なる神から遠く離れており、神の喜びの本質を理解することが出来ていなかったことを教えています。しかし神は、この「兄」も、「一緒に」神の国の宴会に招いてくださっています。一人の人が神のもとに呼び戻された時、主と共に喜び、共に主を喜び祝う者の群れが教会です。

（2016年3月6日）

光の子の賢さ

1イエスは、弟子たちにも次のように言われた。「ある金持ちに一人の管理人がいた。この男が主人の財産を
無駄遣いしていると、告げ口をする者があった。2そこで、主人は彼を呼びつけて言った。『お前について聞
いていることがあるが、どうなのか。会計の報告を出しなさい。もう管理を任せておくわけにはいかない。』3
管理人は考えた。『どうしようか。主人はわたしから管理の仕事を取り上げようとしている。土を掘る力もな
いし、物乞いをするのも恥ずかしい。4そうだ。こうしよう。管理の仕事をやめさせられても、自分を家に迎
えてくれるような者たちを作ればいいのだ。』5そこで、管理人は主人に借りのある者を一人一人呼んで、まず
最初の人に、『わたしの主人にいくら借りがあるのか』と言った。6『油百バトス』と言うと、管理人は言っ
た。『これがあなたの証文だ。急いで、腰を掛けて、五十バトスと書き直しなさい。』7また別の人には、『あな
たは、いくら借りがあるのか』と言った。『小麦百コロス』と言うと、管理人は言った。『これがあなたの証文だ。
八十コロスと書き直しなさい。』8主人は、この不正な管理人の抜け目のないやり方をほめた。この世の子らは、
自分の仲間に対して、光の子らよりも賢くふるまっている。9そこで、わたしは言っておくが、不正にまみれ
た富で友達を作りなさい。そうしておけば、金がなくなったとき、あなたがたは永遠の住まいに迎え入れても

らえる。10ごく小さな事に忠実な者は、大きな事にも忠実である。ごく小さな事に不忠実な者は、大きな事に
も不忠実である。11だから、不正にまみれた富について忠実でなければ、だれがあなたがたに本当に価値ある
ものを任せるだろうか。12また、他人のものについて忠実でなければ、だれがあなたがたのものを与えてくれ
るだろうか。13どんな召し使いも二人の主人に仕えることはできない。一方を憎んで他方を愛するか、一方に
親しんで他方を軽んじるか、どちらかである。あなたがたは、神と富とに仕えることはできない。」14金に執
着するファリサイ派の人々が、この一部始終を聞いて、イエスをあざ笑った。15そこで、イエスは言われた。「あ
なたたちは人に自分の正しさを見せびらかすが、神はあなたたちの心をご存じである。人に尊ばれるものは、
神には忌み嫌われるものだ。16律法と預言者は、ヨハネの時までである。それ以来、神の国の福音が告げ知ら
され、だれもが力ずくでそこに入ろうとしている。17しかし、律法の文字の一画がなくなるよりは、天地の消
えうせる方が易しい。18妻を離縁して他の女を妻にする者はだれでも、姦通の罪を犯すことになる。離縁され
た女を妻にする者も姦通の罪を犯すことになる。」**（ルカ16章1節～18節）**

主イエスのみ言葉は、人間の常識からは外れていることが多いので、しばしば理解に苦しむことがあります。今日与えられた「不正な管理人」（ルカ16・1～）のたとえは、特に聞く人々を躓かせるでしょう。この管理人の行為は明らかに犯罪です。しかし主イエスは、「この世の子ら（神なしで生きている者）は、光の子ら（恵みと希望に生きている者）より賢くふるまっている」と仰り、「彼

の抜け目のないやり方」（ルカ16・8）をほめられたのです。

主イエスの教えは、常に「神の国」と関係しています。その「神の国」は遠く遥かに望み見るものではなく、既に、今、ここに始まっています。キリスト者とは、その神の国の恵みの支配下に既に移され、永遠の住まいに迎え入れられている者の群れです。そのキリスト者が、仮住まいであるこの世を生きるためには、この不正な管理人のような「抜け目なさ」が大切である、と主イエスはお教えになりました。不正を摘発されたこの管理人は、自分の人生に終わりがあることを悟り、「そうだ、こうしよう」と断固として決断しました。彼は、「（誰にでも、また、何事にでも必ず訪れる）終わりを意識」して、それまでの生き方をチェンジしようと決断したのです。

新しい世が既に到来しました。この世は一変し、私たちは「新しい人」に変えられました。神の国の到来は将来のことではありません。新しい創造が既に始まり、私たちは「神の子」とされたのです。（受難週は、この出来事を確認する時なのです。）今、私たちキリスト者の「なすべきことはただ一つ、後ろのものを忘れ、前のものに全身を向けつつ、神がキリスト・イエスによって上へ召して、お与えになる賞を目指してひたすら走ることです」（フィリピ3・14）。主イエスがたとえに用いられた管理人は、自分の能力の限界（農業も物乞いもできない）を十分に自覚しました。

そして、自分に与えられている賜物を総動員して終わりの日に向かってひたすら走りだしたのです。彼はまさに、「弱いときにこそ強くなった」（IIコリント12・10）と言えるでしょう。

しかも、すべては整えられています。私たちが為した「不正」も既に清算されたのです。一文無しで「物乞い」も出来ないほど惨めな私たちに代わって、主は十字架についてくださいました。私たちは、「誇る者は主を誇れ」（Iコリント1・31）とあるように、堂々と歩むことができるように既に変えられているのです。「古い私」は、十字架のキリストと共に既に死んだのです。この管理人には、「弱さ」はありましたが「迷い」はありませんでした。彼は、「過去」に縛られず、「こうしよう」と言い切りました。しかも、今持っているこの世の「富」から自由になり、その「富」を生かそうとしたのです。「富」に不正はつきものです。否、「富」を使う人間が「罪人」である、と言い換えてもよいでしょう。今、私たちに問われていることは、与えられた「富」を何に用いるかです。「富」には「金銭」と同時に「健康・能力」も含まれています。「富」を重んじることは、即、偶像崇拝へとつながって行きます。しかし、不正な管理人は、「友と生きる」ことを選びました。「決断」の時期は一様ではありません。早すぎることも遅すぎることもないのです。「ぶどう園の労働者のたとえ」（マタイ20・1〜16）に見るように、主なる神は、非常識で妬ましいほどに憐れみ深い方です。神は、私たちが決断する日を待っていてくださいます。神が与えてくださる恵み（私たちにはその一端しか分らないほどに素晴らしいものですが）を目指して、後ろを振り返ることなく、ただ前進のみの歩みを続けて参りたいと祈ります。
（２０１６年３月20日）

誰の言葉を聞くか

[19]「ある金持ちがいた。いつも紫の衣や柔らかい麻布を着て、毎日ぜいたくに遊び暮らしていた[20]この金持ちの門前に、ラザロというできものだらけの貧しい人が横たわり、[21]その食卓から落ちる物で腹を満たしたいものだと思っていた。犬もやって来ては、そのできものをなめた。[22]やがて、この貧しい人は死んで、天使たちによって宴席にいるアブラハムのすぐそばに連れて行かれた。金持ちも死んで葬られた。[23]そして、金持ちは陰府でさいなまれながら目を上げると、宴席でアブラハムとそのすぐそばにいるラザロとが、はるかかなたに見えた。[24]そこで、大声で言った。『父アブラハムよ、わたしを憐れんでください。ラザロをよこして、指先を水に浸し、わたしの舌を冷やさせてください。わたしはこの炎の中でもだえ苦しんでいます。』[25]しかし、アブラハムは言った。『子よ、思い出してみるがよい。お前は生きている間に良いものをもらっていたが、ラザロは反対に悪いものをもらっていた。今は、ここで彼は慰められ、お前はもだえ苦しむのだ。[26]そればかりか、わたしたちとお前たちの間には大きな淵があって、ここからお前たちの方へ渡ろうとしてもできないし、そこ

からわたしたちの方に越えて来ることもできない。』[27]金持ちは言った。『父よ、ではお願いです。わたしの父親の家にラザロを遣わしてください。[28]わたしには兄弟が五人います。あの者たちまで、こんな苦しい場所に来ることのないように、よく言い聞かせてください。』[29]しかし、アブラハムは言った。『お前の兄弟たちにはモーセと預言者がいる。彼らに耳を傾けるがよい。』[30]金持ちは言った。『いいえ、父アブラハムよ、もし、死んだ者の中からだれかが兄弟のところに行ってやれば、悔い改めるでしょう。』[31]アブラハムは言った。『もし、モーセと預言者に耳を傾けないのなら、たとえ死者の中から生き返る者があっても、その言うことを聞き入れはしないだろう。』」（ルカ16章19節～31節）

「死」は誰にでも必ず訪れてくるものであり、同時に、誰も「死」を経験することができません。したがって人は誰もが皆（たとえ無宗教と自負する者も）、夫々に「死後のイメージ・天国のようなもの」を作り上げ、何とか死の恐怖を乗り越えようとします。しかし聖書は、死後の世界には殆ど関心を示していません。確かに、マタイ福音書はしばしば「天の国（「神の国」という表現は避けている）」について説明をしていますが、この「天の国は、今近づいている・もう始まっている・あなたがたの間にある」のであり、決して死後の世界（いわゆる「天国」）のことを言っているのではありません。聖書は、「生きるにも死ぬにも、わたしたち（キリスト者）のただ一つの慰めは、わたしたちが主のものである」（『ハイデルベルク信仰問答』問1）ことを知ることであり、自分勝手に「死後の世界を考える必要はない」と、教えています。

主イエスが用いられた「金持ちとラザロのたとえ」も、決して「死後の世界」や「死後に与えられる報い」を説明しているのではありません。「水も与えられず、人類の父・アブラハムのもとへ行く望みも失い」、助かる見込みがないことを悟った金持ちは、この世にまだ生きている兄弟たちだけでも救いたいと思い、「何とか、ラザロをこの世に遣わして欲しい」とアブラハムに頼みました。「ラザロ」とはヘブライ語では「エルアザル（神は救い）」を意味するのです。しかしアブラハムは、「彼らには聖書（モーセと預言者）が与えられている。彼らは、聖書に聞けば救われる」と言って、金持ちの願いを退けました。重ねて金持ちが、「死者が復活して、説明してくれたら、誰だって必ず悔い改めるでしょう」と頼むと、アブラハムは「聖書は、既に与えられている。神のみ言葉を聞かない者が、復活した死者の話など受け入れる筈がない」と断固として撥ねつけたのです。確かに、主イエスが「マルタとマリアの兄弟ラザロを生き返らせた」（ヨハネ11・38～）ときも、ユダヤ人たちは主イエスの為された奇跡を認めず、逆にラザロを殺そうとしました（同12・10）。もっとはっきりしていることは、人々の中には「復活の主」さえ疑って信じようとしなかった者が大勢いたのです。

まことの信仰は、生ける神の言葉を聞くことからしか始まりません。復活の主も、顕現後、み言葉を繰り返し語られました。主イエスご自身が、み言葉を用いてサタンの誘惑を退けられたのです（マタイ4・4、7、10）。神は、み言葉を通して、今、生きて語ってくださっています。生も死も分けることはできません。み言葉は、文字ではなく霊です。私たちは、どこに行っても、神の霊から離れることはできません。神は、私たちが行く所のどこにでもいまして、御手をもって導き、右の手をもって私たちをとらえていてくださいます（詩編139・7～10参照）。主イエスがたとえに用いられた金持ちは、どんなに望んでもアブラハムの所に行くことはできませんでしたが、キリストに結ばれ、主のものとされた私たちキリスト者には、その隔てが既に取り除かれています。私たちは、キリストに結ばれたが故に、そのところから、すべてを見ることが許されているのです。私たちの中には主が住んでいてくださいます。私たちが「主の神殿」であることこそが、疑う余地のない現実・Reality に他なりません。肉なるものが描くものは皆、「草のようにはかない」ものです。しかし、「……草は枯れ、花はしぼむが　わたしたちの神の言葉はとこしえに立つ」（イザヤ書40・8）のです。

「行くとしたら　主のもとへ」、み言葉を携え、絶えずみ言葉に聞きつつ、共に主の道を歩んで参りたいと祈ります。

（２０１６年４月３日）

信じて願え

[1]イエスは弟子たちに言われた。「つまずきは避けられない。だが、それをもたらす者は不幸である。[2]そのよ
うな者は、これらの小さい者の一人をつまずかせるよりも、首にひき臼を懸けられて、海に投げ込まれてしま
う方がましである。[3]あなたがたも気をつけなさい。もし兄弟が罪を犯したら、戒めなさい。そして、悔い改め
れば、赦してやりなさい。[4]一日に七回あなたに対して罪を犯しても、七回、『悔い改めます』と言ってあな
たのところに来るなら、赦してやりなさい。」[5]使徒たちが、「わたしどもの信仰を増してください」と言った
とき、[6]主は言われた。「もしあなたがたにからし種一粒ほどの信仰があれば、この桑の木に、『抜け出して海
に根を下ろせ』と言っても、言うことを聞くであろう。[7]あなたがたのうちだれかに、畑を耕すか羊を飼うか
する僕がいる場合、その僕が畑から帰って来たとき、『すぐ来て食事の席に着きなさい』と言う者がいるだろ
うか。[8]むしろ、『夕食の用意をしてくれ。腰に帯を締め、わたしが食事を済ますまで給仕してくれ。お前は
その後で食事をしなさい』と言うのではなかろうか。[9]命じられたことを果たしたからといって、主人は僕に
感謝するだろうか。[10]あなたがたも同じことだ。自分に命じられたことをみな果たしたら、『わたしどもは取

るに足りない僕です。しなければならないことをしただけです』と言いなさい。」(ルカ17章1節〜10節)

新共同訳は、ルカ17章1〜10節に「赦し、信仰、奉仕」と小見出しを付けています。「小見出しは、内容の概括的な理解を助ける趣旨で付けられています(新共同訳・凡例を参照)」から、一見すると新共同訳の編者は、「ここに記録されている三つのみ言葉は、相互には無関係な別々の教えである」と主張しているようにも思われます。しかし、17章5節に記されている「使徒」という用語(福音書には、皆無ではないが殆ど使われていない)をキーワードとして読むと、この三つの教えは相互に密接に関連しており、ここには「主に召され、主のものとされたキリスト者のあるべき姿」が明確に語られていることが分かります。

初めに主イエスは、「隣人が、一日に七回あなたに罪を犯しても、七回悔い改めたら赦しなさい」とお命じなりました。「七回」とは、単に「何度でも」などという抽象的な命令ではありません。「一日に七回」とは、対象とされた人間の許容限度を遥かに越えた状態です。したがって誰もが、「そのような赦しは、主イエスには出来るだろうが、わたしにはとても出来ない。わたしは、信仰が足りない、弱く、貧しい者である。どうか信仰を増してください」、などと頑なに口応えをしながら、主イエスの命じていることから逃げ出そうとします。言い換えれば、謙遜の振りをしながら金輪際「自分を手放そうとしない」身勝手な振る舞いをし、自分を召してくださった方の命令に従おうとしないのです（これこそが、本当の弱さ、とも言えるでしょう）。

しかし、ここで聖書記者ルカは、「使徒たちが」とのキーワードを用います。弟子たちは、（自分では未だ気がついていませんでしたが）「使徒、すなわち、あの方の権威（ルカ12・5参照）を帯びた者」なのです。主イエスは、「もしあなたがたにからし種一粒ほどの信仰があれば、この桑の木に『抜け出して海に根を下ろせ』と言っても、言うことを聞くだろう」と仰いました。直訳は、「命じよ、そうすればあなたがたに従う」です。問われていることは、「わたしに信仰があるか、否か」などとのレベルのことではなく、「語っておられるのは主であることに気がついているか、否か」なのです。

まことの信仰とは、「主のみ言葉を聞くこと、すなわち、神との生きた関係に入れられて主のものとされている、ことを知ること」から始まります。しかし現実は、正しく信仰を告白して主に祝福されたかのペトロ（マルコ8・29）をしても、主が話された十字架を理解することが出来ずに、「サタン、引き下がれ」と叱責されました（マルコ8・33）。私たちは、自分にしがみつくことによって、主のみ言葉を拒絶しているのです。しかし主イエスは、そのような弱い私たちに対して、「思い悩むな、野の花を見よ、神は野の花をもこのように装ってくださる……あなたがたにはなおさらなことである……」（ルカ12・22～）と仰り、「人間は決して自分で思っているような貧しいものではなく、とてつもなく豊かなものである。創造の初めに、神はご自身に似せて人間をお造りになった。そして、すべての創造の御業を為し遂げられた時に安息をお取りになった。すなわち、この世を人間に委ねられたのだ。すなわち、神は、人間を用いてこの世に今尚働き続けていてくださる方である」（創世記1・26～31参照）ことをはっきりとお教えになりました。

主イエスは、この世におられた時に、様々な奇跡を行い病人を癒されました。しかし主イエスは、決して病気を無くしたのではありません。主イエスは、「あなたの信仰があなたを救った」（ルカ17・19）と仰ったことからも分るように、信仰をもってご自身のもとに来たものを癒されたのです。すなわち、「ナザレでは、人々が不信仰なのであまり奇跡をなさいませんでした」（マタイ13・58）、否、「おできにならなかった」（マルコ6・5）のです。

しかし、私たちの背信の罪は、既に十字架によって赦されています。私たちは、神に愛され、神の栄光を現す者として、今既に、用いられているのです。隣人を赦すことも、なすべき奉仕を完全に果たし終えることも、実はすべては主の業に他なりません。大胆に信じて主のもとに立ち帰り、主の器として用いられることを祈り願う歩みを続けて参りたいと祈ります。

（２０１６年４月17日）

立ち上がって、行きなさい

11 イエスはエルサレムへ上る途中、サマリアとガリラヤの間を通られた。12 ある村に入ると、重い皮膚病を
患っている十人の人が出迎え、遠くの方に立ち止まったまま、13 声を張り上げて、「イエスさま、先生、どうか、
わたしたちを憐れんでください」と言った。14 イエスは重い皮膚病を患っている人たちを見て、「祭司たちの
ところに行って、体を見せなさい」と言われた。彼らは、そこへ行く途中で清くされた。15 その中の一人は、
自分がいやされたのを知って、大声で神を賛美しながら戻って来た。16 そして、イエスの足もとにひれ伏して
感謝した。この人はサマリア人だった。17 そこで、イエスは言われた。「清くされたのは十人ではなかったか。
ほかの九人はどこにいるのか。18 この外国人のほかに、神を賛美するために戻って来た者はいないのか。」19
それから、イエスはその人に言われた。「立ち上がって、行きなさい。あなたの信仰があなたを救った。」

（ルカ17章11節～19節）

エルサレムに向かう主イエスが、サマリアとガリラヤの途中のある村に入られた時、噂を聞い

て十人の重い皮膚病患者が出迎え、「わたしたちを憐れんでください」と遠くから声を張り上げました。当時の重い皮膚病患者は、「独りで宿営の外に住まなければならない」（レビ記13・46）との律法の規定によって共同体から排除され、肉体的苦痛以上に精神的に苦しみ抜いている人たちでした。

主イエスは、この苦しんでいる人たちを「見て」、「祭司たちのところに行って、体を見せなさい」とお命じになりました。彼らは、主イエスのこの「ひと言」に直ちに従い、祭司のいるエルサレムに向かって歩み出しました。そして、間もなく、彼らは「主イエスのまなざし」と「主イエスのみ言葉」によって、自分たちの病が完全に癒されたことを知ったのです。

十人の内の一人は、ユダヤ人とは犬猿の仲であったサマリア人でした。（ユダヤ人からは祝福に洩れている者と思われていた）彼だけは、エルサレムには向かわず自分の祭司がいるサマリアに向かっていたのかとも思われます。自分が癒されたことを知ったこのサマリア人は、大声で神を賛美しながら戻って（ὑποστρέφω）来て、イエスの足もとにひれ伏して感謝しました。（「ὑποστρέφω」はルカ独得の用語。帰るべきところは、場所ではなく「人」である。）このサマリア人の賛美を聞かれた主イエスは、「清くされたのは十人ではなかったか。ほかの九人はどこにいるのか。この外国人以外に神を賛美するために戻ってきた（ὑποστρέφω）者はいないのか」と言われ、そして、彼に向かって「立ち上がって、行きなさい。あなたの信仰があなたを救った」とお命じになりました。

主イエスの所に戻らなかった九人のユダヤ人は、決して不信仰だったのではありません。彼らは、イエスの「言葉」に忠実に従い、祭司のもとで「きよめの手続き」をするためにエルサレムへと向かっていたのです。聖書は、神の「言葉」に従って救われたものを数多く証ししています。重い皮膚病を患ったかのアラムの将軍ナアマンも、一旦は疑ったものの思い直して預言者エリシャを通して与えられた神の言葉に素直に従って癒されました（列王記下5・9〜14）。シモン・ペトロも、「お言葉ですから、網を降ろしてみましょう」（ルカ5・5）と、自分の経験に依り頼むことなく、主イエスの「言葉」に従って「召命」を受けました。彼は、復活の主に出会った時も、主の言われるままに網を打ったのです（ヨハネ21・6）。部下の病気を癒して欲しいと願った異邦人の百人隊長に至っては、「ご足労には及びません。ひと言おっしゃってください」と「言葉」だけを求め、主イエスから「イスラエルの中でさえ、これほどの信仰を見たことがない」と言われました（ルカ7・1〜10）。「主のみ言葉を信じるならば、その通りになります。祈り求めることは既に得られたと信じる」（マルコ11・23、24）ことこそがまことの信仰なのです。この意味で、「み言葉に従って」主イエスのもとへは戻らなかった九人は信仰の優等生であった、とも言えるでしょう。

しかし、主イエスのもとに「戻った」サマリア人は、他の十人とは異なり、さらにもう一歩先に歩みを進めました。彼は、「この方、主イエスにこそ神の力がある。神の国が既に来ている」ことを知ったのです。清くされたのは、確かに十人でした。しかし、このサマリア人だけが「あなたの信仰があなたを救った」とのみ言葉を受けることを許されました。「救い」とは、病気からの癒しではありません。まことの「信仰とは、望んでいることを確信し（ὑπόστασις）、見えない事実を確認することです」（ヘブライ11・1）。ここで「確信する」と訳されているギリシャ語「ὑπόστασις」の原意は「実体」であり、既に「与えられているもの」です。この「実体」に触れ、「恵まれた自分を知った」時、すなわち、信仰が「私の信仰」となった時（勿論、それは聖霊の働き以外の何ものでもないが）、私たちは本当に癒され、救われるのです。

主イエスのもとへ戻ってきた（ὑποστρέφω）サマリア人は、「生ける神」を「確信し（実体に触れ）」、見えないものを確認し、「大声で神を賛美しました」。この喜びを、旧約の詩人は「いかに楽しいことか」と詠っています（詩編92・1〜）。このサマリア人に対して主イエスは、「あなたの信仰があなたを救った、行きなさい」と、「救い」の祝福をお与えになったのです。

（２０１６年４月24日）

神の国は来ている

[20]ファリサイ派の人々が、神の国はいつ来るのかと尋ねたので、イエスは答えて言われた。「神の国は、見える形では来ない。[21]『ここにある』『あそこにある』と言えるものでもない。実に、神の国はあなたがたの間にあるのだ。」**（ルカ17章20節～21節）**

「神の国は来ている」と題した説教は、ルカ伝の連続講解説教を始めて以来3度目です。このテーマは、聖書記者ルカが一貫して伝えようとした主要メッセージなのです。

ファリサイ派の人々が、「神の国はいつ来るのか」とイエスに尋ねました。当時のイスラエルは、国家として滅亡して以来日が長く、すでに一部の人は現実と妥協して唯一神への信仰を捨て、「（政治的支配者である）ローマ皇帝崇拝」を始めるようにまでなっていました。ファリサイ派とは、そのようなこの世的な御利益宗教とは一線を画し、真剣に神の国を求めていた人々の群れである、とも言えるでしょう。彼らは、「待望している神の国は未だ来ていない」と思い込み、「神は何をしておられるのか。神は自分たちの望みに何時応えてくださるのか」と焦れていたのです。日々「御国が来ますように、御心が地にもなりますように」と祈っている現代の私たちキリスト者にとっても、この問題は他人事ではあり得ません。私たちは、「あなたは何処にいるのか。何を見て生きているのか。主イエスがここにおられる、という絶対的事実は、あなたにとって何なのか」を何時も問われ続けているのです。

主イエスは、まず最初に、「神の国は、見える形（*παρατηρήσεως*）では来ない。『ここにある』『あそこにある』と言えるものではない」と仰いました。「見える形」と訳されているギリシャ語が名詞形で用いられるのはここだけですが、動詞形には「観察するかのように熟視する」という意味が含まれています。すなわち、神の国は、人間に与えられている知性・感覚・理性で「じっと見つめても」キャッチ出来るものではないのです。私たちは、自分の都合のよいときだけ「神の恵み」を感じる、と言いがちですが、実はこの自分の力・経験にこだわる感覚では「まことの神の国」を見逃してしまいます。如何に熱心に聖書を研究しても、主イエスのところに来なければ、神の国を見ることは出来ません。しかも、私たち人間はこの主イエスを見損なったばかりではなく、邪魔者として十字架に付けてしまいました。ここにこそ、「ひっくり返った私たちの姿・罪」がはっきりと現れているのです。

続けて主イエスは、「実に、神の国はあなたがたの間にあるのだ」と断言されました。「神の国は近づいている」は主イエスの宣教の第一声でした。そして、神は十字架によって私たちを罪から解き放ち、神のものとしてくださいました。この神のご計画は既に成就しています。しかも、終わりの日にはキリストと似たものに造りかえてくださる約束まで与えてくださっています。肉の目で見れば、この世には確かに悲しみ・苦しみ・痛みがありますが、主のみ言葉を信じればゴールは明確であり、かつ、確実なのです。主イエスは、「自分を捨てよ」（ルカ9・23）と命じておられます。自分の感覚に頼っていたら、何時になっても神の国は分かりません。「しかし、わたしたちがまだ罪人であったとき、キリストがわたしたちのために死んでくださいました」（ローマ5・8）。既に、神の国は始まっているのです。「礼拝」がこの事実を証し続けています。ここに集められているキリスト者の国籍はすでに天にあります。私たちが理解しているか否か、とは無関係に、神は何の条件もなく全く一方的に私たちをすでに救ってくださっているのです。旧約の預言者イザヤは、「主は恵みを与えようとして　あなたを待ち　憐れみを与えようとして　立ち上がられる」（イザヤ書30・18、19）と預言しています。この預言は、実に今、キリストの十字架と復活の出来事によって成就しました。私たちは「選ばれた民、……神のものとなった民です。……今は神の民であり、……今は憐れみを受けています」（Ⅰペトロ2・9、10）。神は、「わたしたちを憐れみの器として……召し出してくださいました」（ローマ9・23、24）。私たちのアイデンティティは明確です。神の国の一員とされたものとして、どんなに小さなことでもよいから（一言、互いに挨拶を交わすだけでも）召されたものとして与えられたその業を始めたいと祈ります。

（２０１６年５月１日）

主が来られる時

22それから、イエスは弟子たちに言われた。「あなたがたが、人の子の日を一日だけでも見たいと望む時が来る。
しかし、見ることはできないだろう。23『見よ、あそこだ』『見よ、ここだ』と人々は言うだろうが、出て行っ
てはならない。また、その人々の後を追いかけてもいけない。24稲妻がひらめいて、大空の端から端へと輝く
ように、人の子もその日に現れるからである。25しかし、人の子はまず必ず、多くの苦しみを受け、今の時代
の者たちから排斥されることになっている。26ノアの時代にあったようなことが、人の子が現れるときにも
起こるだろう。27ノアが箱舟に入るその日まで、人々は食べたり飲んだり、めとったり嫁いだりしていたが、
洪水が襲って来て、一人残らず滅ぼしてしまった。28ロトの時代にも同じようなことが起こった。人々は食べ

たり飲んだり、買ったり売ったり、植えたり建てたりしていたが、[29]ロトがソドムから出て行ったその日に、火と硫黄が天から降ってきて、一人残らず滅ぼしてしまった。[30]人の子が現れる日にも、同じことが起こる。[31]その日には、屋上にいる者は、家の中に家財道具があっても、それを取り出そうとして下に降りてはならない。同じように、畑にいる者も帰ってはならない。[32]ロトの妻のことを思い出しなさい。[33]自分の命を生かそうと努める者は、それを失い、それを失う者は、かえって保つのである。[34]言っておくが、その夜一つの寝室に二人の男が寝ていれば、一人は連れて行かれ、他の一人は残される。[35]二人の女が一緒に臼をひいていれば、一人は連れて行かれ、他の一人は残される。」[36]〈底本に節が欠けている個所の異本による訳文〉畑に二人の男がいれば、一人は連れて行かれ、他の一人は残される。[37]そこで弟子たちが、「主よ、それはどこで起こるのですか」と言った。イエスは言われた。「死体のある所には、はげ鷹も集まるものだ。」**（ルカ17章22節～37節）**

人は誰でも、それぞれの世界観（歴史観）に基づいて自分の人生観（生き方）を形づくっています。私たちキリスト者の世界観は、改めて問うまでもなく「再臨信仰」です。私たちは、「主が再び来たりたまふを待ち望み、……生ける者と死ねる者を審きたまわん」（使徒信条）と日々祈りを合わせてこの世の歩みを続けています。主が再びお見えになる時、私たちの目に隠されていたことはすべて開示され、すべての顔から涙がぬぐわれ、完全な赦しと祝福が確認されます。キリスト者は、この「終わりの希望」から「今」を捉えています。ゴールが明確なので、今が如何なる時か・

今何を為すべきかを、私たちははっきりと知っているのです。

ファリサイ派の人たちが「神の国はいつ来るのか」（ルカ17・20）と尋ねたとき、主イエスは「神の国は、あなた方の間にある」（ルカ17・21）とお答えになり、「神の国は、もう来ている。あなた方が待望している救い主はわたしだ」と宣言されました。しかしその後すぐ、弟子たちに対しては「人の子はまず必ず、多くの苦しみを受け、今の時代から排斥される」（ルカ17・25）と、来たるべき「十字架」の予告をなさいました。主イエスは、「十字架の出来事」は「ノアの時代・ロトの時代に起きたことと同じである」（同17・26）と言われます。ノアは、神の言葉をしっかりと受け止め、日々労苦して「舟」を造りましたが、み言葉を聞かなかった人たちは「その日まで、食べたり飲んだり、めとったり嫁いだりしていました」（同17・27）。主イエスの時にも、神のみ言葉を聞いたことのない人々、あるいは、聞いても受け入れなかった人々が多くいました。その人たちによって、主イエスは十字架に渡されてしまったのです。すなわち、神の国は今既にここに来ているが、完成はしていません。完成する前に、十字架の出来事があり、「人の子の日を一日だけでも見たいと望む時が来る。しかし、見ることが出来ない」（同17・22）日々が続くのです。

しかし、主イエスは、「わたしは再び来る」と約束してくださいました。しかも、その日に「人の子（イエス）は、稲妻がひらめいて、大空の端から端へと輝くように現れる」（同17・24）のですから、

「再臨」は誰の目にもはっきりと分かる形で起きます。したがって主イエスは、「『見よ、あそこだ。見よ、ここだ』という者がいても、決してその人の後を追いかけてはいけない」（同17・23）と弟子たちに堅く注意を与えられました。キリスト昇天後の2千年間に、そのような言説を流布する者が多数現れていますが、すべては偽物だったことを歴史ははっきりと証ししています。

主の再臨は、このように突然、しかし、はっきりとした形で起こります。したがって、どんなに心の準備をしていた者でもきっと慌てるでしょう。しかし主イエスは、「屋上にいる者は、家の中に家財道具があっても、それを取り出そうとして下に降りてはならない。畑にいる者も帰ってはならない」（ルカ17・31）と命じておられます。「ロトの妻は、後ろを振り向いたので、塩の柱になりました」（創世記19・26）。自分の生活に必要だと思い込んでいるものにしがみつく者、すなわち、「自分の命を生かそうとする者は、それを失う」（ルカ17・33）のです。自分の英知や過去の経験は全く意味がありません。さらに主イエスは、この世でどんなに親しい者でも（一つの寝室に寝ている者も、共に臼を引いている者も）、終わりの日の裁きは別々である。「一人は連れて行かれ、一人は残される」（同17・34、35）と言われました。裁きには厳しい一線が引かれています。私たちは、一人ひとりが神に対して生きているのです。

終わりの日がいつ来るかは誰の目にも隠されていますが、その日に、裁きは、「死体のある所には、はげ鷹も集まる」（同17・37）と言われているように確実に行われます。しかし、主イエスに結ばれた者には、救いは完全に備えられているのです。（２０１６年5月22日）

ほうっておけない神

[1]イエスは、気を落とさずに絶えず祈らなければならないことを教えるために、弟子たちにたとえを話された。
[2]「ある町に、神を畏れず人を人とも思わない裁判官がいた。[3]ところが、その町に一人のやもめがいて、裁
判官のところに来ては、『相手を裁いて、わたしを守ってください』と言っていた。[4]裁判官は、しばらくの
間は取り合おうとしなかった。しかし、その後に考えた。『自分は神など畏れないし、人を人とも思わない。
[5]しかし、あのやもめは、うるさくてかなわないから、彼女のために裁判をしてやろう。さもないと、ひっき
りなしにやって来て、わたしをさんざんな目に遭わすにちがいない。』」[6]それから、主は言われた。「この不正
な裁判官の言いぐさを聞きなさい。[7]まして神は、昼も夜も叫び求めている選ばれた人たちのために裁きを行
わずに、彼らをいつまでもほうっておかれることがあろうか。[8]言っておくが、神は速やかに裁いてくださる。
しかし、人の子が来るとき、果たして地上に信仰を見いだすだろうか。」**（ルカ18章1節～8節）**

新共同訳が「気を落とさずに絶えず祈らなければならないことを教えるために」（ルカ18・1）と訳した箇所の直訳は「常に祈ることと、諦めないことを教えるために」です。勿論、「絶えず祈りなさい」（一テサロニケ5・17）は聖書が語り続けている大切な教えですが、ここで主イエスが「やもめと裁判官」という何とも珍しい譬を用いて教えようとされたことは、「諦めないこと」です。

支配者・権力者には不正が付きものですから、聖書は「善を行うことを学び……孤児の権利を守り、やもめの訴えを弁護せよ」（イザヤ書1・17）と厳しく支配層を諌めています。しかし、この裁判官は「神を神と思わない」（ルカ18・2）傲慢な人だったので、聖書を重んじることなく、弱いやもめの訴えを「取り合おうとしませんでした（積極的否定＝しないと決めていた）」。しかし彼は、やもめが余りにもひっきりなしにやって来るので、「ほうっておくと、その内散々な目に遭わされる（*ὑπωπιάζω*・格闘技の用語・目の下を激しく殴るの意）に違いない」と思い、考えを変えて訴えを取り上げたのです。

主イエスは、「この不正な裁判官の言いぐさを聞きなさい。……まして神は、……ほうっておかれる（*μακροθυμέω*・忍耐するの意）ことがあろうか。言っておくが（*λέγω*・大切なことを教える時の主イエスの常用句）神は速やかに裁いてくださる」と、この極端な譬を用いて、「求め続けることの大切さ」をお教えになりました。「速やかに」とは「神の時間」であり「必ず（否定を打ち消す）」という意味が含まれています。神は、時が来れば、ご自身の計画にしたがって祈りを「必ず」「正しく」聞いてくださり、「渋々ではなく」御自ら裁いてくださいます。「ほうっておかれているのではないか」は、「神はいないのではないか」との思いと同じで、「（神の御前に出ることを躊躇う）臆病」に直結しています。ましてや、「遅い！」との思いがどれほど「傲慢」であるかは改めて述べるまでもありません。私たちの思いは、この裁判官の「神を神と思わない傲慢さ」と完全に重なり合っているのです。

主イエスは、この譬の最後に、「終わりの日に、果たして地上に信仰を見いだすだろうか」と、信仰を失うことへの警告を与えておられます。この世の歩みを続ける間は、私たちは「人の子の日を見ることは出来ません」（ルカ17・22）。しかも、主なる神は「私たちを用いてご自身のご計画を成就なさる方」なので、私たちには様々な艱難・試練が襲いかかります。しかし神は、私たちを決して「ほうっておかれることはありません」。私たちは、今、神が定めておられる時を、信仰と希望の中で生きることを許されているのです。

（２０１６年６月５日）

主よ、あなたしかいません

[9]自分は正しい人間だとうぬぼれて、他人を見下している人々に対しても、イエスは次のたとえを話された。[10]「二人の人が祈るために神殿に上った。一人はファリサイ派の人で、もう一人は徴税人だった。[11]ファリサイ派の人は立って、心の中でこのように祈った。『神様、わたしはほかの人たちのように、奪い取る者、不正な者、姦通を犯す者でなく、また、この徴税人のような者でもないことを感謝します。[12]わたしは週に二度断食し、全収入の十分の一を献げています。』[13]ところが、徴税人は遠くに立って、目を天に上げようともせず、胸を打ちながら言った。『神様、罪人のわたしを憐れんでください。』[14]言っておくが、義とされて家に帰ったのは、この人であって、あのファリサイ派の人ではない。だれでも高ぶる者は低くされ、へりくだる者は高められる。」**（ルカ18章9節～14節）**

主イエスがたとえに用いられた「ファリサイ派の人と徴税人」（ルカ18・9～）は、二人とも典型的な「罪人」である、と言えるでしょう。「ファリサイ派」の原意は「区別された人」であり、この人は「自分は特別に選ばれた者である」と高ぶって、いつも他人を見下していた人物です。また徴税人とは、ローマ帝国に仕えて同胞ユダヤ人から不法に税金を取り立てている「嫌われ者」の代表です。しかし主イエスは、罪人であるこの徴税人は「義とされる」、すなわち、彼に「救いが訪れる」と言われるのです。「救い」とは福音であり、神の不思議な業です。「罪人が救われる」とは、多くの人々にとって「聞くに耐えない、見るに耐えない」出来事ですが、使徒パウロが「わたしは福音を恥としない。福音には神の義が示される」（ローマ1・16、17）と言い切ったのは、まさにこのことに他なりません。

主イエスが退けたファリサイ派の人は、週に2度も断食をし（律法は年に1度しか求めていない）、献金も十分に（律法の定めを超えて）していました。彼は、本心から（心の中で祈った）、「自分は本当に恵まれている、神の恵みを十分に受けている」と思い込んでいたのです。このファリサイ派の人の問題点は、あくまで隣人との比較（ましてや徴税人とはまったく違う！）で自分を評価していたことでした。これでは、到底「祈り」になるはずがありません。これは「わたしの中に住んでいる罪」（ローマ7・20）がなせる業であり、彼の問題は「私たちの姿」そのものを示唆しているのです。

一方の徴税人は、祈るために神殿に上った（ルカ18・10）にも関わらず、「目を上げようともせず」、ただ「憐れんでください」とだけ「言った」のです。「ἱλάσκομαι（憐れみ深い）」は「罪を償う供え物」という意味でも使われることがある非常に珍しい用語です。また、「言った」とは「祈り」にもならない「うめき」を意味しています。この徴税人は、自分を他人と比較する余裕もなく、贖罪のために献げる何物も持っていません。ただただ、神の憐れみにすがり、「御許においてくださ い。あなたご自身でわたしの罪を負ってください」と、「言う」しか術がありませんでした。「大罪を犯して悔い改めるダビデの祈り」（詩編51・1〜）を想起する出来事です。しかし主イエスは、この徴税人の「うめき」を「祈り」として聞いてくださいました。そして、「だれでも、（自分自身を）高ぶる者は低くされ、（自分自身を）へりくだる者は高められる」（ルカ18・14）と宣言なさいました。問題はここから始まります。新共同訳は（　）内を省略していますが、自分で「自分自身がへりくだった」と思った瞬間に、その人は「高ぶって」しまいます。すなわち、私たち人間には「出来ない」ことなのです。

主イエスは、「あなたがたは、徴税人のようになれ。ファリサイ派のような人になってはならない」などとお教えになっているのではありません。注目すべきことは、「言っておくが、義とされたのはこの人だ……」（ルカ18・14）との主イエスの宣言です。「言っておくが」は、主イエスのみに用いられる表現です。そして、罪人を罪あるままに義とするのは、「神のみの業」です。主イエスは、罪人の罪を赦すためにこの世にお見えになりました。すなわち、今、主イエスはご自身が神であることを宣言なさっているのです。この徴税人は、未だ自分が「赦された」という事実を知りません。これは、信仰を通してのみ、聖霊によってのみ知ることが許されています。まさに、「義人は信仰によって生きる」（ハバクク書2・4）のです。赦された徴税人は、かの放蕩息子（ルカ15・11〜）の譬えに通じています。放蕩息子は、「（もう子と呼ばれる資格はない。）雇い人の一人にしてください」と父に願い出ようとして帰ってきましたが、父は息子にその言葉を言わせず、自分から彼に走り寄って首を抱き、直ぐに喜びの大宴会を開きました。神の恵みは、あくまで「一方的」なのです。

主イエスは、「言っておくが」と宣言され、そして、十字架の出来事によって「救いの出来事」を成就なさいました。使徒ペトロは、「主よ、わたしたちはだれのところに行きましょうか。あなたは永遠の命の言葉を持っておられます」（ヨハネ6・68）と、その信仰を大胆に告白しています。今、このところで礼拝を献げている私たちは、大胆に神の御前に進み出ることを許されているのです。主の限りない恵みに感謝します。

（２０１６年６月12日）

ただ、いただくだけです

15 イエスに触れていただくために、人々は乳飲み子までも連れて来た。弟子たちは、これを見て叱った。16
しかし、イエスは乳飲み子たちを呼び寄せて言われた。「子供たちをわたしのところに来させなさい。妨げて
はならない。神の国はこのような者たちのものである。17 はっきり言っておく。子供のように神の国を受け入
れる人でなければ、決してそこに入ることはできない。」**（ルカ18章15節～17節）**

「イエスに触れていただくために、人々は乳飲み子（*βρέφη*）まで連れてきました。弟子たちは、これを見て叱りました。……」（ルカ18・15）。この記事は、聖書記者マタイもマルコも等しく報告している大切な出来事ですが、「乳飲み子まで」と強調しているのはルカだけです。「乳飲み子（の単数形）」は「エリサベツの胎内の子」（ルカ1・41）や「飼い葉桶の中に眠るイエス」（ルカ2・12）に用いられている用語であり、「こども」よりももっと「小さい」幼児を意味しています。そのと

き弟子たちは、大勢の群衆に囲まれ、なおかつ、ファリサイ派や律法学者との論戦に繁忙を極めている主イエスに献身的に奉仕していました。ある意味では彼らは真剣に戦っていたのです。そのような戦場のような場所に、「何で乳飲み子まで連れてくるのだ、いくら何でも非常識ではないか、一寸待ってくれ」と、弟子たちは思ったのでしょう。「厳粛な礼拝中に子供の泣き声は一寸！」と、口に出しかねない私たちの思いに通じるものがある出来事でした。

しかし、主イエスは乳飲み子たちを呼び寄せ、弟子たちに「……はっきり言っておく。子供のように神の国を受け入れる人でなければ、決してそこに入ることは出来ない」と言われました。「決して入れない」とは、何とも厳しく、かつ、激しいいみ言葉です。神の国を理解できないでいる大人たちに対して、主イエスは、「憤っておられた」（マルコ10・14）のです。「はっきり言っておく」とは主イエスのみが用いられる神宣言です。すなわち、主イエスは「神の国を受け入れよ」などとは一言も仰ってはいません。神なる主イエスが、ご自身で、「神の国はこのようなものである」と宣言なさったのです。

「乳飲み子」は何も考えていません。ただ、愛してくれる人が与えてくれるものを受け入れているだけです。すなわち、「子供のように神の国を受け入れる」とは、「私たちが生きているのは、ただ神の恵み・神の愛によるのであることを知ること」に他なりません。さらに言えば、この「乳飲み子」が私たちの中にいなければ、私たちは「決して、神の国へ入ることは出来ない」のです。
勿論、受け入れることが、即、信仰・救いとなるのではありません。しかし、この「既に与えられている」ことを「受け入れるという門」を通らなければ、救いには「決して」至りません。かの「ベレアの人たちは、テサロニケの人よりも素直で、非常に熱心に御言葉を受け入れました。（このことが先ずあり、そしてその後）そのとおりかどうか、毎日、聖書を調べたのです」（使徒17・10〜）。私たちは、神の一方的な恵みによって、既に神の子・乳飲み子にしていただいています。私たちがなすべきことは、ただ、神の愛をいただくだけなのです。

（２０１６年６月19日）

誰が救われるのだろうか

18 ある議員がイエスに、「善い先生、何をすれば永遠の命を受け継ぐことができるでしょうか」と尋ねた。
19 イエスは言われた。「なぜ、わたしを『善い』と言うのか。神おひとりのほかに、善い者はだれもいない。
20 『姦淫するな、殺すな、盗むな、偽証するな、父母を敬え』という掟をあなたは知っているはずだ。」21 すると議員は、「そういうことはみな、子供の時から守ってきました」と言った。[22]これを聞いて、イエスは言われた。「あなたに欠けているものがまだ一つある。持っている物をすべて売り払い、貧しい人々に分けてやりなさい。そうすれば、天に富を積むことになる。それから、わたしに従いなさい。」[23]しかし、その人はこれを聞いて非常に悲しんだ。大変な金持ちだったからである[24]イエスは、議員が非常に悲しむのを見て、言われた。「財産のある者が神の国に入るのは、なんと難しいことか。[25]金持ちが神の国に入るよりも、らくだが針の穴を通る方がまだ易しい。」[26]これを聞いた人々が、「それでは、だれが救われるのだろうか」と言うと、[27]イエスは、「人間にはできないことも、神にはできる」と言われた。[28]するとペトロが、「このとおり、わたしたちは自分の物を捨ててあなたに従って参りました」と言った。[29]イエスは言われた。「はっきり言っておく。神の国のために、家、妻、兄弟、両親、子供を捨てた者はだれでも、[30]この世ではその何倍もの報いを受け、後の世では永遠の命を受ける。」**（ルカ18章18節〜30節）**

「金持ちの議員」（ルカ18・18〜）は、マタイもマルコも取り上げている有名なたとえ話です。登場人物はマタイでは「青年」、マルコでは「ある男」となっていますが、共通点は「金持ち」です。しかし、本質的には「金持ち」であることも主要な問題点ではありません。今、問われていることは「誰が救われるのか」の一点です。マルコによれば、この人は「主イエスのもとに、走り寄って、ひざまずいて」（マルコ10・17）、「何をすれば救われるのでしょうか」と尋ねました。彼の必死の思いが伝わってくる表現です。「何とかして救いへの道を知りたい。聞けるものなら聞いてみたい」とは、私たちの共通の思いではないでしょうか。

ルカ伝に登場するこの議員は、「善い先生、何をすれば永遠の命を受け継ぐことが出来るでしょうか」と主イエスに尋ねました。世に名を知られている議員が、公の場で膝を屈して「人」に頼るとは大変なことだったでしょう。しかし、この問に対して主イエスは、「なぜわたしを［善い］と言うのか」と、逆に質問を投げかけられました。あたかも彼の質問をはぐらかすような応答ですが、実はこのことこそが「何をすれば」の問に対する「適切なお答え」だったのです。

「何をすれば救われるのか」との議員の問いかけには、「救いは自分で獲得するものである」との思い込みがありました。彼は、「この［善い］先生なら、そのことを誰よりも知っている筈である。教えてもらって実行しよう」と思ったのです。彼は、子供の時から律法を忠実に守っていました、否、守ることが可能だ、と信じて生きていました。その結果（だと信じていたのでしょう）、地位にも金銭的にも恵まれ社会的には何一つ不自由なく生活をしていました。しかし、ただ一つ、「救いへの確信」が持てないで苦しんでいたのです。彼の関心は、「自分は何をすべきか」との自己実現の一点でした。努力して神の極みに至ろうとした「バベルの塔」の故事を想起するたとえ話です。

主イエスは、彼を見つめ、慈しんで（マルコ10・21）、「あなたに欠けているものがまだ一つある。

持っている物をすべて売り払い、貧しい人々に分けてやりなさい。そうすれば、天に富を積むことになる。それから、わたしに従いなさい」と言われました。今、主イエスは悲しみを覚えつつ、「主に従え」と命じておられます。主イエスは、財産を否定しているのではなく、施しを救いの条件にあげているのでもありません。救いの根底は、「自分で何かを為す」のではなく、「主に従う」ことのみなのです。しかし、「従う」ために、彼が持っていた財産が妨げになっていました。議員は、「悲しみながら立ち去りました」（マルコ10・22参照）。何故ならば、彼は主に従った先にまことの「富」があることを知らず、全財産を施してしまったら「貧しくなる」と思い込んでいたからです。彼は現在の生活の土台を手放すことが出来ませんでした。

さらに主イエスは、「金持ちが神の国へ入るよりも、らくだが針の穴を通る方がまだ易しい」（ルカ18・25）とまで言われました。自分の力に依り頼む限り、人間は誰一人神の国に入ることは出来ません。しかし、人間にはできないことも、神にはおできになります」（ルカ18・27）。「救い」は賜物として、恵みとして与えられるものであり、神の御業そのものです。神は、ただお一人可能でもおできになる、そのような「善き方」なのです。その神が、既にその救いの業を十字架と復活の出来事によって成就してくださっています。そして、「わたしに従うか」と聞いておられるのです。

主イエスは、「神の国のために、すべてを捨てた者はだれでも、この世では何倍もの報いを受け、後の世では永遠の命を受ける」と約束を与えてくださっています。主に従うことの豊かさを覚えます。

（２０１６年6月26日）

主イエスの行く道

[31]イエスは、十二人を呼び寄せて言われた。「今、わたしたちはエルサレムへ上って行く。人の子について預言者が書いたことはみな実現する。[32]人の子は異邦人に引き渡されて、侮辱され、乱暴な仕打ちを受け、唾をかけられる。[33]彼らは人の子を、鞭打ってから殺す。そして、人の子は三日目に復活する。」[34]十二人はこれらのことが何も分からなかった。彼らにはこの言葉の意味が隠されていて、イエスの言われたことが理解できなかったのである。**（ルカ18章31節～34節）**

エルサレムへ後一日のところまで来られた主イエスは、改めて十二人の弟子たちを呼び寄せて、三度目の「十字架と復活」の予告をなさいました。「旅（この世でのご生涯）の終わり」を告げる主イエスのお姿には、「弟子たちは驚き、従う者たちは恐れた」（マルコ10・32）ほど、重大な決意が滲み出ていました。しかし、弟子たちは誰一人「十字架の苦難の死と復活」を理解していませんでした。しかも、「怖くて尋ねることも出来ないでいたのです」（ルカ9・45）。言い換えれば、弟子たちは彼らなりの理解の範囲内にとどまっていましたから、信仰を正しく告白したかのペトロでさえ、死を予告なさった主イエスを「いさめた」（マルコ8・32）のです。

主イエスは、「人の子について預言者が書いたことはみな実現する」（ルカ18・31）と言われました。預言者イザヤは、「このような形で救いが成就するとは、誰が信じえようか」（イザヤ書53・1）と言い、しかし、「彼の受けた懲らしめによって　わたしたちに平和が与えられ　彼の受けた傷によって、私たちは癒やされた」（イザヤ書53・5）とはっきりと預言しています。すなわち、「神のご計画は既に成し遂げられている。私たちは既に癒やされ、私たちには既に平和が与えられている」と断言しているのです。しかし、弟子たちはまったく理解していませんでした。聖書記者マタイは（マルコも）、「ゼベダイの子ヤコブとヨハネにいたっては、主が栄光をお受けになるとき（すなわち、この世の王になるとき）には、私たち二人を特別に用いてください、と母親まで動員して願いでたので、他の十人が腹を立てた」（マタイ20・20〜）と、弟子たちの惨めな状態を報告しています。

主イエスの「十字架と復活の出来事」の意味は、私たちには「隠されています」（ルカ18・34）。「隠されている」とは、私たちが神の前で甚だしく「転倒」しているので、全てが「逆さまにしか見えない」ということを意味しています。この「転倒」は、自己努力や教育ではもとに戻すことが出来ません。最後の晩餐で主のみ言葉を直接聞いた弟子たちさえも、その直後に「自分たちの中で誰が一番偉いだろうか」（ルカ22・24）などと話し出す有様です。彼らが、正しい「位置」に戻ることが出来たのは、「聖霊」が与えられた「後」だったのです。

主は決然として十字架に向かわれました。私たちを「赦す」ことのお出来になる方は「この方お一人」です。「自分が何をしているのか知らない」（ルカ23・34）人間を救うために、主イエスは聖書に書いてある通りに（神のご計画の通りに・そのご計画は既に成就している）十字架におつきになりました。そのことを理解させてくださるのは「聖霊」です。信仰は「覚醒」です。

この方を信頼して、聖書を携えて勇敢にこの世に出て参りたいと祈ります。赦しの恵みを与えられた私たちキリスト者には、福音を宣べ伝える使命が与えられています。私たちが住むこの社会は、聖霊によって福音を既に知っている私たちキリスト者を必要としているのです。

（２０１６年７月３日）

あなたの信仰があなたを救った

35 イエスがエリコに近づかれたとき、ある盲人が道端に座って物乞いをしていた。36 群衆が通って行くのを
耳にして、「これは、いったい何事ですか」と尋ねた。37「ナザレのイエスのお通りだ」と知らせると、38 彼は、「ダ
ビデの子イエスよ、わたしを憐れんでください」と叫んだ。39 先に行く人々が叱りつけて黙らせようとしたが、
ますます、「ダビデの子よ、わたしを憐れんでください」と叫び続けた。40 イエスは立ち止まって、盲人をそ
ばに連れて来るように命じられた。彼が近づくと、イエスはお尋ねになった。41「何をしてほしいのか。」盲人は、
「主よ、目が見えるようになりたいのです」と言った。42 そこで、イエスは言われた。「見えるようになれ。あ
なたの信仰があなたを救った。」43 盲人はたちまち見えるようになり、神をほめたたえながら、イエスに従った。
これを見た民衆は、こぞって神を賛美した。**（ルカ18章35節～43節）**

主イエスが、エリコの近くの道端で物乞いをしていた盲人に「あなたの信仰があなたを救った」と宣言されると、彼は癒やされてたちまち見えるようになりました。これまでにも主イエスは、大勢の盲人を見えるようになさってきましたが（ルカ7・21）、ここで注目すべきことは「あなたの信仰」です。あの「ナザレのイエスがお通りになる」と聞いたこの盲人は、見えぬ目でひたすら主イエスのみを見つめ、「ダビデの子イエスよ、わたしを憐れんでください」と大声で叫びました。

「ダビデの子」との呼び掛けには、「救い主よ、まことの牧者よ」との切なる祈りが込められています。彼には、「生きて働かれるまことの神が、この世にお見えになった」という豊かなイメージが湧き上がっていたのでしょう。多分その足音まではっきりと聞き取っていたのです。

その救い主イエスが、いきなり「何をして欲しいのか」と彼にお尋ねになりました。咄嗟に彼は、「主よ、目が見えるようになりたいのです」と答えました。物乞いをして生きてきた彼は、普段は通りがかりの人々に「金銭的な憐れみ」のみを求めていました。「目が見えるようにして欲しい」などと、人に頼んだことは一度としてありませんでした。彼は、盲人であることは「自分か、あるいは、先祖の罪である」と言い続けられていたことでしょう。目が見えるようになることなどは、既に「諦めていた」のです。しかし、今、彼は生きて働かれる主の御前に立ち、主イエスから直接声を掛けられて初めて、「自分が何を求めているか」をはっきりと知ったのです。

主イエスは、「自分の命のことで……思い悩むな。空の鳥を見よ、野の花を見よ……あなたがたにはなおさらのことである」（ルカ12・22〜）と教えてくださっています。主なる神は、私たちを用いてご自身のみ心を成就なさるのです。この盲人は、今、本当の自分を発見しました。神の似姿である自分を回復しました。そして、自分の望みをはっきりと口に出しました。「あなたの信仰」とは、この「回復した自分を知る」ことなのです。そのとき主イエスは、「あなたの信仰があなたを救った」と言われ、彼を癒やされたのです。
主イエスは、既にこの世に来ておられます。そして、何時も私たちに語りかけ、私たちの祈り・願いを待っておられます。「実に、信仰は聞くことにより、しかもキリストの言葉を聞くことによって始まるのです」（ローマ10・17）。主を信頼し、主の呼び掛けに応え、「主よ、こうなりたいのです」と心から求め続ける歩みをして参りと祈ります。

（２０１６年7月10日）

救いはやって来る

1イエスはエリコに入り、町を通っておられた。2そこにザアカイという人がいた。この人は徴税人の頭で、
金持ちであった。3イエスがどんな人か見ようとしたが、背が低かったので、群衆に遮られて見ることができ
なかった。4それで、イエスを見るために、走って先回りし、いちじく桑の木に登った。そこを通り過ぎよう
としておられたからである。5イエスはその場所に来ると、上を見上げて言われた。「ザアカイ、急いで降り
て来なさい。今日は、ぜひあなたの家に泊まりたい。」6ザアカイは急いで降りて来て、喜んでイエスを迎えた。

7これを見た人たちは皆つぶやいた。「あの人は罪深い男のところに行って宿をとった。」8しかし、ザアカイは立ち上がって、主に言った。「主よ、わたしは財産の半分を貧しい人々に施します。また、だれかから何かだまし取っていたら、それを四倍にして返します。」9イエスは言われた。「今日、救いがこの家を訪れた。この人もアブラハムの子なのだから。10人の子は、失われたものを捜して救うために来たのである。」

（ルカ19章1節～10節）

ザアカイは、「イエスがどんな人か」を見ようとして通りに出てきましたが、「背が低かった」ので群衆に遮られて全く見ることが出来ませんでした。彼は徴税人の頭であったため一般群衆から嫌われていて、誰も彼に道を譲りませんでした。そこで彼は、先回りをしていちじく桑の木によじ登りました。人目には随分とみっともない姿を晒けだしたものです。彼は、それほどまでに是非イエスに会いたかったのです。ザアカイは、社会的な地位もあり金銭的にも恵まれていましたから取り巻きも多くいたことでしょう。しかし彼には、真実受け入れてくれる人がなく、ある意味で生きる目的を見失っていたのです。ザアカイは、「神に呪われた者」と思われていた人たち（体の不自由な人たち）を救い出す奇跡を数々為されてきた（と伝えられていた）イエスなら、もしかしたら自分のような者をも救ってくださるのではないか、との密かな願いを持っていたのでしょう。

木の上にいるザアカイを御覧になった主イエスは、「ザアカイ、急いで降りて来なさい。今日は是非あなたの家に泊まりたい」と言われました。「泊まりたい」と訳されている「δεῖ μεῖναι」には「あなたと共にいなければならない」という「強烈な憐れみ（＝強引でもそこに行くという意志であり、しかもそれを実行してしまう）」が込められています。ザアカイは驚きました。それまでのザアカイは、「どうせ私などは」と自分を見限って生きていたところがあったのでしょう。しかし、今、彼は、その惨めな自分、見たくもなかった自分の本当の姿を「発見」しました。主なる神は、自分のような者の名前をご存じでした。自分がいるところもご存じでした。しかも、何の準備もないところに神の方から一方的に、遠慮もなく突入して来られたのです。そして、「救いがこの家を訪れた」（ルカ19・9）とまで宣言してくださいました。救いは、自ら「獲得」するものではありません。向こうから「やってくる」のです。かのヤコブ（創世記28・10～22）も、最も惨めな逃避行のただ中で主なる神との出会いを経験しました。まさか（と、勝手に決め込んでいた）と思うような冷たい・暗黒の夜空の下に「天の門」（同28・17）があり、そこで神がヤコブに触れてくださったのです。

ザアカイは、急いで木から降りてきました。思いも掛けないところから（下から）、しかも「名指しで」語りかけられたのです。主のみ声を聞いたら、準備が出来ていようがいまいが、直ちにこの世にしがみついている手を離して、軽やかに、ほいほいと、主に従って参りたいと祈ります。

主ご自身は、あなたの所に既に来ておられ、「降りて来なさい」と呼んでいてくださるのです。

（２０１６年7月17日）

小事を生かせ

11人々がこれらのことに聞き入っているとき、イエスは更に一つのたとえを話された。エルサレムに近づいておられ、それに、人々が神の国はすぐにも現れるものと思っていたからである。12イエスは言われた。「ある立派な家柄の人が、王の位を受けて帰るために、遠い国へ旅立つことになった。13そこで彼は、十人の僕を呼んで十ムナの金を渡し、『わたしが帰って来るまで、これで商売をしなさい』と言った。14しかし、国民は彼を憎んでいたので、後から使者を送り、『我々はこの人を王にいただきたくない』と言わせた。15さて、彼は王の位を受けて帰って来ると、金を渡しておいた僕を呼んで来させ、どれだけ利益を上げたかを知ろうとした。16最初の者が進み出て、『御主人様、あなたの一ムナで十ムナもうけました』と言った。17主人は言った。『良い僕だ。よくやった。お前はごく小さな事に忠実だったから、十の町の支配権を授けよう。』18二番目の者が来て、『御主人様、あなたの一ムナで五ムナ稼ぎました』と言った。19主人は、『お前は五つの町を治めよ』と言っ

た。[20]また、ほかの者が来て言った。『御主人様、これがあなたの一ムナです。布に包んでしまっておきまし
た。[21]あなたは預けないものも取り立て、蒔かないものも刈り取られる厳しい方なので、恐ろしかったのです。』
[22]主人は言った。『悪い僕だ。その言葉のゆえにお前を裁こう。わたしが預けなかったものも取り立て、蒔か
なかったものも刈り取る厳しい人間だと知っていたのか。[23]ではなぜ、わたしの金を銀行に預けなかったのか。
そうしておけば、帰って来たとき、利息付きでそれを受け取れたのに。』[24]そして、そばに立っていた人々に言っ
た。『その一ムナをこの男から取り上げて、十ムナ持っている者に与えよ。』[25]僕たちが、『御主人様、あの人
は既に十ムナ持っています』と言うと、[26]主人は言った。『言っておくが、だれでも持っている人は、更に与
えられるが、持っていない人は、持っているものまでも取り上げられる。[27]ところで、わたしが王になるのを
望まなかったあの敵どもを、ここに引き出して、わたしの目の前で打ち殺せ。』」**（ルカ19章11節〜27節）**

「ムナのたとえ」（ルカ19・11〜）は「タラントンのたとえ」（マタイ25・14〜）と類似していますが、タラントンが高額の単位（約6000ドラクメ）であるのに対して、ムナは極めて小額の単位（約100ドラクメ）であることに独特の意味が込められています。また、主イエスは「人々がこれらのことに聞き入っていたとき」（ルカ19・11）に「ムナのたとえ」を用いてお教えになったことも大切な留意点です。すなわち、数々の奇跡を見聞きし、かつ、罪人の頭のようなザアカイまでを

も救い出した主イエスの業を目の当たりにした人々は、「待ち望んでいた救い主メシアが（神の国が）、もしかしたら今、このような時に・このような場所に・このような仕方で、ついに現れたのか、すぐにも現れるのか」と思っていたのです。しかし、彼らが待ち望んでいたメシア像は、あくまでこの世での出来事を前提としていました。彼らは、メシアによってイスラエルの民族の独立が回復され、この世に栄光ある神の国が取り戻されることを心から待ち望んでいました。主イエスは、「ムナのたとえ」を話されることによって、彼らのこのような期待をはっきりと「裏切られた」のです。

「ムナのたとえ」に出てくる「ある立派な家柄の人」は、「王」の位を受けるために遠い国へ旅立ちました。「必ず帰って来る」との約束はありましたが、彼が「王位」に就くのは「今」ではありません。このことは、天に昇られた主イエスが、再びお見えになるまでの「中間時代（主イエスが約束してくださった［聖霊］は確かに与えられているが）」をはっきりと示唆しています。多くの国民は「我々はこの人を王としていただきたくない」と拒絶しています。十字架のキリストは、彼らが抱く理想の王の姿とは余りにもかけ離れていたからです。その中で私たちキリスト者は、今なお迫害が続くこの難しい時代を、如何に生きるかを問われているのです。

「十字架の言葉は、滅んでいく者にとっては愚かなものですが、わたしたち救われる者には神の力です」(Ⅰコリント1・18)。主イエスは私たちに、「僅かではあるがルナを預けるから、それを用い(商売をして)・それを生かし(利益を上げ)、わたしと一緒に生きてみないか」と誘っていてくださいます。与えられた賜物は確かに「小さな」ものでしょう。しかし主は、「見失った一匹の羊・無くした一枚の銀貨」(ルカ15・1〜)も、「かのザアカイ」をも決して見捨てることなく、共に生きることを求めておられるのです。賜物の価値は、その大小・多少では計ることが出来ません。大切なことは「誰から与えられた」かを知ることです。主は、小さなことでも御自分がお与えになったことに一所懸命に生きる者を喜んで迎えてくださいます。そのためには、与えてくださった方に対する「信頼・忠実・愛」が絶対条件であり、時においては「自己犠牲」も求められることでしょう。「与えられたムナを、布に包んでしまっておいた僕」は、主から厳しく裁かれました。裁かれた理由は、彼が怠けたからではなく、「あなたが恐ろしかったからです」と言ったことでした。主は、その言葉(原意・口)の故に彼を裁かれました(ルカ19・22)。「恐れる」とは、主なる神に対する「身勝手な決めつけ」です。神に対する「信頼・愛」が欠如しているが故に神から隠れてしまうのです。神は決して失敗を許さない方ではありません。ご自身の民の一人ひとりを愛していてくださいます。裁かれる筆頭者は「臆病者」です。

み子イエスが再びお見えになるまでのこの時代を、与えられた賜物を豊かに用いて歩み続けた者に対して、主なる神は「よくやった」と言ってくださいます。主ご自身が喜んでくださるのです。賜物には、主のご計画が込められています。せっかく与えて頂いた一ムナ、その「小事を生かし」、そこに大胆に自分の人生を賭け、主と共に喜びに与りたいと祈ります。

（２０１６年7月24日）

主の御用のために

28イエスはこのように話してから、先に立って進み、エルサレムに上って行かれた。29そして、「オリーブ畑」
と呼ばれる山のふもとにあるベトファゲとベタニアに近づいたとき、二人の弟子を使いに出そうとして、30言
われた。「向こうの村へ行きなさい。そこに入ると、まだだれも乗ったことのない子ろばのつないであるのが
見つかる。それをほどいて、引いて来なさい。31もし、だれかが、『なぜほどくのか』と尋ねたら、『主がお入
り用なのです』と言いなさい。」32使いに出された者たちが出かけて行くと、言われたとおりであった。33ろ
ばの子をほどいていると、その持ち主たちが、「なぜ、子ろばをほどくのか」と言った。34二人は、「主がお入
り用なのです」と言った。35そして、子ろばをイエスのところに引いて来て、その上に自分の服をかけ、イエ
スをお乗せした。36イエスが進んで行かれると、人々は自分の服を道に敷いた。37イエスがオリーブ山の下り

坂にさしかかられたとき、弟子の群れはこぞって、自分の見たあらゆる奇跡のことで喜び、声高らかに神を賛美し始めた。[38]「主の名によって来られる方、王に、／祝福があるように。天には平和、／いと高きところには栄光。」[39]すると、ファリサイ派のある人々が、群衆の中からイエスに向かって、「先生、お弟子たちを叱ってください」と言った。[40]イエスはお答えになった。「言っておくが、もしこの人たちが黙れば、石が叫びだす。」

（ルカ19章28節〜40節）

主イエスは、愈々「エルサレム入城」の時を迎えられました。歴史上の「入城」とは、新しい力の象徴的な出来事の筈です。しかし、小さな「子ろば」に乗られ、「とことこ・よたよた」と進まれる「主イエスの入城」は滑稽なほど「弱々しく貧相」なものでした。これに反して弟子たちは、愈々自分達の王が即位するのだと興奮し、「主の名によって来られる方、王に、祝福があるように。天には平和、いと高きところには栄光」と、声高らかに神を賛美し始めました。前半は、詩編118・26からの引用ですが、詩編には「王」という呼称はありません。また、後半はイエス降誕の際に唱和した「羊飼いの賛美」（ルカ2・14）に相似していますが、羊飼いたちが「地には平和」と賛美したのに対し、この時の弟子たちは「天には平和」と詠っています。主イエスを「王」と呼び、心を「天」に向ける弟子たちの賛美には、来たるべき偉大な出来事を期待する彼らの高揚感が滲み出ています。

主イエスを取り囲む群衆の中には当然のことながらファリサイ派の人々も大勢いました。彼らは、詩編の引用を間違えたり、余りにも喜び回る弟子たちの行動に眉を顰め、主イエスに向かって「少し注意をしたらどうだ」とクレームをつけてきました。しかし主イエスはファリサイ派の人々に対して、「言っておくが（極めて強い表現）、もしこの人たちが黙れば、石が叫び出す」との有名なメッセージをお与えになり、弟子たちの言動を咎めませんでした。この弟子たちは、その時は明らかに興奮状態でしたが、十字架の出来事に接すると直ちに逃げ出してしまった何とも頼りない、弱い人たちです。しかし主イエスは、実際には何も分かっていないこの弟子たちの、この時の「賛美の叫び」を積極的に肯定なさったのです。

実は主イエスは、弟子たちに「ムナのたとえ」（ルカ19・11〜27）を「話してから」（ルカ19・28）エルサレム入城の準備を始められました。そして弟子たちに、「子ろば」の調達をお命じになりました。彼らは、この何とも無意味に思われるような、しかも、ろばの持ち主からは疑われるような不自然な指示に素直に従ったのです。「ムナのたとえ」に示されたように、どんなに小さなことでも、人間的な思いでは何とも理解に苦しむような指示でも、「主のみ言葉に従うか、否か。主に信頼するか、否か」が私たちの人生の別れ道となるのです。この時の弟子たちは、何も分かってはいませんでしたが、ただ主イエスのみ言葉に従い、そして、「喜びの叫び」を上げたのです。弟子たちも、「み言葉にのみ従った時の自分が如何に素晴らしいものであったか・自分の思いに従った時が如何に惨めであった」かを知るのは、復活の主に出会い、聖霊の働きを受けた後のことでした。

「主がお入り用なのです。」この小さな子ろばさえも、主が用いてくださいます。何も知らずに、ただ主のご命令に従い、こぞって声高らかに神を賛美した、あの賛美の姿こそが、私たちの本当の姿なのです。

（2016年8月7日）

訪れて来る神

[41]エルサレムに近づき、都が見えたとき、イエスはその都のために泣いて、[42]言われた。「もしこの日に、お
前も平和への道をわきまえていたなら……。しかし今は、それがお前には見えない。[43]やがて時が来て、敵が
周りに堡塁を築き、お前を取り巻いて四方から攻め寄せ、[44]お前とそこにいるお前の子らを地にたたきつけ、
お前の中の石を残らず崩してしまうだろう。それは、神の訪れてくださる時をわきまえなかったからである。」

45 それから、イエスは神殿の境内に入り、そこで商売をしていた人々を追い出し始めて、46 彼らに言われた。「こう書いてある。『わたしの家は、祈りの家でなければならない。』／ところが、あなたたちはそれを強盗の巣にした。」47 毎日、イエスは境内で教えておられた。祭司長、律法学者、民の指導者たちは、イエスを殺そうと謀ったが、48 どうすることもできなかった。民衆が皆、夢中になってイエスの話に聞き入っていたからである。

（ルカ19章41節〜48節）

ユダヤ教暦・ニサンの月の十日、この日を待ち望んで歩んで来られた主イエスは、エルサレムの「都が見えたとき、その都のために泣いて（*κλαίω*）、言われました」（ルカ19・41）。聖書には、「泣く」という表現が6〜7種類ありますが、「*κλαίω*」は「大声で・泣き叫ぶ」ときに用いられます。イエスは、過越の祭の用意で沸き返っているエルサレムの、その余りにも不信仰な現状を御覧になって怒りを爆発させ、思わず「大声を上げられた」のです。その「怒り」は、続く「宮清め」の行為にもはっきりと示されました。「神殿の境内に入られたイエスは、そこで売り買いしていた人々を追い出し始め、両替人の台や鳩を売る者の腰掛けをひっくり返した」（マルコ11・15）のですから、明らかに暴力行為です。主イエスの「怒り」が如何にすさまじいものだったかを如実に示している出来事でした。当然のことながら、祭司長たち当局者は、このような乱暴な行為をしたイエスを逮捕しようとしました。しかし彼らは、「主イエスのエルサレム入城」を「待ち望んでいたメシアの到来」と重ねて興奮している群衆の暴動を恐れて、暫くは警戒をしながらも放置していました。

大声で泣かれた主イエスは続けて、「もしこの日に、お前も平和への道をわきまえていたら、……やがて時が来て……お前とそこにいるお前の子らを地にたたきつけ、お前の中の石を残らず崩してしまうだろう」と言われました。主イエスの悲しみの理由は、「(実は、この日に、まことの神の子がこのところにお見えになっていたのに)彼らが神の訪れてくださる時をわきまえていなかった」(ルカ19・44)ことです。主イエスが予告された神殿破壊は40年後のAD70年に実際に起きてしまいました。そして、この崩壊現象は、今なお、続いているのです。

主イエスが、ご自身を十字架でお献げくださったことによって、動物犠牲による「過越し」は全て終わりました。アダムとエバの背信以来、全世界はこの日を目指して歩みを続けてきたのです。今、「時は満ち」ました。全人類の祖であるアブラハムをはじめとして、あらゆる者が待ち望んでいた「救いの時」が、神のご計画通りに、今、成就したのです。しかし、人々はこのことを知ろうとはしていませんでした。彼らがイエス入城に期待していたメシア像とは、この世の権力者像に過ぎませんでした。惨めな十字架のイエスは、彼らが求めていたメシア像からは遠くかけ離れていたのです。主イエスが「泣かれた」のは、この余りにも大きい「ギャップ」のためでした。

主イエスは、イザヤ書56章を引用されて、「わたしの家は、祈りの家でなければならない」と言われました。「わたしは、今、ここに来ている。何故受け入れようとしないのか。神がいないかのように決め込むこと、すなわち、［わたしは枯れ木にすぎない］（イザヤ書56・3）などとの自己憐憫は、神を侮っていることになる。何という傲慢か」と、厳しくお教えになったのです。

その後主イエスは、父なる神のご計画通りに、自ら十字架におつきになりました。そして、「父よ、彼らをお赦しください。自分が何をしているのか知らないのです」と取りなしの祈りを献げてくださいました。主は、もうここまで来てくださっています。そして私たちの応えを求めて烈しく迫って来られます。このみ声を聞くとき、私たちは全く新しい命に生かされるのです。

（２０１６年８月14日）

天からの権威

1ある日、イエスが神殿の境内で民衆に教え、福音を告げ知らせておられると、祭司長や律法学者たちが、長老たちと一緒に近づいて来て、2言った。「我々に言いなさい。何の権威でこのようなことをしているのか。

その権威を与えたのはだれか。」3イエスはお答えになった。「では、わたしも一つ尋ねるから、それに答えな
さい。4ヨハネの洗礼は、天からのものだったか、それとも、人からのものだったか。」5彼らは相談した。「『天
からのものだ』と言えば、『では、なぜヨハネを信じなかったのか』と言うだろう。6『人からのものだ』と
言えば、民衆はこぞって我々を石で殺すだろう。ヨハネを預言者だと信じ込んでいるのだから。」7そこで彼ら
は、「どこからか、分からない」と答えた。8すると、イエスは言われた。「それなら、何の権威でこのような
ことをするのか、わたしも言うまい。」**（ルカ20章1節～8節）**

主イエスがエルサレムに入られた時、民衆は歓喜して出迎えました。しかし、イエスが神殿の境内で民衆に教え、福音を告げ知らせておられると、祭司長や律法学者たちが、長老たちと近づいて来て、「何の権威でこのようなことをしているのか。その権威を与えたのは誰か」とイエスを詰問しました。彼らは、イエスの「権威」を問題にしているのです。イエスが、権威ある者のように聖書の真理を民衆に説いていることも、いわゆる「宮清め」の業も、彼らの権威をおびやかす行為だったのです。彼らは、何とかして口実を見つけ、イエスを葬ろうとひそかに企てていました。

彼らが発した「その権威を与えたのは誰か」との詰問は巧妙な罠でした。もし、イエスが「天

からの権威によって行っている」と答えたら、冒涜罪で訴えることが出来ます。また、もし「人からだ」と言えば、資格を疑われることになります。ラビの教育を受けていない者は、神の教えを説くことは許されていませんでした。この質問は、ある意味では答えることが出来ない問いかけです。

ところが主イエスは、「では、わたしも一つ尋ねるから、それに答えなさい。ヨハネの洗礼は天からのものだったか、それとも、人からのものだったのか」と、彼らに質問を投げ返されました。律法学者たちは答えに窮しました。「天からのものだ」と答えれば、「では、なぜヨハネを信じなかったのか」と追求されます。「人からのものだ」と答えれば、洗礼者ヨハネを預言者と信じていた群衆からの反発を受けるからです。そこで彼らは、「どこからか、分からない」と答える以外に術がなかったのです。すると主イエスも、「それなら、何の権威でこのようなことをするのか、わたしも言うまい」と言って議論を打ち切ってしまわれました。

問題はここから生じてきます。律法学者たちは、漠然とながらも、主イエスに与えられている「権威」が「天からのもの」であることに気が付いていたでしょう。歓呼の声をあげて主イエスを迎え入れた民衆も、主イエスの中に「天的」なものを感じ取っていたのです。しかし、「天からの権威」が現れると、権力者も一般民衆も、強者だろうが弱者だろうが、人は誰も皆、頑なになります。勿論この世には様々な権威がありますから、私たちはある意味で権威には素直に従います。スポーツであれば審判やルールに従い、病院では医師の指示をそのままに受け入れます。ところが、命に関わる「天からの」権威は認めようとしないのです。自分のことは自分で決めないと気が済まないのです。しかし、当然のことながら自分の命については、自分では何も分からないので、誰もがいつも不安になり、行き先も分からないままで、当てもなく放浪しているのです。

それはまるで、命綱を付けないで空を飛ぼうとしているかのごとき、実に愚かな姿です。もし、実際飛んでしまえば、必ず墜落死が待ち受けています。その悲惨な状態を素直に認めて、天からの命綱を頼りとするのが「悔い改め」です。悔い改めとは「方向転換」です。自分の頑なさを捨てて、神の方に「向きを変える」とき、私たちには、「まことの命」が与えられます。

「天からの権威そのもの」であられた神の子イエスは、人間の権威に翻弄され、押しつぶされ、殺され、捨てられてしまいました。「人間の権威」とは、律法学者や祭司長たちだけのことではありません。数々の奇跡を目の当たりにして主イエスを救い主と信じたあの民衆も、主イエスを「十字架に付けろ」と叫び続けたのです。しかし、神の独り子、主イエスは、思いもしない仕方で、私たちを救い出してくださいました。神の権威、主のみ力は、「神に反逆する者のために御子の命を献げる」という、神の究極の自由、究極の愛として現されました。主イエスは、人間の目には最も惨めで最も愚かしい十字架の死を引き受け、罪人に命を与えてくださいました。このお方を主と信じ、このお方を命綱とする者は、天からの命につながります。その者は、もはやこの世のものに支配されません。

（２０１6年8月21日）

神無き世を越えて

9イエスは民衆にこのたとえを話し始められた。「ある人がぶどう園を作り、これを農夫たちに貸して長い旅に出た。10収穫の時になったので、ぶどう園の収穫を納めさせるために、僕を農夫たちのところへ送った。ところが、農夫たちはこの僕を袋だたきにして、何も持たせないで追い返した。11そこでまた、ほかの僕を送ったが、農夫たちはこの僕をも袋だたきにし、侮辱して何も持たせないで追い返した。12更に三人目の僕を送ったが、これにも傷を負わせてほうり出した。13そこで、ぶどう園の主人は言った。『どうしようか。わたしの愛する息子を送ってみよう。この子ならたぶん敬ってくれるだろう。』14農夫たちは息子を見て、互いに論じ合った。『これは跡取りだ。殺してしまおう。そうすれば、相続財産は我々のものになる。』15そして、息子をぶどう園の外にほうり出して、殺してしまった。さて、ぶどう園の主人は農夫たちをどうするだろうか。16戻って来て、この農夫たちを殺し、ぶどう園をほかの人たちに与えるにちがいない。」彼らはこれを聞いて、「そんなことがあってはなりません」と言った。[17]イエスは彼らを見つめて言われた。「それでは、こう書いてあるのは、何の意味か。『家を建てる者の捨てた石、／これが隅の親石となった。』[18]その石の上に落ちる者はだれでも打ち砕かれ、その石がだれかの上に落ちれば、その人は押しつぶされてしまう。」[19]そのとき、律法学者たちや祭司長たちは、イエスが自分たちに当てつけてこのたとえを話されたと気づいたので、イエスに手を下そうとしたが、民衆を恐れた。**（ルカ20章9節〜19節）**

聖書記者ルカは、主イエスが語られた麗しくも心温まる「たとえ話」を数多く記録に残してきました。しかし、この最後のたとえ話（ぶどう園と農夫）は何とも残酷で救いようもなく厳しい教えです。

「たとえ」に出てくる「農夫たち」は、徹底して主人に抵抗しました。彼らは「何か、非常に不幸な、思い違い」をし、貸し与えられていた農園の持ち主が「主人」であることを否定したのです。主人の僕を「三度も」追い返し、最後に相続人である「息子」を殺してしまった農夫たちは、「神を殺し・神無き世界に生きようとした」と言えるでしょう。この「たとえ」を聞いた人々は、その残酷さに驚き、「そんなことがあってはなりません」と、口々に農夫たちの「非」を鳴らしました。しかし、その「人々」が主イエスを十字架に渡してしまったこともまた歴然たる事実です。主イエスが為された様々な業に反発し、殺意を抱いていた律法学者や祭司長たちに至っては、「イエスが自分たちに当てつけてこの話をされたと気づいたので、イエスに手を下そうとしたが、民衆を恐れて」（ルカ20・19）取りやめた、とルカは記録しています。

しかし、主イエスは「当てつけ」でたとえ話をなさるような方ではありません。主なる神の「愛」には条件がありません。神は、俗な言い方をすれば、ある意味では「想像を絶するお人好し」です。農夫たちが、「ありえない」ような反抗を続けても、それでも「その相続人である息子」を送り込んでくださる方なのです。神は、一方的な愛をもって私たちの所に「乗り込んで」来られます。かの「放蕩息子」は、悔い改めたから父に受け入れられたのではありません。父が、戻ってくる息子を見つけ、息子が何も言う前に駆け寄って彼を抱きしめました。そして、釈然とせずに不満を抱く長男に、「わたしは嬉しい。一緒に喜んでくれ」と頼みました。神は、「無くした銀貨」を見つけるまで念を入れて捜す方なのです。

人々は、父なる神の汚れ無き独り子、イエス・キリストに罪をなすりつけ十字架に付けてしまいました。しかし、主イエス・キリストはその十字架の上で、「父よ、彼らをお赦しください。自分が何をしているのか知らないのです」と、執り成しの祈りを献げてくださいました。このことを知っている私たちキリスト者は、今、「こんなことがあってはならない」とはっきりと告白することが出来るのです。神無き世を越え、主をお迎えして日々の歩みを続けて参りたいと祈ります。

（２０１６年９月４日）

神のものは神に

[20]そこで、機会をねらっていた彼らは、正しい人を装う回し者を遣わし、イエスの言葉じりをとらえ、総督の支配と権力にイエスを渡そうとした。[21]回し者らはイエスに尋ねた。「先生、わたしたちは、あなたがおっしゃることも、教えてくださることも正しく、また、えこひいきなしに、真理に基づいて神の道を教えておられることを知っています。[22]ところで、わたしたちが皇帝に税金を納めるのは、律法に適っているでしょうか、適っていないでしょうか。」[23]イエスは彼らのたくらみを見抜いて言われた。[24]「デナリオン銀貨を見せなさい。そこには、だれの肖像と銘があるか。」彼らが「皇帝のものです」と言うと、[25]イエスは言われた。「それならば、皇帝のものは皇帝に、神のものは神に返しなさい。」[26]彼らは民衆の前でイエスの言葉じりをとらえることができず、その答えに驚いて黙ってしまった。**（ルカ20章20節～26節）**

「イエスを殺そうと謀っていた祭司長や律法学者たち」（ルカ19・47）は、正しい人を装う回し者を遣わして「皇帝に税金を納めるのは、律法に適っているか、否か」と尋ねさせ、何とかイエスの言葉尻をとらえようとしました。時の支配者ローマ帝国への税金は「人頭税」でしたから、低所得者には苛酷の税金でした。しかも、税金はローマの通貨「デナリオン銀貨」で支払わなければなりませんでした。そこに刻まれている「神の子・皇帝の肖像　及び　女神・皇帝の母の肖像」を見ることは、「刻んだ像」自体を拒否するユダヤ人にとっては耐えがたい苦痛だったのです。しかし、彼らのたくらみを見抜かれた主イエスが「デナリオン銀貨を見せなさい」というと、回し者たちはポケットから銀貨を取り出しました。「律法を守っている正しい人」と称しながら、現実には彼らは何時もその「肖像」を持ち歩いていました。その意味でも彼らは「偽善者」だったのです。

その時主イエスがお答えになった「皇帝のものは皇帝に、神のものは神に返しなさい」（ルカ20・25）との教えは、今なお、私たちキリスト者のこの世の生活と密接に関わり合ってきます。異教社会に生きる私たちキリスト者は、この教えを曲げて受け取り、「信仰と現実を切り離して」生きる道を選択しがちです。しかし、それでは「証し」が成り立ちません。キリスト者は、それぞれに「この世にキリストを証しする生活」が求められているのです。また一部には、この教えを「反国家・反権力」と解し、信仰を反体制運動と結びつけようとする者がいることも事実です。しかし、イエスは十字架によって「神の国」を現されたのであり、決して体制を破壊する「革命家」であったはずがありません。

主イエスの教えは、この世の次元のことではありません。主イエスは、現実のローマ帝国の支配を無批判に肯定しているのでもなく、諦観しているのでもなく、ましてや皮肉を言っておられるのでもありません。「皇帝のもの」とは現実の目に見える世界です。全てのものは神が造られ、神のご支配の下にあるのですから、現実は決して無意味ではありません。「神は悪人にも善人にも太陽を昇らせ、正しい者にも正しくない者にも雨を降らせて下さる方です」（マタイ5・45）。しかし、全てのものは必ず過ぎ去ります。私たちは、その現実を支えているものに目を向けなければなりません。

これに対して、「神のもの」とは「わたくしたち自身」に他なりません。私たちは「神の似像」として「神の子」として造られたのです。したがって、「神のものを神に返せ」とは、キリスト者は「この世のものとして生きるのではなく、神の子として生きよ」との招きなのです。「あなたたちは下のものに属しているが、わたしは上のものに属している」（ヨハネ8・23）と言われた主イエスは、弟子たちに対しては「あなたがたは世に属していない。わたしがあなたがたを世から選び出した」（ヨハネ15・19）と宣言されています。

選ばれてキリストのものとされた私たちキリスト者は、今や、神の国と現実との使い分けをする必要はありません。私たちは、「皇帝のものは皇帝に返す」自由が与えられています。私たちは、ただひたすら、神のみ言葉を聞くことが求められています。聞いては求め、求めては聞き、何時も神のみ言葉にしたがって生きること、すなわち、この世にキリストを証しして生きることが求められているのです。もし、私たちが黙れば、「石が叫び出します」（ルカ19・40）。神のみ声は、全世界に響き渡り、そこに神の国は必ず現れ出るのです。

（2016年9月11日）

神学論争の終わり

27 さて、復活があることを否定するサドカイ派の人々が何人か近寄って来て、イエスに尋ねた。28「先生、モーセはわたしたちのために書いています。『ある人の兄が妻をめとり、子がなくて死んだ場合、その弟は兄嫁と結婚して、兄の跡継ぎをもうけねばならない』と。29 ところで、七人の兄弟がいました。長男が妻を迎えまし

たが、子がないまま死にました。[30] 次男、[31] 三男と次々にこの女を妻にしましたが、七人とも同じように子供
を残さないで死にました。[32] 最後にその女も死にました。[33] すると復活の時、その女はだれの妻になるのでしょ
うか。七人ともその女を妻にしたのです。」[34] イエスは言われた。「この世の子らはめとったり嫁いだりするが、
[35] 次の世に入って死者の中から復活するのにふさわしいとされた人々は、めとることも嫁ぐこともない。[36]
この人たちは、もはや死ぬことがない。天使に等しい者であり、復活にあずかる者として、神の子だからであ
る。[37] 死者が復活することは、モーセも『柴』の個所で、主をアブラハムの神、イサクの神、ヤコブの神と呼
んで、示している。[38] 神は死んだ者の神ではなく、生きている者の神なのだ。すべての人は、神によって生き
ているからである。」[39] そこで、律法学者の中には、「先生、立派なお答えです」と言う者もいた。[40] 彼らは、
もはや何もあえて尋ねようとはしなかった。**（ルカ20章27節〜40節）**

「復活を否定する」サドカイ派の人々が、主イエスに神学論争を仕掛けてきました。現代でもしばしば同じことが起きますが、「神学論争」と言われる論争は結論が先にあり、相手を抹殺する目的で展開されることを常とするので、論争自体が negative で不毛なものとなってしまいます。ましてや、サドカイ派が提起した「七人の兄弟に嫁いだ女性が、復活した時、誰の妻になるのか」（ルカ20・33）などとの論題（所謂レビラート婚・申命記25・5）は余りにも非現実的でまともに語るには

価しませんでした。しかし、見方を変えると、この問題には「復活」という信仰の基本命題が含まれています。サドカイ派とは当時の権力階級である祭司に属する人たちで、保守派の代表的な集団です。彼らの関心は現在の特権を維持することに集中しており、「復活」などという別世界への期待は全く持っていませんでした。したがって彼らは、自分達が信じていない「復活」を持ち出すことによって、主イエスの「論理の矛盾」を引き出そうと試みたのです。

主イエスは、サドカイ派が仕掛けた不毛の論争に直接お答えになることはありませんでした。しかしここで主イエスは、「復活」をはっきりとお示しになりました。「死者が復活することは、モーセ五書がすでに証ししている。すなわち、［アブラハムの神、イサクの神、ヤコブの神］（出エジプト記３・15）とは、［神は死んだ者の神ではなく、生きている者の神である］ことを示している」とお教えになりました。「復活するにふさわしいとされた人々」は、「天使に等しい者であり、神の子」（ルカ20・36）なのです。すなわち、「復活」とは、死んだ者がこの世に残された親しかった人々の「記憶の中に生きている」などとの曖昧なことではありません。ましてや、「霊魂が、肉体と切り離された状態で生きている」などと主張する「霊魂不滅説」とは明確に一線を画するものです。主イエスは、「復活するのにふさわしいとされたあなたがたは天使に等しい者である。復活にあずかる者として、神の子だからである」と宣言されています。わたしは「生きて」います。

神は、私たちを決して御自分のもとからお離しにはなりません。「生きよ」と私たちに命じておられるのです。宗教改革者ルターは、「復活があるかないか、などとの議論は［神不在のあきれた議論］である」と言いきっています。天地創造の始めに、創造主なる神は「無」から全てを創造されました。そして、私たち人間を「あらしめて」くださったのです。「死」はその時点で既に克服されています。

すなわち、「復活」はもう既に始まっています。キリストを信じる者は皆、「復活した者」として、今、生かされているのです。「呪い」は全て主イエス・キリストが十字架で引き受けてくださいました。私たちは、神の祝福のみに満たされています。私たちは、キリストと共に死に、キリストと共に生かされているのです。

（２０１６年９月18日）

メシアはダビデの子

41 イエスは彼らに言われた。「どうして人々は、『メシアはダビデの子だ』と言うのか。42 ダビデ自身が詩編の中で言っている。『主は、わたしの主にお告げになった。「わたしの右の座に着きなさい。[43]わたしがあなたの敵を／あなたの足台とするときまで」と。』[44]このようにダビデがメシアを主と呼んでいるのに、どうしてメシアがダビデの子なのか。」（**ルカ20章41節〜44節**）

律法学者たちは、主イエスを陥れようとして「復活論争」を仕掛けました。しかし、主イエスのみ言葉を聞いた彼らの中には、「先生、立派なお答えです」という者までいて、彼らはもはや何もあえて尋ねようとはしませんでした（ルカ20・39、40）。

ここで議論はまさに反転します。ユダヤ王国滅亡以来の長い歳月の間、異国の支配下で苦しんでいた当時のユダヤ人たちは、「メシアの来臨」を待ち望んでいました。彼らは、「何時の日にか、必ずダビデの子メシア（油注がれた者）が王・祭司・預言者としてお見えになり、この国の独立を取り戻してくださる」ことを堅く信じていました。その人々に対して主イエスは、「どうして人々は、『メシアはダビデの子だ』と言うのか。ダビデ自身が（詩編110・1〜の中で）メシアを主と呼んでいるのに。どうしてメシアがダビデの子なのか」（ルカ20・41〜44）との、何とも厳しい問いを投げかけられたのです。

主イエスは、ご自分で投げかけられた「問い」に対して何も「答え」はお与えになっていません。

主イエスは、ご自身が「ダビデの流れ」の中におられることを決して否定なさっているのでもありません。聖書記者マタイが証ししている主イエスの系図（マタイ1・1〜）は、まさに「（ダビデを中心にした）罪の系図」です。主イエスは、「罪人の列」に並ばれ、その「罪を引き受ける」ために人となられた方です。それ故、洗礼者ヨハネから「救いの準備のために洗礼」をお受けになったのです。

主イエスが問われた「どうして？」との問いは、「why」ではなく「how」でした。主イエスは、その答えを「ご自身の存在」そのもので人々にお与えになったのです。主イエスは、「（ダビデの子として）罪人」として十字架におつきになりました。そして、「復活」して「昇天」され、神の右に座してそこから「聖霊」をお送りくださっています。主イエスは、このご自身の「御業」によって、「メシアが誰であるか・ダビデの子は如何にしてメシアとなられたのか」をお示しになられました。

聖霊を受けたペトロは、「だから、イスラエルの全家は、はっきりと知らなければなりません。あなたがたが十字架につけて殺したイエスを、神は主とし、またメシアとなさったのです」（使徒2・36）と大胆に証しすることが出来ました。「全家」とは、現代の私たちも含まれています。「ダビデも知っていたこと」（使徒2・30）を私たちも聖霊によって知らされています。主イエスは、この事実を「口でお答えになった」のでもなく、「書物に書き残された」のでもなく、ご自身の「御業」

でお示しになり、そして、私たちに「証し」させてくださっています。私たちは、神の右に座し給う「キリストとともに」、天に属する者とされているのです。（2016年9月25日）

主のまなざし

45民衆が皆聞いているとき、イエスは弟子たちに言われた。46「律法学者に気をつけなさい。彼らは長い衣をまとって歩き回りたがり、また、広場で挨拶されること、会堂では上席、宴会では上座に座ることを好む。47そして、やもめの家を食い物にし、見せかけの長い祈りをする。このような者たちは、人一倍厳しい裁きを受けることになる。」

1イエスは目を上げて、金持ちたちが賽銭箱に献金を入れるのを見ておられた。2そして、ある貧しいやもめがレプトン銅貨二枚を入れるのを見て、3言われた。「確かに言っておくが、この貧しいやもめは、だれよりもたくさん入れた。4あの金持ちたちは皆、有り余る中から献金したが、この人は、乏しい中から持っている生活費を全部入れたからである。」（ルカ20章45節〜21章4節）

今朝与えられたみ言葉は、前半（ルカ20・45〜47）は律法学者への非難であり、後半（ルカ21・1〜4）はやもめへの賞賛です。現在の聖書では章が分かれていることもあって（後世の人為的なものだが）、一見すると全く別のことのようにも読めますが、主題である「他人の視線と主のまなざし」という大切なところではしっかりとつながっています。

律法学者とは、聖書では往々にして批判の対象にされがちですが、本来は世の規範であるモーセ五書及び諸々の定めごとに精通している人たちです。律法は、特に「やもめやみなし子の保護」を求めていますから、律法学者たちはこの世の無力な人たちから信頼され、頼りにされていたのです。しかし、世の常として、権力を持つと人は頭が高くなり「長い衣をまとって歩き回ったり、広場で挨拶されることを好み、会堂でも宴会でも上席に座りたがるようになります。」特に主イエスは、彼らが「やもめやみなし子を保護する」のではなく「かえって彼らを食い物にしている」ことを厳しく咎められました。律法学者たちの行為は、すべて「人の目」を気にして為されていたのです。主イエスは、彼らが献金するところもしっかりと見ておられました。彼らは、あたかも敬虔な信徒のような態度で人前で堂々と献金をしていましたが、実は有り余る持ち物の中のごく僅かなものしか献げていませんでした。

律法学者を咎めた主イエスは、同時に、一人の貧しいやもめがレプトン銅貨二枚を献金したところをはっきりと御覧になりました。「レプトン銅貨二枚」とは実に僅かな額ですが、それは彼女の生活費の全部でした。ここで私たちが、「全財産を献金しなければ本当の献金ではない」などと考えたら即座に行き詰まってしまうでしょう。「生活費の全部」と訳されている箇所のギリシャ語「Bios」は「全生涯・全人生」を意味しています。この婦人は、「人の目」などは全く気にしていません。彼女は、神の御前に自分のすべてをお委ねしていたのです。彼女には神の御前に生きる自由があり、そこに平安を求め得ていたと言えるでしょう。

生きて、今、働いていてくださる神は、何時も私たちに「まなざし」を注いでいてくださいます。私たちの信仰の父アブラハムは、「希望するすべもなかったときに、なおも望みを抱いて、信じ」（ローマ4・18）ました。アブラハムは、主が見ていてくださることを知っていたのです。レプトン銅貨二枚を献金したやもめは、まさか主イエスが見ていてくださるとは知るはずもありませんでした。しかし、主イエスは「まなざし」を注ぎ続けていてくださいました。それ故、彼女は自分の全人生を神の御前に献げることが出来たのです。主イエスのまなざしを受けとめ、そのまなざしを映し出すことこそが私たちのまことの生き方であり、信仰です。生きて働いていてくださる神のまなざしが私たちを生かし、その生かされた私たちが神のお働きをこの世に現し続けるのです。

（２０１６年10月2日）

終末のしるし

5ある人たちが、神殿が見事な石と奉納物で飾られていることを話していると、イエスは言われた。6「あな
たがたはこれらの物に見とれているが、一つの石も崩されずに他の石の上に残ることのない日が来る。」7そこ
で、彼らはイエスに尋ねた。「先生、では、そのことはいつ起こるのですか。また、そのことが起こるときに
は、どんな徴があるのですか。」8イエスは言われた。「惑わされないように気をつけなさい。わたしの名を名
乗る者が大勢現れ、『わたしがそれだ』とか、『時が近づいた』とか言うが、ついて行ってはならない。9戦争
とか暴動のことを聞いても、おびえてはならない。こういうことがまず起こるに決まっているが、世の終わり
はすぐには来ないからである。」10そして更に、言われた。「民は民に、国は国に敵対して立ち上がる。11そし
て、大きな地震があり、方々に飢饉や疫病が起こり、恐ろしい現象や著しい徴が天に現れる。12しかし、これ
らのことがすべて起こる前に、人々はあなたがたに手を下して迫害し、会堂や牢に引き渡し、わたしの名のた
めに王や総督の前に引っ張って行く。13それはあなたがたにとって証しをする機会となる。14だから、前もっ
て弁明の準備をするまいと、心に決めなさい。15どんな反対者でも、対抗も反論もできないような言葉と知恵

を、わたしがあなたがたに授けるからである。16 あなたがたは親、兄弟、親族、友人にまで裏切られる。中には殺される者もいる。17 また、わたしの名のために、あなたがたはすべての人に憎まれる。18 しかし、あなたがたの髪の毛の一本も決してなくならない。19 忍耐によって、あなたがたは命をかち取りなさい。」

（ルカ21章5節～19節）

荘厳なエルサレム神殿はユダヤ人たちの信仰の拠り所でした。しかし主イエスは、「あなたがたはこれらの物に見とれているが、一つの石も崩されずに他の石の上に残ることのない日が来る」と、神殿の崩壊を予言なさいました。これを聞いた人々は、直ぐさま「神殿の崩壊」と「この世の終わり」を結びつけて考え、「そのことはいつ起こるのか・その時、どんな徴があるのか」とイエスに尋ねました。

そこで主イエスは、黙示的にこの世の終わりの出来事を語り始められました（ルカ21章&マタイ24章）。この出来事を丁寧に読むと、主イエスのみ言葉は決して「絶望の言葉」ではなく、「希望・慰め・励ましの言葉」であることが分かります。

主イエスはまず最初に、自然災害や戦争が続くと「わたしがメシアだ・（終わりの）時が近づいた」という者が現れるが、そのようなことに「惑わされるな・メシアを自称するような者について行ってはならない」と警告をなさいました。「終末とその兆候」は、何時の時代の人々にも如何なる民族にとっても永遠の関心事です。特に世紀末になると、数多くの「偽予言者」が現れたことは私たちの記憶にもはっきりと残っています。しかし、大きな地震や飢饉・疫病のような災害、あるいは悲惨な戦禍は「何時でも・どこでも」必ず起きるのです。したがって、主イエスは、「そのような周囲のことに惑わされてはならない」とお教えになり、主に従って歩む者は、どんなことがあっても「髪の毛一本も決してなくならない」（ルカ21・18）と励ましてくださいました。

しかしながら、主イエスに従うことは決して容易な道ではありません。主イエスは、「（私に従う者は）親、兄弟、親族、友人にまで裏切られる。中には殺される者もいる（ルカ21・16）」と、キリスト者に対する壮絶な迫害を予告されました。キリスト者は、この世と激しく摩擦を起こします。「イエスの名のために、すべての人に憎まれる」（ルカ21・17）ことが起きるのです。

しかし主イエスは、この迫害は「あなたがたにとって証しをする機会となる」と言われます。しかも、私たちは「弁明の準備をする必要はありません。すべての言葉と知恵は、主が授けてくださる」からです。

私たち罪人のために御自身の命をお捨てになった主イエスは「忍耐強く・すべてに耐える愛の方」です。その方が、「忍耐によって、あなたがたは命をかち取りなさい」（ルカ21・19）と命じておられます。自分で勝手に自分を見限らず、すべてを主イエスにお委ねして「忍耐」するとき、わたくしたちにはまことの命が与えられるのです。

（２０１６年10月16日）

解放の時は近い

[20]「エルサレムが軍隊に囲まれるのを見たら、その滅亡が近づいたことを悟りなさい。[21]そのとき、ユダヤ
にいる人々は山に逃げなさい。都の中にいる人々は、そこから立ち退きなさい。田舎にいる人々は都に入って
はならない。[22]書かれていることがことごとく実現する報復の日だからである。[23]それらの日には、身重の女
と乳飲み子を持つ女は不幸だ。この地には大きな苦しみがあり、この民には神の怒りが下るからである。[24]人々
は剣の刃に倒れ、捕虜となってあらゆる国に連れて行かれる。異邦人の時代が完了するまで、エルサレムは
異邦人に踏み荒らされる。」[25]「それから、太陽と月と星に徴が現れる。地上では海がどよめき荒れ狂うので、
諸国の民は、なすすべを知らず、不安に陥る。[26]人々は、この世界に何が起こるのかとおびえ、恐ろしさのあ
まり気を失うだろう。天体が揺り動かされるからである。[27]そのとき、人の子が大いなる力と栄光を帯びて雲
に乗って来るのを、人々は見る。[28]このようなことが起こり始めたら、身を起こして頭を上げなさい。あなた

がたの解放の時が近いからだ。」（ルカ21章20節〜28節）

戦争や自然災害は何時の時代にも繰り返し起こることであり、現代にもそのまま通じているまさに「不幸な出来事」（ルカ21・23）です。しかし主イエスは、あなたがたが最後の拠り所と考えているエルサレムやそこにある神殿が崩れ去ったとしても、それがこの世の終わりの徴ではない。そのような事態に遭遇したら「そこから逃げ出しなさい」（ルカ21・21）と勧めています。（エルサレム陥落時A・D70には、逃げ出せずに災害を被った身重や乳飲み子を持つ婦人がいたことは確かであろう。しかし、一部のキリスト者はエルサレムから逃げ出して助かっている。また、初代教会の人々の中には、ステファノの殉教後に、エルサレムを離れてサマリヤに逃れた者も数多くいた。そのことが反って、異邦人伝道の成就となったことを歴史がはっきりと証ししている。）

主イエスは、如何に悲惨な状態に遭遇しても「決して顔を伏せるな。異邦人の時代が完了するまで、エルサレムは異邦人に踏み荒らされるが、身を起こして頭を上げよ。何故ならばあなたがたの解放（ἀπολύτρωσις＝口語訳・救い、新改訳・贖い）の時が近いからだ」（ルカ21・28）と人々を励まされました。（勿論、大規模な自然災害の渦中にあって苦しむ数多くの方々のことを思うことはまた別の問題である。「行く川の流れは絶えずして……昔ありし家は稀なり」（鴨長明・方丈記）との無常観も日本人にはごく自然の感情であろう。）主イエスは、「あなたがたは何が起きても決して滅ぼされることはない。何故ならば、終わりの時には、人の子（御自身）が大いなる力と栄光を帯びて雲に乗って来る。あなたがたはそれを見る」とはっきりとお教えになりました。終わりの時に、「罪人」は必ず裁かれます。すなわち、私たちはすべて罪人なのですから、神の裁きを免れることの出来る者は一人もいません。しかし主イエスは、「贖い主なるわたしが、あなたがたの側に立っている。あなたがたは、一人で神の御前に立つのではない」と断言なさったのです。主イエスは「罪人を招くためにこの世に来られました」（マタイ9・13）。そして、十字架の上で「彼らをお赦しください（ルカ23・34）」と祈ってくださいました。だからパウロは、「［キリスト・イエスは、罪人を救うためにこの世に来て下さった］という言葉は、確実で、そのまま受け入れるに足るものである。わたしは、その罪人のかしらなのである」（Ⅰテモテ1・15　口語訳）と何とも大胆に祈ることが出来たのです。

しかも主イエスは、聖霊をお遣わしくださることによって、「世の終わりまで、いつもあなたがたと共にいる」（マタイ28・20）と約束をしてくださっています。

わたくしたちの個々の人生はそれぞれに終わります。しかし、それがすべての終わりではありません。私たちには、「顔と顔を合わせて見るまで」（Ⅰコリント13・12）決して終わりはありません。主イエスは「わたしを信じる者は、死んでも生きる。生きていてイエスを信じる者はだれでも、決して死ぬことはない。このことを信じるか」（ヨハネ11・25、26）と、激しく問いかけているのです。わたくしたちは、「忍耐によって、命をかち取る」（ルカ21・19）ことを強く求められています。「忍耐」とは、「もう終わりだ」と自分で決めないことです。「終わりを決める」のは主なる神の業です。しかも、「終わりの時」は「解放の時」（ルカ21・28）なのです。

（２０１６年10月23日）

主の言葉は滅びず

[29]それから、イエスはたとえを話された。「いちじくの木や、ほかのすべての木を見なさい。[30]葉が出始めると、
それを見て、既に夏の近づいたことがおのずと分かる。[31]それと同じように、あなたがたは、これらのことが
起こるのを見たら、神の国が近づいていると悟りなさい。[32]はっきり言っておく。すべてのことが起こるまで
は、この時代は決して滅びない。[33]天地は滅びるが、わたしの言葉は決して滅びない。」[34]「放縦や深酒や生
活の煩いで、心が鈍くならないように注意しなさい。さもないと、その日が不意に罠のようにあなたがたを襲
うことになる。[35]その日は、地の表のあらゆる所に住む人々すべてに襲いかかるからである。[36]しかし、あな
たがたは、起ころうとしているこれらすべてのことから逃れて、人の子の前に立つことができるように、いつ

も目を覚まして祈りなさい。」[37]それからイエスは、日中は神殿の境内で教え、夜は出て行って「オリーブ畑」と呼ばれる山で過ごされた。[38]民衆は皆、話を聞こうとして、神殿の境内にいるイエスのもとに朝早くから集まって来た。**（ルカ21章29節～38節）**

逝去者記念礼拝を献げます。主イエスが語り続けて来られた「終末の徴」（ルカ21・1～）は、一読すると実に悲惨な光景です。しかも、「キリストの名」のために加えられるキリスト者への迫害は尋常のものではありませんでした（さらに付け加えると：日本にいると実感できないが、現在のキリスト者への迫害は歴史上最悪である）。

しかし主イエスは、「たとえ終末の徴を見ても、そのことに決して惑わされるな。その時が終わりの時ではない」と慰めの言葉を語ってくださいました。また、「迫害を受けたら如何に弁明するか、などと前もって準備をする必要もない。誰も反論など出来ないような言葉と知恵とを、わたしがその時あなたに授ける」と約束してくださっているのです。そして主イエスは、「忍耐によって、あなたがたは命をかち取りなさい」と勧めます。「忍耐」とは、言い換えれば「自分で自分を見限らない」ことです。エルサレム神殿崩壊などというあり得ないような社会的変動に遭遇しても、「もう終わりだ」などと自分で判断しないで、「そこから逃げだせ」と命じておられます。また、天変地異（地震や津波も）は何時の時代でも必ず起きることであるから、そのような時にも悲観することなく「身を起こして頭を上げなさい」と励ましてくださいました。

主イエスは、このように弟子たちに慰めの言葉をお与えになってから（＝それから）、「木の葉のたとえ」を用いて、「これまで語って来たような徴を見たら慌てふためくことなく、神の国が近づいていることを悟りなさい」とお教えになりました（イスラエルでは、夏は「突然」来る）。勿論、この世に生かされている人間は例外なく「必ず死にます」。しかも、誰一人自分で死に方も死ぬ時期も選ぶことができません。しかし、「だから人生は空しい」のではありません。神の国が近づいているのです。その時私たちは、「初めから終わりまで神の恵みに包まれている」ことを知ることが出来るのです。聖書の最後に記されている「主イエスの恵みが、すべての者と共にあるように」（黙示録22・21）との祈りは、祈りであると同時に「約束」でもあるのです。

神の国の到来、すなわち、終わりの時は「神が決めること」です。その時は、（しっかりと「木の葉」を見ていれば）誰の目にもはっきりと分かるのですから、自分の判断で勝手に「終わり」を決めてはなりません。自分の死も、他人の死も、私たちの自由にはならないのです。さらに主イエスは、「放縦や深酒や生活の煩いで、心が鈍くならないように注意しなさい」と忠告を与えています。私たちは、自分の生活の直ぐ近くにある様々な誘惑に引き込まれ、しばしばこの世を裁き、隣人を裁き、かつ、自分を裁きがちになります。しかしまことの裁きは、終わりの時に神が為される業なのであり、その時、私たちは皆神の御前に立たされます。このことを忘れることが「心の鈍くなった」状態なのです。

主イエスは、「はっきり言っておく、すべてのことが起こるまでは、この時代は決して滅びない。天地は滅びるが、わたしの言葉は決して滅びない」と堅く約束をしてくださいました。私たちは、社会的な大変動や自然災害に遭遇すると、あたかも今にもこの世は終わるのではないか、との思いに駆られることがありますが、「この時代は決して滅びない」のです。何故ならば、これが「主のみ言葉」だからです。天地はこのみ言葉によってなり、み言葉によって終わるのです。そして、その最後の時に私たちに立ち会って執り成しをしてくださるのも主イエス御自身です。使徒パウロは、「他人の召使いを裁くとは、いったいあなたは何者ですか。召使いが立つのも倒れるのも、その主人によるのです。しかし、召使いは立ちます。主は、その人を立たせることがおできになるからです」（ローマ14・4）とその確たる信仰を告白しています。主イエスは、「わたしを信じる者は、死んでも生きる」（ヨハネ11・25）と約束をしてくださっており、「わたしたちは、キリストと共に死んだのなら、キリストと共に生きることにもなると信じる」（ローマ6・8）ことが許されています。「主のみ言葉は決して滅びません」。「生きる」とは、この方のみ言葉にのみ依り頼んで歩むことに他なりません。

（２０１６年11月６日）

人間のたくらみ、神の備え

1さて、過越祭と言われている除酵祭が近づいていた。2祭司長たちや律法学者たちは、イエスを殺すにはど
うしたらよいかと考えていた。彼らは民衆を恐れていたのである。3しかし、十二人の中の一人で、イスカリ
オテと呼ばれるユダの中に、サタンが入った。4ユダは祭司長たちや神殿守衛長たちのもとに行き、どのよう
にしてイエスを引き渡そうかと相談をもちかけた。5彼らは喜び、ユダに金を与えることに決めた。6ユダは
承諾して、群衆のいないときにイエスを引き渡そうと、良い機会をねらっていた。7過越の小羊を屠るべき除
酵祭の日が来た。8イエスはペトロとヨハネとを使いに出そうとして、「行って過越の食事ができるように準
備しなさい」と言われた。9二人が、「どこに用意いたしましょうか」と言うと、10イエスは言われた。「都に入
ると、水がめを運んでいる男に出会う。その人が入る家までついて行き、11家の主人にはこう言いなさい。『先
生が、「弟子たちと一緒に過越の食事をする部屋はどこか」とあなたに言っています。』12すると、席の整った
二階の広間を見せてくれるから、そこに準備をしておきなさい。」13二人が行ってみると、イエスが言われた

とおりだったので、過越の食事を準備した。（ルカ22章1節〜13節）

神の独り子、主イエス・キリストが肉となってこの世に遣わされたのは、「死ぬ」ためでした。イエスの死の端緒は、確かにユダの背信行為でしたが、裏切ったのはユダだけではありませんでした。この世の救世主の到来を期待していた民衆は、無力なイエスに失望して、十字架を要求しました。総督ピラトは、無実と知りながら、自己保身に駆られて主イエスを民衆に引き渡してしまいました。主イエスに忠実に従ってきた弟子たちと言えども例外ではありません。彼らも、自分の身に降りかかる危険を察して、十字架の前から逃げ出してしまったのです。

イエスは、この騒動のただ中で、もはや奇跡も行われず、独り沈黙を守り続けておられました。実は主は、この一連の出来事をすべてご存じで、前もって周到に準備・用意をしておられたのです。「過越の食事」の準備も、主イエスが予め整えておいてくださいました。この時の食事は、「苦しみを受ける前に、あなたがたと共にしたい」と、主イエスが切に願っていたものでした（ルカ22・15）。食事の準備を命じられたペトロとヨハネが、「どこに用意しましょうか」と尋ねたとき、彼らは「水がめを運んでいる男に出会うから、その男について行きなさい」との指示を受けました。当時水がめを運ぶのは女性の仕事でしたから、「男の人」と聞いた二人はさぞかし怪訝に思ったことでしょう。しかし都に入ると、主イエスが言われたとおりに事は運んでいきました。彼らは、ただ命じられたとおりのことをしたに過ぎません。ペトロ・ヨハネと言えども、主イエスが備えられた道をただひたすら歩んだ者たちです。信仰とは、神の恵み・ご計画にすべてを委ねることに他なりません。この意味で、「キリスト者とは、徹底的に楽観主義者です」（竹森満佐一）。何故ならば、「主は共におられる・インマヌエル」からです。

ユダが何故主イエスを裏切ったか、については古より様々な解釈が為されていますが、聖書は「ユダの中に、サタンが入った」としか述べていません。ユダから相談を持ちかけられた祭司長たちは「喜びました」（ルカ22・5）。ある意味で、「自由になった・物事を自分で決められる」と思ったのでしょう。しかし、自分で自分に決着を付けたユダの最後は、まさに「滅び」以外の何物でもありませんでした。ユダは、特別な悪人ではありません。主イエスを一旦は裏切ったペトロも、そして私たちも、この「罪の悲惨」から完全には抜け出していないのです。そのような罪人である私たちを救い出すために、主イエスはすべてを準備してくださいました。「主に立ち帰えれば救われます」（イザヤ書30・15）。「立ち帰る」とは、「悔い改めて」、一切を主に委ね、「自分で自分を処理しない」ことに他なりません。ただし、「悔い改めたから救われる」のではありません。「救い」

はすべて主イエス・キリストが用意して整えていてくださいます。私たちは、「悔い改め」て救いを確認するのです。誰でも、悔い改めて神の御前に立てば、その救いを知ることを許されています。

（２０１６年12月４日）

宿命を超える主の愛

14 時刻になったので、イエスは食事の席に着かれたが、使徒たちも一緒だった。15 イエスは言われた。「苦しみを受ける前に、あなたがたと共にこの過越の食事をしたいと、わたしは切に願っていた。16 言っておくが、神の国で過越が成し遂げられるまで、わたしは決してこの過越の食事をとることはない。」17 そして、イエスは杯を取り上げ、感謝の祈りを唱えてから言われた。「これを取り、互いに回して飲みなさい。18 言っておくが、神の国が来るまで、わたしは今後ぶどうの実から作ったものを飲むことは決してあるまい。」19 それから、イエスはパンを取り、感謝の祈りを唱えて、それを裂き、使徒たちに与えて言われた。「これは、あなたがたのために与えられるわたしの体である。わたしの記念としてこのように行いなさい。」20 食事を終えてから、杯も同じようにして言われた。「この杯は、あなたがたのために流される、わたしの血による新しい契約である。

[21] しかし、見よ、わたしを裏切る者が、わたしと一緒に手を食卓に置いている。[22] 人の子は、定められたと
おり去って行く。だが、人の子を裏切るその者は不幸だ。」[23] そこで使徒たちは、自分たちのうち、いったい
だれが、そんなことをしようとしているのかと互いに議論をし始めた。[24] また、使徒たちの間に、自分たちの
うちでだれがいちばん偉いだろうか、という議論も起こった。[25] そこで、イエスは言われた。「異邦人の間では、
王が民を支配し、民の上に権力を振るう者が守護者と呼ばれている。[26] しかし、あなたがたはそれではいけな
い。あなたがたの中でいちばん偉い人は、いちばん若い者のようになり、上に立つ人は、仕える者のようにな
りなさい。[27] 食事の席に着く人と給仕する者とは、どちらが偉いか。食事の席に着く人ではないか。しかし、
わたしはあなたがたの中で、いわば給仕する者である。[28] あなたがたは、わたしが種々の試練に遭ったとき、
絶えずわたしと一緒に踏みとどまってくれた。[29] だから、わたしの父がわたしに支配権をゆだねてくださった
ように、わたしもあなたがたにそれをゆだねる。[30] あなたがたは、わたしの国でわたしの食事の席に着いて飲
み食いを共にし、王座に座ってイスラエルの十二部族を治めることになる。」[31] 「シモン、シモン、サタンは
あなたがたを、小麦のようにふるいにかけることを神に願って聞き入れられた。[32] しかし、わたしはあなたの
ために、信仰が無くならないように祈った。だから、あなたは立ち直ったら、兄弟たちを力づけてやりなさい。」
[33] するとシモンは、「主よ、御一緒になら、牢に入っても死んでもよいと覚悟しております」と言った。[34] イ
エスは言われた。「ペトロ、言っておくが、あなたは今日、鶏が鳴くまでに、三度わたしを知らないと言うだ
ろう。」**（ルカ22章14～34節）**

主イエスは、「過越祭の食事を弟子たちと共にしたいと、切に願っておられました。」「過越の食事」は、「(出エジプトの出来事において) 神の裁きが、信じる者を過ぎ越された」ことを覚えて守られてきました。そして今、この「過ぎ越された神の裁き」は主イエスに下され、救いの新しい契約が神の恵みによって一方的に成就したのです。私たちキリスト者は、この「食事」を「聖餐」としてしっかりと受け継いでいます。教会は聖餐を中心とする群れであり、キリスト者が「陪餐会員」と呼ばれる所以はまさにここにあるのです。

「最後の晩餐」において主イエスは、「人の子は定められたとおり去って行く」と改めて十字架を予告され、同時に、「この中から裏切る者が出る」と言われました。弟子たちは、「十字架」そのものを十分には理解していなかったのですから、ましてや、「裏切り者」が何を意味するのかは全く分かりませんでした。彼らは、不審な面持ちで「誰が裏切るのだろうか」と互いに議論を始めると間もなく、「誰が一番偉いだろうか」との何とも不信仰な話題に移っていきました。「長い衣をまとって歩き回り、挨拶されたり、上席に座ることを好む」(ルカ20・46) のは律法学者だけではありません。主イエスに従って来たはずの弟子たちも、自分のことが最大の関心事でした。この人間につきまとって離れない「自己中心」が、主イエスを十字架に付けたのです。

しかし主イエスは、このような何とも頼りない弟子たちを、「わたしが種々の試練に遭ったとき、絶えずわたしと一緒に踏みとどまってくれた」と称え、「父なる神から委ねられた支配権を、彼らに委ねる」（ルカ22・29）との約束を与えられました。このことは、「主」だからこそ可能な、一方的な恵みに他なりません。そして、直ぐ後に、一番弟子のペトロの離反をはっきりと指摘されたのです。三度（徹底的に）も主イエスを裏切り、呪いの言葉さえ口にしたペトロは、まさに醜い人間の代表です。しかし、「イエスが来たのは、正しい人を招くためではなく、罪人を招いて悔い改めさせるため」（ルカ5・32）でした。主イエスは、すべてをご存じで、すべてを用い、すべてを支配されておられます。主を裏切ったペトロは、復活の主に出会って立ち直りました。何故ならば、「主が祈ってくださった」（ルカ22・32）からです。「この世に肉となって来られた」神御自身が私たちの中に「乗り込んで来られ」、私たちの「宿命」を担ってくださったのです。「インマヌエル」とは、私たちの歩みを神が共に経験して下さっていることを表しています。

十字架にかけられた惨めな主イエスのお姿は、まさに私たちの悲惨な罪の現状を描き出しています。しかし、その宿命を超える神の愛は、既に私たちに届いています。アドベントの祈りは、十字架で死ぬためにお生まれになったこの方をお迎えする喜びの祈りです。（２０１６年12月11日）

必ず実現すること

[35]それから、イエスは使徒たちに言われた。「財布も袋も履物も持たせずにあなたがたを遣わしたとき、何か不足したものがあったか。」彼らが、「いいえ、何もありませんでした」と言うと、[36]イエスは言われた。「しかし今は、財布のある者は、それを持って行きなさい。袋も同じようにしなさい。剣のない者は、服を売ってそれを買いなさい。[37]言っておくが、『その人は犯罪人の一人に数えられた』と書かれていることは、わたしの身に必ず実現する。わたしにかかわることは実現するからである。」[38]そこで彼らが、「主よ、剣なら、このとおりここに二振りあります」と言うと、イエスは、「それでよい」と言われた。**（ルカ22章35節～38節）**

「最後の晩餐」と、続いて為された「オリーブ山での祈り（ゲッセマネの祈り）」は、キリスト者がよく知っている聖書のクライマックスのひとつです。しかし、その間に主イエスは、かの有名なイザヤ書53章を引用されて御自身の受難を予告され、「あなたがたはこれまで何不自由なく伝道をしてきたが、これからは今までとは事情が変わる。したがって、今は、財布のある者は、それを持って行きなさい。袋（身の回りの品）も同じようにしなさい。剣のない者は、服を売ってそれを買いなさい」（ルカ22・36）と、弟子たちに命じられました。ひとり立ちするために「財布と日常品」の必要は容易に理解できますが、「剣を買え」とは何とも不可思議な命令です。しかも、弟子たちが部屋を見回して「主よ、剣なら、このとおりここに二振りあります」と答えると、「それでよい」と言われたのも理解に苦しみます。「十二人に対して、たった二振りの剣で十分」とは、「用意せよ」と命じられたにしては何とも数が中途半端です。

実は、この「財布・袋・剣」は「裏切りの象徴」でした。「主イエスを裏切る」とは、「自分の力にのみ依り頼み生きようとする」ことに他なりません。そのためには、「金・物」に加えて、何かにすがりたいという気持ちの表れである「剣」がどうしても必要だったのです。主イエスが、「二振りあれば十分である」と仰ったのは、「抵抗したとしても、その程度が精一杯である」ことを示唆しています。現にこの後、弟子の一人が大祭司の手下の右の耳を切り落としましたが、主イエスは直ちにその耳に触れていやされました。主イエスが為された最後の奇跡です。

確かに、弟子たちはサタンの願いによって「ふるいにかけられました」（ルカ22・31）。しかし、「呪われて、打ち砕かれて十字架で死なれた」のは、罪人である弟子たちではなく、無垢で傷なく、「不法も働かず、その口に偽りもなかった」（イザヤ書53・9）主イエス御自身でした。弟子たちが自分を守ろうとして持っていた剣が、主イエスを刺し貫いたのです。

「わたしたちが聞いたことを、誰が信じえようか」（同53・1）とのイザヤ預言は、まさに私たちの罪の現実を顕わにしました。「愛はすべての罪を覆います」（箴言10・12）。神は、その独り子を肉として私たちに与え、私たちの罪を赦すために犠牲となさいました。それほどまでに御自身の民を愛してくださっているのです。私たちは、主イエスの十字架の「傷」で「いやされた」（イザヤ書53・5）のです。

クリスマスは、この「与えられた愛」を知る時です。神の命の贈り物を、感謝して頂きたいと祈ります。

（2016年12月18日）

神無き死

39 イエスがそこを出て、いつものようにオリーブ山に行かれると、弟子たちも従った。40 いつもの場所に来ると、イエスは弟子たちに、「誘惑に陥らないように祈りなさい」と言われた。41 そして自分は、石を投げて

届くほどの所に離れ、ひざまずいてこう祈られた。42「父よ、御心なら、この杯をわたしから取りのけてく
ださい。しかし、わたしの願いではなく、御心のままに行ってください。」〔43すると、天使が天から現れて、
イエスを力づけた。44イエスは苦しみもだえ、いよいよ切に祈られた。汗が血の滴るように地面に落ちた。〕
45イエスが祈り終わって立ち上がり、弟子たちのところに戻って御覧になると、彼らは悲しみの果てに眠り
込んでいた。46イエスは言われた。「なぜ眠っているのか。誘惑に陥らぬよう、起きて祈っていなさい。」

（ルカ22章39節〜46節）

最後の晩餐を終えた主イエスは、祈るために「いつものようにオリーブ山（ゲッセマネ）」に行かれました。「ゲッセマネの祈り」としてよく知られているこの箇所は、共観福音書が等しく伝えていますが、聖書記者ルカは、確実に迫り来る孤独の死を引き受けなければならない主イエスの「苦しみ」に焦点を当て、「（主イエスは）苦しみもだえ、汗が血の滴るように地面に落ちるほど切に祈られた」と記しています。。

ここで注目すべきことは、そこまで従ってきた弟子たちに対して主イエスは、「誘惑に陥らないように、祈りなさい」（ルカ22・40）とお命じになったことです。主イエスはさらに（祈りの後で）、眠り込んでしまった彼らに対して「なぜ眠っているのか。誘惑に陥らぬよう、起きて祈っていなさい」（ルカ22・46）と厳しくお教えになりました。「起きよ」と訳されているギリシャ語「ἀναστάντες」は、「（イ

エスは祈り終わって）立ち上がり」（ルカ22・45）と同じ用語であり「復活」にも通じています。すなわち、「起きる」には、「目を覚まして」という意味と同時に、「立ち上がって（祈りなさい）」という意味も含まれています。マタイとマルコは「座っていなさい」（マタイ26・36、マルコ14・32参照）と命じられたことを報告していますが、この「座る」も完全に「座り込む」のではなく、「立ち上がるための姿勢（かがむ）」を示唆しています。

ここで主イエスは、「誘惑に陥らないために祈りなさい」とお教えになりました。「誘惑」とは「（主の祈りの）試み（test）」を意味しています。すなわち、「祈らないで生きる・神なしで生きる」ことに私たちを引っ張り込む力こそが「誘惑」であり「試み」に他なりません。「神なしで生きる・神の目を気にしないで生きる」ことは、ある意味では実に気楽な生き方でしょう。したがって私たちはこの誘惑にすぐに負けてしまいます。これこそが「罪（的外れ）」の現実なのです。「的をはずして」価値が転倒してしまうと、何が上で何が下かが分からなくなり、自分が自分の主人だと思い込むようになってしまいます。この「的外れ」が、「神から放置されて生きる」ことであり、即、「神なしで死ぬ」という実に恐ろしいことに直結しています。

神なき所に陥ることの恐ろしさは、主イエスのみがご存じでした。「主イエスこそ（のみ）、本当に死を恐れた方」（ルター）だったのです。それ故に、主イエスは「もだえ、悲しまれました」。

そして、十字架上で主イエスは、「わたしの神よ、なぜわたしをお見捨てになるのですか」と悲痛な叫びを上げられました。この叫びを、「主イエスは詩編22編を最後まで祈られたのであり、神に救われることはご存じであった」と読みたがる人もいますが、そのような安心の祈りであるはずがありません。「まことの人」となられた主イエスは、「まことの罪人・大罪人（ルター）」として、父なる神の究極の裁きを一身にお受けになったのです。主イエスは、「神なき死・本当の死」を経験なさったただ一人のまことの人でした。主イエスは、そのことが私たち人間に豊かな命を与えるための唯一の道であることをご存じだったからです。

神の裁きは、尊き神の独り子　主イエス・キリストの上に下されました。その「裁き」は私たち人間が受けるべきものだったのです。したがって私たちは、もう誰も、たとえ殉教者と言えども、本当の死（神なき死）を体験することは出来ません。

主イエスが、ゲッセマネで孤独な祈りを続けておられたとき、弟子たちは眠り込んでしまっていました。しかしその弟子たちも、復活の主イエスにお目にかかることによって、立ち上がりました。主の十字架と復活によって、私たちは滅びの死ではなく、永遠の命へ向って死ぬ者に変えられました。聖書は、そのことを語り続けているのです。

（２０１７年1月15日）

闇の支配

[47]イエスがまだ話しておられると、群衆が現れ、十二人の一人でユダという者が先頭に立って、イエスに接
吻をしようと近づいた。[48]イエスは、「ユダ、あなたは接吻で人の子を裏切るのか」と言われた。[49]イエスの
周りにいた人々は事の成り行きを見て取り、「主よ、剣で切りつけましょうか」と言った。[50]そのうちのある
者が大祭司の手下に打ちかかって、その右の耳を切り落とした。[51]そこでイエスは、「やめなさい。もうそれ
でよい」と言い、その耳に触れていやされた。[52]それからイエスは、押し寄せて来た祭司長、神殿守衛長、長
老たちに言われた。「まるで強盗にでも向かうように、剣や棒を持ってやって来たのか。[53]わたしは毎日、神
殿の境内で一緒にいたのに、あなたたちはわたしに手を下さなかった。だが、今はあなたたちの時で、闇が力
を振るっている。」**（ルカ22章47節〜53節）**

聖書記者ルカは、「（イエスを捕らえるために）群衆が現れ、十二人の一人でユダという者が先頭に立っていた」（ルカ22・47）と報告しています。ルカ伝の読者にとっては、ユダが十二弟子の一

人であることは自明（同6・16）であり、彼が過越の食事の席に共にいたことも知っています（同22・3）。それにもかかわらず、ルカは敢えて「十二人の一人であるユダという者が」と何ともよそよそしい筆致でユダを紹介しています。ルカは、ユダが為した裏切り行為を単に伝えるのではなく、人間の中に深く潜んでいる「暗い部分」に目を注いでいるのでしょう。

ユダは、「イエスに接吻（φιλέω）をしようとして近づいて来ました」（ルカ22・47）。「φιλέω」には、「接吻」と同時に「人間的な愛情・友情」（ヨハネ21・17参照）という意味が含まれています。ユダは、イエスが嫌いになったわけではありませんが、彼は既に自分で「（裏切りを）決定してしまっていた」のです。ユダの周りには「闇」が猛威を振っていました。ユダは、何かに恐れていたのです。主イエスは、その闇を御覧になっており、「ユダ、あなたは接吻（人間的な愛情）でわたしを裏切るのか」と悲しまれました。

「事の成り行きを見て取った周りにいた人々」とは「弟子たち」のことです。その一人（ペトロであろう）は、「主よ、剣で切りつけましょうか」とイエスに声をかけました。ペトロも、イエスに許可を求めているようで、実は既に自分で自分の行為を決定しており、（ある意味では、咄嗟に・本能的に）「捨てろ」と言われていた「剣」を振ってしまいました。ペトロも、ユダと同様に、何かに恐れていたのです。恐れに捕らわれ、恐れにコントロールされると、人は不自由さの余りに思ってもいない行動を起こします。彼らを捕らえた「恐れ」とは、主イエスを「見限った」ことから生じていました。エルサレムに入城し、まことの王となられる、と思っていた主イエスは、もはや奇跡を行われませんでした（ペトロが切り落とした男の耳を癒やされた以外は）。彼らは、「主イエスが海をも従わせる方・死者をも生き返らせる力をお持ちになっている方」であることを完全に忘れていました、否、「その力が無くなってしまっている」と思い違いをしてしまい、「恐れ」に捕らえられてしまったのです。

聖書記者マタイは「わたしが父にお願いできないとでも思うのか」（マタイ26・53）とペトロを諭された主イエスのみ言葉を記録しています。聖書が、何度も何度も「恐れるな」と教えているのはこのことです。闇は「弱さ」としても現れます。「弱さ」は私たちを「恐れ」に引き込みます。かのパウロも、「わたしは衰弱していて、恐れに取りつかれ、ひどく不安でした」（Ⅰコリント2・3）と告白しています。圧倒的な数を頼りに、しかも、剣や棒まで持って、たった一人のイエスを捕らえようとしに来た群衆も、何かに「恐れ」ていたのです。

しかし、主イエスはペテロに対して「やめなさい。もうそれでよい」と仰いました。「あなたがたの力では、闇に対抗することは出来ない。私が勝利する」との宣言に他なりません。この時、「命の光」が自ら闇の中に入ってきてくださったのです。私たちが生活を営むこの現実は、闇が支配しているように見えますが、実はその闇自体が神の支配下あるのです。勝敗はキリストの出来事（十字架と復活）によって既に決しました。パウロは、「死よ、お前の勝利はどこにあるのか」（Ｉコリント15・55）と高らかに宣言しています。キリストに結ばれた私たちは、勝利者であり、もはや敗北することはありません。したがって、何が起きても「放っておけば良い」のです。「信じる者は慌てません」（イザヤ書28・16）。永遠に真理の方が、私たちの命を闇の力から解放して、その命を確定してくださいました。

主の年・２０１７年は、ルター宗教改革５００年、富士見町教会創立１３０年の記念すべき年です。この勝利の時を、主と共に永遠から永遠へと歩み続けて参りたいと祈ります。

（２０１７年１月22日）

主のまなざし

54 人々はイエスを捕らえ、引いて行き、大祭司の家に連れて入った。ペトロは遠く離れて従った。55 人々が
屋敷の中庭の中央に火をたいて、一緒に座っていたので、ペトロも中に混じって腰を下ろした。56 するとある

女中が、ペトロがたき火に照らされて座っているのを目にして、じっと見つめ、「この人も一緒にいました」
と言った。57 しかし、ペトロはそれを打ち消して、「わたしはあの人を知らない」と言った。58 少したってか
ら、ほかの人がペトロを見て、「お前もあの連中の仲間だ」と言うと、ペトロは、「いや、そうではない」と言っ
た。59 一時間ほどたつと、また別の人が、「確かにこの人も一緒だった。ガリラヤの者だから」と言い張った。
60 だが、ペトロは、「あなたの言うことは分からない」と言った。まだこう言い終わらないうちに、突然鶏
が鳴いた。61 主は振り向いてペトロを見つめられた。ペトロは、「今日、鶏が鳴く前に、あなたは三度わたし
を知らないと言うだろう」と言われた主の言葉を思い出した。62 そして外に出て、激しく泣いた。

（ルカ22章54節～62節）

主イエスを三度裏切ったペトロは、「主の言葉を思い出し、外に出て激しく泣きました」（ルカ22・61、62）。その時ペトロは、主から告げられた「裏切りの予告」と同時に、「わたしは、あなたのために、信仰が無くならないように祈った」（ルカ22・32）との「祈りの言葉」も思い出したことでしょう。この主の言葉は、「たとえ、みんながあなたにつまずいても、わたしは決してあなたにつまずきません」（マタイ26・33）と言い切ったペトロにとっては何とも残酷な予告でした。ルカは「思い出した」と記していますが、ペトロは主の言葉を「忘れていた」筈がありません。彼は主の言葉を記憶はしていたが、「重んじていなかった」のです、否、「打ち消していた」といって

もいいでしょう。そのようなペトロが、今、「主から見つめられました」（ルカ22・61）。彼は、「主のまなざし」に射貫かれて、本当の自分の姿・自分の弱さをまざまざと見せつけられたのです。ペトロは、「激しく泣く」以外に術がありませんでした。

ペトロの「悔いる涙」は確かに本当の涙でした。彼は、その後もこの時の「主のまなざし」を片時も忘れることなく、生涯を通して主のみ言葉を聞き続けました。しかし、その涙は「悔い改め」の涙ではありませんでした。彼は、この時「立ち直った」のではありません。彼は、惨めな自分を顧みて「激しく泣いた」のですが、新しく生まれ変わった訳ではありません。彼は、「泣く」ことによって自己防衛をしたに過ぎません。その証拠に、何も変わっていないペトロは十字架刑を見ると姿をくらましてしまったのです。まさに正真正銘の裏切りです。

真実は十字架によって明らかにされました。主イエスは、御自身の「まなざし」によって射貫いたペトロを、そのまま御自身と共に十字架まで持って行かれました。「キリストの十字架」こそが、「神を捨てた古い私たちの罪の姿」に他なりません。主イエスは、アダム以来の人間・信仰のかけらもない人間を、十字架につけてくださいました。古い私たちは「キリストと共に死んだ」のです。

十字架で死なれた主イエスは、死を打ち破って復活なさいました。この方は、今、生きて働いてくださっています。主イエスは、私たちの信仰が無くならないように祈っていてくださいます。

この方の「まなざし」を、私たちは聖霊の働きによって見ることを許されているのです。

（２０１７年2月5日）

神の子イエス・キリスト

63 さて、見張りをしていた者たちは、イエスを侮辱したり殴ったりした。64 そして目隠しをして、「お前を殴ったのはだれか。言い当ててみろ」と尋ねた。65 そのほか、さまざまなことを言ってイエスをののしった。66 夜が明けると、民の長老会、祭司長たちや律法学者たちが集まった。そして、イエスを最高法院に連れ出して、67「お前がメシアなら、そうだと言うがよい」と言った。イエスは言われた。「わたしが言っても、あなたたちは決して信じないだろう。68 わたしが尋ねても、決して答えないだろう。69 しかし、今から後、人の子は全能の神の右に座る。」70 そこで皆の者が、「では、お前は神の子か」と言うと、イエスは言われた。「わたしがそうだとは、あなたたちが言っている。」71 人々は、「これでもまだ証言が必要だろうか。我々は本人の口から聞いたのだ」と言った。（**ルカ22章63節～71節**）

主イエスは捕らえられ、一晩中「見張りをしていた者たちから、侮辱されたり殴ったりされました。」巻き込まれることを恐れた弟子たちは一人も残らず「皆、つまずいてしまった」（マルコ14・27参照）ので、夜が明けると主イエスはただ一人で最高法院の法廷に立たされました。裁判自体の流れは既に「結論ありき」でしたが、この場面での祭司長たちとイエスとの短い会話の中に、「メシア（＝キリスト）・神の子・人の子」というキリスト教にとって極めて重要な決定的な用語が用いられていることは注目に価します。

かつてペトロは（マタイ16・13～）、「あなたがたはわたしを何者だと言うのか」との主イエスからの問いかけに対して、「あなたはメシア、生ける神の子です」と、その信仰をはっきりと告白しました。この人類最古ともいうべき「キリスト告白」をお聞きになった主イエスは、「あなたはペトロ、この岩（ペトラ）の上に教会を建てる」と約束をしてくださいました。すなわち教会とは、このペトロの信仰告白に同意して、自ら「イエスはキリストです」との信仰を告白した者の群れなのです。しかし、この時最高法院に集まった祭司長たちは、この「メシア・神の子・人の子」という言葉を利用して、「邪魔者を早くこの世から消してしまいたい」としていました。「メシア」の原意は「油注がれた者」であり、私たちを支配する「王（祭司・預言者）」を意味しています。

しかし彼らは、自分達が裁こうとしている「イエス」が「王である」などとは微塵も思ってはいません。「目の前に」神の子がおられるのに、全く気が付いていないのです。まさに、「豚に真珠」（マタイ7・6）です。私たちも今、まさに主の御前に立たされています。そして、ペトロと同じく「あなたはわたしを何者だというのか」と問いかけられています。私たちは、「イエスを裁いていないか、自分を主として生きていないか、自分で自分を勝手に見限ってはいないか」と、厳しく問われているのです。

最高法院の法廷において主イエスは、「人の子は全能の神の右に座る」と仰り、ついに御自身をはっきりとお示しになりました。「神の右」とは「神と等しい」との神宣言に他なりません。祭司長たちは喜びました。十字架でイエスの頭上にかけられた「ナザレのイエス、ユダヤ人の王（I.N.R.I.）」こそが、彼らが望んでいた最高の罪状だったのです。

主イエスの十字架の死には、打開策はありませんでした。「神の子が、罪人として死ぬ」ことは、父なる神が望んだことだからです。「神は、その独り子をお与えになったほどに、世を愛されました」（ヨハネ3・16）。この方の御前で、私たちは「信じるか」「信じないか」に決定的に切り分けられます。「信じない者は既に裁かれていて」（ヨハネ3・18）、死に至る道を歩むだけです。「神の独り子、主イエス・キリスト」は既に与えられています。私たちが出来ることは、このことを信じて、その恵みをただ頂くだけなのです。

（２０１７年２月12日）

イエスの沈黙

[1]そこで、全会衆が立ち上がり、イエスをピラトのもとに連れて行った。[2]そして、イエスをこう訴え始めた。
「この男はわが民族を惑わし、皇帝に税を納めるのを禁じ、また、自分が王たるメシアだと言っていることが
分かりました。」[3]そこで、ピラトがイエスに、「お前がユダヤ人の王なのか」と尋問すると、イエスは、「それ
は、あなたが言っていることです」とお答えになった。[4]ピラトは祭司長たちと群衆に、「わたしはこの男に
何の罪も見いだせない」と言った。[5]しかし彼らは、「この男は、ガリラヤから始めてこの都に至るまで、ユ
ダヤ全土で教えながら、民衆を扇動しているのです」と言い張った。[6]これを聞いたピラトは、この人はガリ
ラヤ人かと尋ね、[7]ヘロデの支配下にあることを知ると、イエスをヘロデのもとに送った。ヘロデも当時、エ
ルサレムに滞在していたのである。[8]彼はイエスを見ると、非常に喜んだ。というのは、イエスのうわさを聞
いて、ずっと以前から会いたいと思っていたし、イエスが何かしるしを行うのを見たいと望んでいたからであ
る。[9]それで、いろいろと尋問したが、イエスは何もお答えにならなかった。[10]祭司長たちと律法学者たちは

そこにいて、イエスを激しく訴えた。[11]ヘロデも自分の兵士たちと一緒にイエスをあざけり、侮辱したあげく、派手な衣を着せてピラトに送り返した。[12]この日、ヘロデとピラトは仲がよくなった。それまでは互いに敵対していたのである。**（ルカ23章1節～12節）**

主イエスは、捕らえられてから十字架に至るまで、「見張りの者たちから暴行を受け（ルカ22・63）、ヘロデ王や兵士たちからは侮辱され」（同23・11）、そして、人々からは「十字架につけろ」（同23・21）と激しく罵られました。人々をかくまで高ぶらせた最大の理由は、主イエスの「沈黙」でした。その沈黙は、主イエスの無実を確信したポンテオ・ピラトが「非常に不思議に思った」（マタイ27・14）ほどに徹底していました。実は人々は、エルサレムに入城されたイエスに「メシア」を期待していたのです。ヘロデ王までもが、「奇跡」を見たいがために「イエスなる人物」に会いたいと願っていました。しかし主イエスは、「右の耳を切り落とされた大祭司の手下を癒やした」以外には、もはや何一つ奇跡を為されませんでした。何故ならば、これまで主イエスは、人々の望みを叶えるためではなく、神の国の到来を知らせるために数々の奇跡を行ってこられたのです。「奇跡を見たい」と思うことこそが「人間のいやらしさ」の表れであり「不信仰」そのものです。主イエスも、「あなたがたは、しるしや不思議な業を見なければ、決して信じない」（ヨハネ4・48）と、わたくしたちの罪の現実を厳しく指摘なさっています。

私たち人間は、厳しい自然災害や激しい社会的変動に遭遇すると、「神は、なぜ沈黙しているのか」との問いかけを発しがちです。実は、その問い自体が「神を裁いている」のです。その時私たちは、神に指示を出そうとしています。言い換えれば、自分が神になろうとしているのです。もし、神がその場に人間のかたちをとってお見えになったら、必ずや神は人間から集団リンチをお受けになるでしょう。

主イエスは最後まで「沈黙」を守り続けられました。その「沈黙」は神の決意であり、そこにこそ、まことの命・平安があるのです。旧約の預言者イザヤは、「主の僕の苦難と死」を既にはっきりと預言していました。しかも、「わたしたちが聞いたことを、誰が信じ得ようか」（イザヤ書53・1）とまで断言しています。もし、その時、神が沈黙を守らずに「怒り」を発せられたら、人間には「滅び」以外に何があったでしょうか。神は、「神を裁こうとする愚かな者」のために、御自身で御自身を裁かれました。主イエスは、「まことの人」として人間の罪を一身にお引き受けくださったのです。

「実にキリストは、わたしたちがまだ弱かったころ、定められた時に、不信仰な者のために死んでくださいました」（ローマ5・6）。私たちはこの事実を、「与えられた聖霊」（同5・5）によって知り、「聖霊」によって「イエスは主である」（Ⅰコリント12・3）と告白することが出来るのです。与えられた「信仰」を通して、「沈黙」の中に神のみ声を聞き続けて参りたいと祈ります。
（２０１７年２月19日）

衆愚《しゅうぐ》の叫び

[13]ピラトは、祭司長たちと議員たちと民衆とを呼び集めて、[14]言った。「あなたたちは、この男を民衆を惑わ
す者としてわたしのところに連れて来た。わたしはあなたたちの前で取り調べたが、訴えているような犯罪は
この男には何も見つからなかった。[15]ヘロデとても同じであった。それで、我々のもとに送り返してきたのだ
が、この男は死刑に当たるようなことは何もしていない。[16]だから、鞭で懲らしめて釈放しよう。」[17]〈底本
に節が欠けている個所の異本による訳文〉祭りの度ごとに、ピラトは、囚人を一人彼らに釈放してやらなけれ
ばならなかった。[18]しかし、人々は一斉に、「その男を殺せ。バラバを釈放しろ」と叫んだ。[19]このバラバは、
都に起こった暴動と殺人のかどで投獄されていたのである。[20]ピラトはイエスを釈放しようと思って、改めて
呼びかけた。[21]しかし人々は、「十字架につけろ、十字架につけろ」と叫び続けた。[22]ピラトは三度目に言っ
た。「いったい、どんな悪事を働いたと言うのか。この男には死刑に当たる犯罪は何も見つからなかった。だ

から、鞭で懲らしめて釈放しよう。」23ところが人々は、イエスを十字架につけるようにあくまでも大声で要求し続けた。その声はますます強くなった。24そこで、ピラトは彼らの要求をいれる決定を下した。25そして、暴動と殺人のかどで投獄されていたバラバを要求どおりに釈放し、イエスの方は彼らに引き渡して、好きなようにさせた。**（ルカ23章13節〜25節）**

主イエスが処刑された理由の一つには、ユダヤ人指導者階級の「ねたみ」がありました。人間が抱く「ねたみ」は容易に「憎しみ・殺意」に変わるのです。ユダの裏切りによって主イエスが捕らえられ、その結果弟子たちが一斉に離れてしまったことも、さらには、ピラトの自己保身本能も、十字架に至る過程では見落とすことが出来ない理由の一つでしょう。「十字架」には、人間の持つ救いようがない罪の現実が顕わになっているのです。

しかし、十字架刑を最後まで執拗に要求したのは、実は「名も無き民衆」でした。勿論、その裏では「祭司長が群衆を扇動した」（マルコ15・11）こともありますが、聖書記者ルカは全くそのことには触れずにここで「民衆」を強調しています。「民衆」は普段は善良な市民です。神の民としての誇りも持っていました。彼らの中には、かつて主イエスから癒やされた者たちもいたはずです。しかし、総督ピラトが三度もイエスを釈放しようと試みたにもかかわらず、彼らは「大声で要求し続けました。その声はますます強くなった」（ルカ23・23）のです。「民衆」は、自分たちの希望（メシア待望）を満たさないイエスを見捨て、その存在そのものを否定してしまいました。むしろ「バラバ」に、かすかな救国の望みをかけたといっても良いでしょう。「民衆」は、愚かで残酷なことを実に平気で為してしまいます。

主イエスは、この事態を知り尽くしておられましたが（ルカ18・31〜）、忍耐して沈黙を守り続けておられました。主イエスは、この人間の「醜さ」の故に、すなわち、この普段は隠されている「罪」を引きうけてくださるためにこの世に遣わされて来られたのです。この時神は、激しく働いておられました、否、今も働き続けておられます。私たちには、御子イエス・キリストの十字架によって赦されて神の命を頂く以外に、救われる道はありません。

私たちが生かされているこの世の主権者は「キリスト」であって、他の何者でもありません。「わたしたちの先祖は、滅びゆく一アラム人」（申命記26・5）であったにも関わらず、神の一方的な憐れみによって救い出されました。現代アメリカの神学者S. Hauerwas (& W. H. Willmon)は、その著『旅する神の民』の中で、「救われたキリスト者に与えられている政治的課題は［キリストを礼拝すること」である」と断言しています。これは、ヒットラーに抵抗した「バルメン宣言」に通じるメッセージです。神は、今なお、沈黙の内に語り続けておられます。十字架によって贖われた者の群れである教会の使命とは、徒に社会現象を批判することではなく、「全ての業に神の愛を聞き、福音を宣べ伝え、神の愛を証しし、神と民として生きる」ことです。

（２０１７年2月26日）

どちらが憐れか

26 人々はイエスを引いて行く途中、田舎から出て来たシモンというキレネ人を捕まえて、十字架を背負わせ、
イエスの後ろから運ばせた。27 民衆と嘆き悲しむ婦人たちが大きな群れを成して、イエスに従った。28 イエス
は婦人たちの方を振り向いて言われた。「エルサレムの娘たち、わたしのために泣くな。むしろ、自分と自分
の子供たちのために泣け。29 人々が、『子を産めない女、産んだことのない胎、乳を飲ませたことのない乳房
は幸いだ』と言う日が来る。30 そのとき、人々は山に向かっては、／『我々の上に崩れ落ちてくれ』と言い、
／丘に向かっては、／『我々を覆ってくれ』と言い始める。31 『生の木』さえこうされるのなら、『枯れた木』
はいったいどうなるのだろうか。」**（ルカ23章26節～31節）**

創立１３０年記念礼拝を献げます。

「キレネ人シモン」の主イエスとの出会いは実に劇的でした。前夜から一睡もされず、かつ、激しい拷問を受け続けてこられた主イエスには、もはや十字架を担ぐ力も残されていませんでした。そこでローマ兵たちは、たまたまそこを通りかかったシモンを捕まえて、主の十字架を担がせたのです。シモンは、その出自も知られていない全く無名の人物でしたが、その息子ルフォス（マルコ15・21）は、後に「主に結ばれている選ばれた者（教会の指導的人物）となりました。また、その母（すなわちシモンの妻）はパウロから［わたしの母］と呼ばれる」（ローマ16・13）ほどに、一家揃って敬虔なキリスト者に変えられました。主イエスの十字架への道は、人の目には惨めな苦難の道（悲しみの道・Via Dolorosa）でしたが、実はその道は「命への道」だったのです。

十字架への道は多くの野次馬的民衆に囲まれていましたが、その中にはイエスを慕う婦人たちが大勢いました。男の弟子たちは皆逃げ出してしまいましたが、婦人たちは「嘆き悲しみながら、大きな群れを成して、主イエスの後に従っていた」（ルカ23・27）のです。その時主イエスは、悲しむ婦人たちの方を振り向いて、それまでの沈黙を破り、「わたしのために泣くな。むしろ、自分と自分の子供たちのために泣け」と命じられました。そして、旧約のホセアを引用して、「［山に向かって、我々の上に崩れ落ちてくれ」とか［丘に向かって我々を覆ってくれ」などと、終わりの日を自分で決めつけて絶望的な言葉を発してはならない。今、神の子が、人の罪を一身に負って十字架につこうとしている。もし泣くのならば、この十字架の意味が理解できない悲惨な自分のために泣け」と教えられました。

私たち人間の「悩み」の根源は「切り離される」ことにあります。「切り離される」とは「神なしの絶望」の状態であり、その窮極は「死」です。主イエスの十字架は、その「死の支配」を破ることでもありました。主イエスは、「生きていて主イエスを信じる者はだれも、決して死ぬことない」（ヨハネ11・26）と、はっきりと教えておられました。十字架によって、「罪が支払う報酬である死」（ローマ6・23）は終わりました。「十字架を信じる者は、わたしたちを愛してくださる方によって輝かしい勝利を収めています。……どんな被造物も、わたしたちの主キリスト・イエスによって示された神の愛から、わたしたちを切り離すことはできないのです」（ローマ8・35〜39）。しかし、嘆き悲しむ婦人たちは、そのことがまだ理解できませんでした。「十字架の言葉は、滅んでいく者にとっては愚かなものですが、救われる者には神の力です」（Ⅰコリント1・18）。

パウロは、「どんなことでも、思い煩うのをやめなさい。何事につけ、感謝を込めて祈りと願いをささげ、求めているものを神に打ち明けなさい。そうすれば、あらゆる人知を超える神の平和が、あなたがたの心と考えとをキリスト・イエスによって守るでしょう」（フィリピ4・6、7）と教えています。その教えのポイントは、「打ち明ける」ことです。何事も、「ひとり決め」をしてはいけません。私たちは、かのキレネ人シモンのように、思いもしなかったことによって、ある意味で強引に、既に選ばれて神の平安の内に招き入れられているのです。

この喜ばしい知らせを、まだキリストを知らないこの世の多くの人々に宣べ伝えることが、私たち選ばれた者に与えられている使命です。

（２０１７年３月５日）

あざ笑われるキリスト

32ほかにも、二人の犯罪人が、イエスと一緒に死刑にされるために、引かれて行った。33「されこうべ」と
呼ばれている所に来ると、そこで人々はイエスを十字架につけた。犯罪人も、一人は右に一人は左に、十字架
につけた。34〔そのとき、イエスは言われた。「父よ、彼らをお赦しください。自分が何をしているのか知ら
ないのです。」〕人々はくじを引いて、イエスの服を分け合った。35民衆は立って見つめていた。議員たちも、
あざ笑って言った。「他人を救ったのだ。もし神からのメシアで、選ばれた者なら、自分を救うがよい。」36兵
士たちもイエスに近寄り、酸いぶどう酒を突きつけながら侮辱して、37言った。「お前がユダヤ人の王なら、

自分を救ってみろ。」38 イエスの頭の上には、「これはユダヤ人の王」と書いた札も掲げてあった。39 十字架にかけられていた犯罪人の一人が、イエスをののしった。「お前はメシアではないか。自分自身と我々を救ってみろ。」40 すると、もう一人の方がたしなめた。「お前は神をも恐れないのか、同じ刑罰を受けているのに。41 我々は、自分のやったことの報いを受けているのだから、当然だ。しかし、この方は何も悪いことをしていない。」42 そして、「イエスよ、あなたの御国においでになるときには、わたしを思い出してください」と言った。43 するとイエスは、「はっきり言っておくが、あなたは今日わたしと一緒に楽園にいる」と言われた。

（ルカ23章32節～43節）

十字架刑とは、想像を絶する、直視することができないほどの残酷な刑罰でした。しかし、福音書の記者たちは、主イエスの十字架の場面を記録するにあたって感傷的な言葉は一切用いず、簡潔に事実のみを伝えています。記者たちの関心は、十字架のもとに集まっていた人々の思いに集中していたのです。

主イエスは、人々の嘲りと侮辱の中で沈黙の内に死を迎え入れられました。「民衆は立ってその十字架を見つめていました」。そして口々に、「お前は他人を救ったのだ。もし、神からのメシアで、選ばれた者なら、十字架から降りて自分を救って見ろ」と罵ったのです。彼らの期待は、実は「奇跡」にありました。「この人こそ、ローマの圧政に苦しむユダヤを救ってくれる救世主ではないか」と期待していたのです。しかし、主イエスは、エルサレム入城以来、一切の奇跡を行われませんでした。「奇跡」は「しるし」であり、「救い」ではあり得ません。かのマルタとマリアの兄弟ラザロも、主イエスの奇跡の業によって一旦は死からよみがえりましたが（ヨハネ11・38〜）、決して救われたのではありません。主イエスは、今や、「しるし」を示すのではなく、「十字架で（罪の報酬である）死に打ち勝とう」となさっているのです。これこそが、まことの「救い」です。十字架から三日後に、主イエスは死に打ち勝って復活なさいました。キリスト者は、「この方にまことの命があり、この方に結ばれていれば、死んでも生きる」ことを知っています。もし、私たちが神の裁きを受けたら、その裁きに耐えることが出来る筈がありませんでした。天路歴程（ジョン・バニヤン）の主人公クリスチャンは、悪魔アポルオンから過去の罪悪を数々並べ上げられた時、「みんなその通りだ。しかも、お前（アポルオン）が言い落としたことはまだ幾らでもある。しかし、私が仕え崇める王は慈悲深くて、その全ての罪を完全にお赦しくださった」と、その信仰を告白しています。

私たちは、悔い改めたから救われたのではありません。「わたしたちがまだ罪人であったとき、キリストがわたしたちのために死んでくださった」（ローマ5・6）のです。この、一方的な先立つ愛を知っている私たちキリスト者は、それ故、何度でも悔い改めることが許されています。この神の独り子イエス・キリストの愛の業によって、私たちの罪の全てが解決しました。今私たちは、与えられているこの命を、如何に神に献げるかを問われているのです。

（2017年3月12日）

闇の中の光

44
既に昼の十二時ごろであった。全地は暗くなり、それが三時まで続いた。
45
太陽は光を失っていた。神殿の垂れ幕が真ん中から裂けた。
46
イエスは大声で叫ばれた。「父よ、わたしの霊を御手にゆだねます。」こう言って息を引き取られた。
47
百人隊長はこの出来事を見て、「本当に、この人は正しい人だった」と言って、神を賛美した。
48
見物に集まっていた群衆も皆、これらの出来事を見て、胸を打ちながら帰って行った。
49
イエスを知っていたすべての人たちと、ガリラヤから従って来た婦人たちとは遠くに立って、これらのことを見ていた。（**ルカ23章44節〜49節**）

十字架の出来事を目撃した群衆が受けた衝撃は言葉にならないほど強烈でした。その群衆とは、主イエスのエルサレム入城を「ホサナ」と喜び迎え、主イエスがもう奇跡を行われないと知るやいなや一転して「十字架につけろ」と叫び続けた者たちです。彼らはこの数日間に何が起きたのかも分らないままに、何か悲痛なものを感じ取り、「胸を打ちながら」それぞれの家に戻っていきました。

聖書記者ルカは、ここまで「十字架刑」そのものに関してはあまり関心を示さず、その周りに集まっていた人々の思いに集中して語ってきましたが、23章44節～49節では、主イエスが十字架上で「どのように死なれたか」について詳細に報告しています。何故ならば、「主イエスは復活して、今なお生きて働いていてくださる」ことを後になって知った人たちに、「主イエスは、十字架でどのようにして死なれたのか・主イエスは十字架で本当に死なれたのである」ことを、どうしてもはっきりと知らせなければならなかったからです。主イエスの死は、十字架を遠くから熟視していた「イエスを知っていたすべての人たちと、ガリラヤから従って来た婦人たち」（ルカ23・49）がはっきりと証ししています。しかし、その死は、同情や憐憫、悲嘆の対象ではありません。私たちは、「主イエスの死のために泣くのではなく、主イエスの死の意味が分らないことのために泣く」（ルカ23・28参照）のです。主イエスは、間違いなく「死なれました」。しかし、死別ではありません。その時、私たちが生きるために必要な決定的なことが始まったのです。

主イエスが十字架につかれると、「全地が暗くなり、太陽が光を失いました」。このことは、神の裁きが始まったことを示唆しています。そして、「神殿の垂れ幕が真ん中から裂けました」。すなわち、神殿は崩壊し不要となりました。「私たちがその神殿となった」（Ｉコリント3・17）のです。また、「神殿の垂れ幕」とは「聖」と「俗」を隔てる「至聖所の幕」と考えることも出来ます。「御子は……ひとたび己を全き犠牲として神にささげ、我らの贖いとなりたまへり」（使徒信条）し故に、神と人間との直接の関係が取り戻されました。私たちはもはや、救われるために何もする必要がありません。神の一方的な「恵み」が与えられたのです。

　さらに主イエスは、十字架上で「父よ、わたしの霊を御手にゆだねます」と大声で叫ばれ、息を引き取られました。「息を引き取る」と訳されている箇所のギリシャ語「ἐκπνέω」の原意は「渡す」です。日本語の「息を引き取る」には「自分で自分の始末を付ける」というニュアンスが含まれていますが、聖書では反対に「霊を神に渡す・神に引き取っていただく」という意味になります。旧約の人々は、夕べの祈りに「まことの神、主よ、御手にわたしの霊をゆだねます。わたしを贖ってください」（詩編31・6）と祈ることを常としていました。ここに、神とのまことの信頼関係が生まれたのです。

　これら全てのことは、死の闇の中で起きました。負債を抱えてどうしようもなかった私たちを、主イエスは御自らを代償にして贖いだしてくださいました。「嘆き祈るわたしの声を聞いてくださった」（詩編31・23）のです。この一連の出来事を職掌上見届けていた百人隊長は、自分の立場も忘れて思わず「本当に、この人は正しい人であった」と叫びました。この「正しい人」とは「神とのあるべき関係にある方」を意味しているのです。

主イエスは、「父よ、」と呼びかけておられます。この呼びかけは、詩編の詩人の「まことの神よ、主よ」との祈りと根本的に異なる祈りです。主イエスは「神の独り子」なのです。また、主イエスは「贖ってください」とは祈っておられません。主イエス御自身が「贖い」だからです。主イエスによって贖い出された私たちは、主イエスに結ばれて、「主イエスと父なる神の関係」に招き入れられました。故に私たちも、「天におられる神」に向かって、親しく「父なる神よ」と呼びかけることが許されているのです。

（２０１７年3月26日）

信仰への一歩

50 さて、ヨセフという議員がいたが、善良な正しい人で、51 同僚の決議や行動には同意しなかった。ユダヤ人の町アリマタヤの出身で、神の国を待ち望んでいたのである。52 この人がピラトのところに行き、イエスの遺体を渡してくれるようにと願い出て、53遺体を十字架から降ろして亜麻布で包み、まだだれも葬られたことのない、岩に掘った墓の中に納めた。54その日は準備の日であり、安息日が始まろうとしていた。55イエスと一緒にガリラヤから来た婦人たちは、ヨセフの後について行き、墓と、イエスの遺体が納められている有様とを見届け、56家に帰って、香料と香油を準備した。婦人たちは、安息日には掟に従って休んだ。

（ルカ23章50節〜56節）

主イエスは十字架上で息を引き取られました。イエスはもはや何も語られません。神のみ声も一切聞こえてきません。まさに、「暗黒の土曜日」「沈黙の時」「死と復活の谷間の時」が始まりました。日没からは安息日になったので、人々も一斉に家の中に引き籠もってしまいました。

この時、ただ一人、アリマタヤ出身のヨセフという議員が行動を起こしました。彼は、ユダヤ人社会の有力者でしたが、イエス処罰を決議した同僚の行動には同意しませんでした。しかも、イエスが亡くなると総督ピラトに願い出て、そのご遺体を引き取って自分のために用意していた墓（マタイ27・60参照）に葬ったのです。異常な行動でした。彼は同僚に背を向けただけではなく、「呪われたもの」に触れたのです。間違いなく彼の社会的地位は失われたことでしょう。ヨセフは、ユダヤ人共同体から飛び出したのです。主イエスのご遺体がヨセフの墓に納められていたのは、時間にすれば僅か一日半に過ぎません。しかし、このことがヨセフにとっては大きな出来事になりました。主イエスは、そこから復活され、今なお、生きて働いておられます。主の復活によって、墓は空っぽになりました。墓は「空しく」なり、かつ、驚くべき命への希望を確認する場所へと変わったのです。彼にとって、「墓」の意義が一変しました。

ヨセフがこのような特異な行動を起こしたのは、彼が「神の国を待ち望んでいた」（ルカ23・51）からです。そして、その時、彼は「神の国が始まっている」ことを知ったのです。主イエスの死、そのものが、ヨセフを神の御前に引き出しました。ヨセフは、ただ一人、主イエスの十字架の前に立ちました。沈黙の時、神が何も語られない時に、彼はここに生ける神の恵みがあり、その恵みこそが喜びであることを確信し、全てを投げ捨てて自ら立ち上がったのです。この意味では、ヨセフの行動は限りない「謙遜」であったと言えるでしょう。

現在の日本においては少数者である私たちキリスト者も、ある意味ではヨセフと同様に突出した存在です。私たちは、神の恵みを知って立ち上がった者の群れです。それ故に今、私たちはこのところに集まって礼拝を献げているのです。私たちは、十字架によって生きる方向を知らされ、十字架の主のものとされた自分を発見したのです。

「墓」は既に空っぽです。「墓」は通過点に変わってしまいました。主イエスを信じ、主イエスに従う私たちキリスト者には、もはや「死の陰」はありません。

（2017年4月2日）

信仰の目が開かれた

[1]そして、週の初めの日の明け方早く、準備しておいた香料を持って墓に行った。[2]見ると、石が墓のわきに
転がしてあり、[3]中に入っても、主イエスの遺体が見当たらなかった。[4]そのため途方に暮れていると、輝く衣
を着た二人の人がそばに現れた。[5]婦人たちが恐れて地に顔を伏せると、二人は言った。「なぜ、生きておら
れる方を死者の中に捜すのか。[6]あの方は、ここにはおられない。復活なさったのだ。まだガリラヤにおられ
たころ、お話しになったことを思い出しなさい。[7]人の子は必ず、罪人の手に渡され、十字架につけられ、三
日目に復活することになっている、と言われたではないか。」[8]そこで、婦人たちはイエスの言葉を思い出した。
[9]そして、墓から帰って、十一人とほかの人皆に一部始終を知らせた。[10]それは、マグダラのマリア、ヨハナ、
ヤコブの母マリア、そして一緒にいた他の婦人たちであった。婦人たちはこれらのことを使徒たちに話したが、
[11]使徒たちは、この話がたわ言のように思われたので、婦人たちを信じなかった。[12]しかし、ペトロは立ち
上がって墓へ走り、身をかがめて中をのぞくと、亜麻布しかなかったので、この出来事に驚きながら家に帰っ

た。（ルカ24章1節〜12節）

イースター礼拝を献げます。主は復活され、「体をもって」、今なお、生きて働いておられます。この「復活信仰」こそがキリスト教信仰の中心であり、教会はこのことを覚えて2000年間、日曜日を「主の日」として守り続けてきました。四福音書の復活記事には、それぞれに特徴があり、必ずしも一致していない所もあります。しかし聖書記者たちは、人々に「復活」を「納得」させたり「証明」しようとしているのではありません。聖書は、人々が「生きてお働きになる主イエスに出会ったこと」だけを忠実に証言している書物なのです。

「週の初めの日の明け方早く、婦人たちが墓に行くと、入り口を塞ぐ石が墓のわきに転がされていて、主イエスの遺体が見当たりませんでした。」「石」は「墓が空である」ことを婦人たちが確認できるように取り外されていたのです。その時、二人の天使が現れ、「主イエスは復活された。なぜ、生きておられる方を死者の中に捜すのか」と婦人たちに問いかけられました（聖書記者ヨハネは、その時主イエス御自身が御自身を顕現なさった（ヨハネ20・14〜）、と証言している）。

この後、聖書記者ルカは（使徒言行録をも用いて）、注意深く、かつ、大胆に、主イエス顕現の証し（なぜ、人々が復活を信じるようになったか）を展開していきます。「復活信仰」は、決して一気に広まったのではありません。人々は、主イエスが語られたみ言葉、その主イエスを証しする聖書（この時点では旧約聖書）によって、静かに、かつ、確実に信仰の目が開かれていきました。信仰は、聖書を離れては起こらないのです。最初に墓を訪れた婦人たちも、天使から「主イエスがガリラヤでお話になったことを思い出しなさい」と言われました。この「思い出す」は、十字架上の犯罪人の一人の嘆願の言葉と同じであり、単に忘れていたことを「思い出す」のではなく、「生きるみ言葉・救い」そのものを表わしています。婦人たちは、間違いなく「イエスの言葉を思い出しました」。しかし、その話を聞いた使徒たちは「たわごと」のように思って信じませんでした。この時点では、弟子たちは未だ復活を信じていなかったのです。主イエスを三度も裏切ったペトロだけは、慚愧の念もあり、立ち上がって墓に走って行き、墓には「亜麻布しかない」ことを確認はしました。しかし、ペトロと言えども、この時は「驚きながら家に帰った」だけで復活を信じることは出来ませんでした。ペトロたち（エマオへの途上の二人の弟子たちも）が、主イエスの復活を信じたのは、主イエス御自身が御自身を顕現してくださったからです。それ故に、私たちは皆、同じ信仰（主イエスは、今なお、生きて働いていてくださる）に招き入れられるのです。最も確かなことは、「今、主から遣わされた聖霊が私たちに働き、私たちに触れていてくださる」ことを、私たちは知っていることです。

（２０１７年４月16日）

主は生きておられる

[13]ちょうどこの日、二人の弟子が、エルサレムから六十スタディオン離れたエマオという村へ向かって歩き
ながら、[14]この一切の出来事について話し合っていた。[15]話し合い論じ合っていると、イエス御自身が近づい
て来て、一緒に歩き始められた。[16]しかし、二人の目は遮られていて、イエスだとは分からなかった。[17]イエ
スは、「歩きながら、やり取りしているその話は何のことですか」と言われた。二人は暗い顔をして立ち止まっ
た。[18]その一人のクレオパという人が答えた。「エルサレムに滞在していながら、この数日そこで起こったこ
とを、あなただけはご存じなかったのですか。」[19]イエスが、「どんなことですか」と言われると、二人は言った。
「ナザレのイエスのことです。この方は、神と民全体の前で、行いにも言葉にも力のある預言者でした。[20]そ
れなのに、わたしたちの祭司長たちや議員たちは、死刑にするため引き渡して、十字架につけてしまったので
す。[21]わたしたちは、あの方こそイスラエルを解放してくださると望みをかけていました。しかも、そのこと
があってから、もう今日で三日目になります。[22]ところが、仲間の婦人たちがわたしたちを驚かせました。婦
人たちは朝早く墓へ行きましたが、[23]遺体を見つけずに戻って来ました。そして、天使たちが現れ、『イエス

は生きておられる』と告げたと言うのです。24 仲間の者が何人か墓へ行ってみたのですが、婦人たちが言った
とおりで、あの方は見当たりませんでした。」25 そこで、イエスは言われた。「ああ、物分かりが悪く、心が鈍
く預言者たちの言ったことすべてを信じられない者たち、26 メシアはこういう苦しみを受けて、栄光に入るは
ずだったのではないか。」27 そして、モーセとすべての預言者から始めて、聖書全体にわたり、御自分につい
て書かれていることを説明された。28 一行は目指す村に近づいたが、イエスはなおも先へ行こうとされる様子
だった。29 二人が、「一緒にお泊まりください。そろそろ夕方になりますし、もう日も傾いていますから」と言っ
て、無理に引き止めたので、イエスは共に泊まるため家に入られた。30 一緒に食事の席に着いたとき、イエス
はパンを取り、賛美の祈りを唱え、パンを裂いてお渡しになった。31 すると、二人の目が開け、イエスだと分かっ
たが、その姿は見えなくなった。32 二人は、「道で話しておられるとき、また聖書を説明してくださったとき、
わたしたちの心は燃えていたではないか」と語り合った。33 そして、時を移さず出発して、エルサレムに戻っ
てみると、十一人とその仲間が集まって、34 本当に主は復活して、シモンに現れたと言っていた。35 二人も、
道で起こったことや、パンを裂いてくださったときにイエスだと分かった次第を話した。

（ルカ24章13節～35節）

十字架から三日目の日曜日、主イエスは復活されました。生きてお働きになっておられる主イエスは、その日の午後、エマオに向かって歩いていた二人の弟子に近づいて来て、一緒に歩き始

められました。この弟子たちは主イエスをよく知っていた者たちでした（クロパとその妻マリアか、ヨハネ19・25）。しかし、何とも不思議なことに、彼らは「話しかけてこられた方」が「主イエス」だということに全く気が付きませんでした。「復活の新しい身体」の主は、「肉の目」では分からないのです。二人の弟子は、三日前に起きた十字架の出来事について話し合っていましたが、このとの本質は全く理解していませんでした。したがって、主イエスから「何の話をしているのか」と尋ねられると、吃驚して、「あなたはあの出来事を知らないのですか」と、何とも的外れの答えを返しました。実は、「知らなかった」のは弟子たちの方でした。二人は、婦人たちの報告を「たわごと」と思った使徒たちと同様に、主イエスからかって聞いていた「復活の言葉」を全く忘れていたのです。彼らは、「メシア到来」の希望を木っ端微塵に砕かれたために、ただただ「暗い顔」をして、立ち上がれないほどに途方に暮れていました。彼らは、主が分からなくなっていました。「目が遮られていた」のです。神なき世界へ放り出された状態だったのです。

復活の主イエスは、二人に対して、聖書（イザヤ書53・8～12参照）を用いて、懇切に御自身の十字架の意義をご説明なさいました。（旧約）聖書は、主イエス・キリストを証ししている書物です。しかし、聖書のみ言葉を、自分の思い・感覚・判断で読む限り、主イエスの十字架は分かりません。ただただ「暗い顔」になるのは当然なのです。二人の弟子が、復活の主イエスが分かったのは、夕食のときでした。主イエスが、食卓の主となり、「聖餐」を与えてくださったとき、彼らの「目が開けた」のです。とたんに、「そのお姿は見えなくなりました」。彼らは、見えるものより見えないものの方が「確か」であることを知りました。そして、その時、彼らの世界が変わりました。彼らは、「主イエスが、道で話しておられたとき、聖書を説明してくださったとき、心が燃えていた」ことを思い出したのです。生きておられる主が、直接語りかけてくださると、私たちは変わります、私たちの「過去」も変わるのです。

二人は、「時を移さず（夜中にも関わらず）」、エルサレムにとって返しました。そこには、復活の主を証しする使徒たちとその仲間たちが集まっていました。感動的なひと夜の出来事した。主イエスは、いつも私たちの先回りをして、私たちを待っていてくださいます。主の食卓に与り、新しい命に生き始めたとき、そのとき、わたくしたちは主のものとなります。主なる神は、2000年間、主イエス・キリストを証しするために、私たちを用い続けてくださっているのです。

（2017年4月23日）

主と共なる食事

36こういうことを話していると、イエス御自身が彼らの真ん中に立ち、「あなたがたに平和があるように」と
言われた。37彼らは恐れおののき、亡霊を見ているのだと思った。38そこで、イエスは言われた。「なぜ、う
ろたえているのか。どうして心に疑いを起こすのか。39わたしの手や足を見なさい。まさしくわたしだ。触っ
てよく見なさい。亡霊には肉も骨もないが、あなたがたに見えるとおり、わたしにはそれがある。」40こう言っ
て、イエスは手と足をお見せになった。41彼らが喜びのあまりまだ信じられず、不思議がっているので、イエ
スは、「ここに何か食べ物があるか」と言われた。42そこで、焼いた魚を一切れ差し出すと、43イエスはそれ
を取って、彼らの前で食べられた。**（ルカ24章36節～43節）**

エマオへ向かっていた二人の弟子のところへ顕現された復活の主イエスは、歩きながら（旧約）聖書全体を熱心に解き明かされました。その時（後になって分かった事ですが）、二人の心は激しく燃えていました。弟子たちは、聖書によって養われ、慰められ、新しくされていたのです。まさに、

日々聖書に親しみ、聖書によって生かされている私たち自身の姿に重なってくるみ言葉です。

二人の弟子は、まだその方が復活の主イエスとは気が付いていませんでしたが、どうしてもこの方と離れがたく、無理に引き止めて一緒に泊まるためにある家に入りました。そこで弟子たちは、かの「聖餐」に与ったのです。新共同訳が「賛美の祈りを唱え」（ルカ24・30）と訳している箇所の原意は「祝福」です。主イエスは、彼らを「祝福して、パンを裂いてお渡しになりました」。その時二人の目が開け、その方が「復活の主イエス」であることがはっきりと分かったのです。言い換えれば、主イエスが、ここまで御自身を証ししてくださったので、「鈍感で間抜けだった」彼らは、ようやく、復活の主を信じることが出来たのです。

場面は一転して、11人の弟子たちが集まっていたエルサレムの家に移ります。そこでも、復活の主がシモンに現れてくださったことが話題になっていました。エマオで主に再会した二人の弟子たちも、自分達の体験したことを懸命に説明していると、そのところに、主イエス御自身が立ってくださいました。しかし、ここにいた弟子たちも「鈍感で間抜け」であることには変わりありませんでした。彼らは、あれほど長い間親しくお仕えした主イエス御自身がそこにおられるにも関わらず、「亡霊を見ているのだ」と思って、復活の主イエスの顕現を信じなかったのです。

主イエスは、滑稽に思われるほど必死に、「わたしの手を見よ、わたしの足を見よ、触ってよく見なさい。わたしには骨も肉もあるだろう」と仰り、そして最後に、「焼いた魚を食べて」まで、御自身が「身体をもって」復活されたことを御自身で証しされました。

エマオへの途上とエルサレムの集会での主イエスの顕現に共通のキーワードは「食事」です。教会は、初代教会以来、交わりのための「食事」「泊まり」を大切にして来ました。すなわち、「まことの信仰とは（頭で理解することではなく）生活そのもの」なのです。復活の主イエスはどこか離れた所におられるのではありません。主イエスは、私たちが生活しているそのところに、いつも、御臨在くださっているのです。

（２０１７年５月７日）

心の目が開かれて

44イエスは言われた。「わたしについてモーセの律法と預言者の書と詩編に書いてある事柄は、必ずすべて実
現する。これこそ、まだあなたがたと一緒にいたころ、言っておいたことである。」45そしてイエスは、聖書
を悟らせるために彼らの心の目を開いて、46言われた。「次のように書いてある。『メシアは苦しみを受け、三

日目に死者の中から復活する。[47]また、罪の赦しを得させる悔い改めが、その名によってあらゆる国の人々
に宣べ伝えられる』と。エルサレムから始めて、[48]あなたがたはこれらのことの証人となる。[49]わたしは、父
が約束されたものをあなたがたに送る。高い所からの力に覆われるまでは、都にとどまっていなさい。」[50]イ
エスは、そこから彼らをベタニアの辺りまで連れて行き、手を上げて祝福された。[51]そして、祝福しながら彼
らを離れ、天に上げられた。[52]彼らはイエスを伏し拝んだ後、大喜びでエルサレムに帰り、[53]絶えず神殿の境
内にいて、神をほめたたえていた。**（ルカ24章44節～53節）**

聖書記者ルカは、「ルカ」の最後を「主イエスの昇天」で締めくくり、続けて、「聖霊行伝」とも言われる「使徒言行録・28章」を書き残しています。すなわち、「ルカ」はここで完結したのではありません。ルカは、「昇天」によって「新しい時代への備え」が全て完了し、イエスがお送りくださった「聖霊によって導かれる新しい時代・教会の時代が始まった」ことを報告しています。この「教会の時代」は、今尚続いています。言い換えれば、「聖霊行伝」は終わりの日まで閉じられることがないのです。

十字架の主イエスは、復活して（昇天なさる前に）多くの弟子たちの前に顕現してくださいました。このことによって主イエスは、「体を持って復活した（復活の体がいかなるものかは、私たちは

理解することは出来ないが)」ことをはっきりとお示しになりました。同時に、復活の主イエスは弟子たちに、「わたしは、父が約束されたものをあなたがたに送る。高い所からの力に覆われるまでは、都にとどまっていなさい」とお命じになりました。聖霊が与えられるまでの暫くの時は「新しい時代を迎えるための備えの時」でした。主イエスは、その時に備えて、「聖書を悟らせるために弟子たちの心を開いて」くださいました。エマオへの道を急いでいたかの二人の弟子が、復活の主イエスに気が付いたのも「目が開けた時」(ルカ24・31)でした。直ぐイエスのお姿は見えなくなりましたが、彼らは「見るべきものは、しっかりと見た」のです。エルサレムに集まっていた11弟子たちとその仲間たちも、復活の主に出会い、その主イエスが「魚を食べて」まで御自身を証ししてくださったにもかかわらず、まだ半信半疑で、「復活」を信じ切れてはいませんでした。「(主イエスを証しする)聖書を悟るためには、心の目を開く」ことが大切だったのです。「悟る」とは、復活の主イエスとの人格的な出会いの経験によって、「単純に分かること(あるとき、ストンと腑に落ちる)」であり、「知的経験」とは次元が異なります。ここで「心」と訳されているギリシャ語は「理性」とも訳されることがある言葉であり、「真理が分かる」ことを意味します。「真理」とはまさに「主イエス・キリスト」に他なりません。総督ポンテオ・ピラトは「真理であり命である主イエス・キリスト」が目の前におられるのに、「真理とは何か」(ヨハネ18・38)と聞いています。彼の「心」は開かれていなかったのです。

「生ける真理に触れて、真理が分かった者」は、神の語りかけを聞き取ります。そして、神が何をしてくださったかを知り、その神の御業を知らなかった「自分が分かる」のです。心の目が開かれた者は、どのような環境に置かれていようとも、自由で・明るく・ユーモアに満ちあふれています。聖霊を通して、み声を聞き、復活の主イエスが、今尚、生きて働いていてくださることをしっかりと確かめつつ、日々の歩みを続けて参りたいと祈ります。

（２０１７年5月21日）

あとがき

福音の伝達である説教には、「語る説教者」と「聞く者」を欠くことが出来ません。しかし、「説教を聞く」ことは必ずしも容易なことではありません。聴衆は、説教を聞きながら様々な思いに駆られ、心が「瞬時」説教から離れてしまうことがしばしば起こります。その瞬時が何度か続くと、説教自体の脈絡が分らなくなってしまいます。説教に集中し、礼拝をまことの礼拝として守るためには、信徒教育・訓練が大切になってきます。神学校の「説教学」に対応して、教会には「聴聞学」を確立することが求められているのではないでしょうか。

私は「聴聞学」の試みとして、説教者が行う「原典講読、釈義、黙想」の過程を追体験するために「説教を聞く」を書き続けています。先に発行した「説教聴聞録・ローマの信徒への手紙」でも述べたことですが、この聴聞録の作成には、レコーダーの類は一切用いていません。説教聴聞中にとったメモのみに基づき、「説教を聞いた時、その最初の出会いにおける自分の反応」を当日、または翌日中に文字で表現し纏めたものです。その上で、説教中に「イエスは言われた……」等の表現で伝えられた聖書の引用個所や、「原文では……」との表現で紹介されたギリシャ語等を自分で調べて追記しました。このタスクは、説教者の「原典講読・釈義」の過程に参加し、聖書を最も身近に感じ取ることが出来る至福の時でした。したがって、この「聴聞録」は、「説教要旨」ではなく、あくまで「わたくしはこう聞いた」という「わたくしの信仰告白」であり、内容に関する一切の責任は私が負うものです。

改めていうことではありませんが、説教は礼拝で語られ、礼拝で聞くことによって成り立ちます。しかも、説教を聞くことによって起こることは、まさに一期一会の出来事であり、そこで何が起きたのかを検証することは実際には不可能です。しかし、訓練によっては、説教を聞くことによってもたらされた福音の慰めを、週日の生活にあって再現することが可能ではないか、とも思います。わたくしが「聴聞録」を書き始めたのは1997年3月のことでした。この「聴聞録」が「聴聞学」の端緒になるのではないかと、当時は真剣に考えたことを、今、懐かしく思い出す。思いは実りませんでしたが、以来書き続けたノートから「ローマの信徒への手紙」を抜き出して、2015年8月に一冊にまとめてみました。

富士見町教会はその前年の2014年4月に藤盛勇紀先生を主任牧師としてお迎えしました。

藤盛先生は着任後すぐに、「ルカによる福音書」による連続説教を始められました。私は初め、「講解説教」だと思い込んでいましたが、実は「主題説教の場合もあれば、神学的解釈に基づく説教もあり（藤盛勇紀先生：聴聞録によせて）」、実に豊かな説教でした。主題説教は講解説教と異なり、聴聞録として「文字」にするのはまことに難しいのですが、この恵みをより多くの方に味わって頂きたく、このたび藤盛先生のご了解を頂き、『**藤盛勇紀牧師礼拝説教 説教聴聞録**』として出版することに致しました。

本書の出版に当たっては、ヨベルの安田正人社長より懇切なご指導を頂きました。厚く御礼を申し上げます。

この「聴聞録」は毎週数名の教会員が熱心に読んでくださっています。、特に、今年１００歳をお迎えになった菅野貞子姉は毎週熱心に礼拝を守られた上で、私の聴聞録に必ず目を通してくださり、毎回暖かい励ましの言葉かけてくださいます。皆様のお支えに心から感謝いたします。

共に礼拝を守り、同じ説教を聞き、「聴聞録」の最初の読者であり続けている妻紀子に心からの感謝をささげます。

２０１７年　宗教改革記念日を前にして

門叶国泰

著者紹介
門叶国泰（とが・くにやす）
1936年8月9日生まれ。
日本基督教団富士見町教会会員。
慶応義塾大学法学部卒業。日立製作所勤務。
日本聖書神学校聴講生（旧約・ヘブル語）。
総会神学校講師（ヘブル語）。
著書
『説教聴聞録　ローマの信徒への手紙』（ヨベル、2015）、『日本基督教団信仰告白に聞く』（岩波ブックセンター、2013）

東京都武蔵野市在住。

YOBEL 新書 045
藤盛勇紀牧師の礼拝説教　**説教聴聞録　ルカによる福音書**

2017年11月25日 初版発行

著　者 ── 門叶国泰
発行者 ── 安田正人

発行所 ── 株式会社ヨベル　YOBEL, Inc.
〒113 - 0033 東京都文京区本郷 4 - 1 - 1　菊花ビル 5F
TEL03-3818-4851　FAX03-3818-4858
e-mail：info@yobel. co. jp

印　刷 ── 中央精版印刷株式会社

配給元─日本キリスト教書販売株式会社（日キ販）
〒162 - 0814　東京都新宿区新小川町 9 -1
振替 00130-3-60976　Tel 03-3260-5670
　ISBN978-4-907486-58-7 C0216